立 德 为 本　　致 用 为 宗

崇 尚 优 化　　追 求 卓 越

《立德致用　和谐育人》

高职院校文化建设与文化育人丛书

立德致用 和谐育人

——浙江经济职业技术学院文化育人研究与实践

主编 俞步松

高等教育出版社·北京

内容简介

浙江经济职业技术学院秉承“立德为本，致用为宗，崇尚优化，追求卓越”的办学理念，在大力培养现代“和谐职业人”的过程中，高度贯彻以习近平同志为核心的党中央的职教精神，坚持高职特色的文化育人理念，立德树人、以文化人，深入践行“工匠精神”，强调“制器”与“育人”的和谐统一。学校从中国文化诗性本体的理念出发，构建了“依托诗性文化内涵，以诗教为特色，兼容诗书画，并蓄文史哲的文化素质教育体系”，大力推进专能精、通能强、素质高的现代和谐职业人育人工程，并逐步形成一种有理念、有目标，有组织、有抓手，有激励、有特色的良好工作格局。四十年来不断创新教学举措，拓展实践途径，创建活动载体，形成系列品牌，取得了明显的文化育人成效和广泛的社会影响力。

“立德致用　和谐育人
——浙江经济职业技术学院文化育人研究与实践”
项目组

组　长：俞步松

副组长：朱利萍　斯静亚

成　员（按姓氏笔画为序）：

马小敏　王芳芳　叶卫良
叶林良　杨先花　李海洁
肖紫嫣　沈利斌　沈建国
张妮佳　陈　专　陈培林
易际培　郑芝玲　胡振浩
段　彪　黄鸣柳　楼建列
廖忠梅　潘　军　戴道珊

序　一

我国的实业教育，如果从1866年创办船政学堂算起，至今已有一百五十多年的历史。中华人民共和国成立以后，特别是改革开放和我国社会从计划经济体制逐渐向社会主义市场经济体制转型以后，近20年来我国高等职业技术教育有了快速的发展，已经从我国经济、社会的“边缘”逐渐进入到“中心”。近年来，以向“中国制造2025”挺进和大力弘扬“工匠精神”为契机，我国高职教育正在进入向“中高端”进军新的战略机遇期。在这个新的时代背景下，深圳职业技术学院、顺德职业技术学院和浙江经济职业技术学院三校联合牵头，以史实研究为基础，以文化育人为主线，以改革成果为核心和重点，以文化建设为保证，组织开展“高职院校文化建设与文化育人研究和实践”课题研究和丛书撰写出版活动。这是当代中国高职人的一项创举，具有重大的文化价值和实践意义。

一、我国高职院校需要实现一次新的文化觉醒

文化自觉是一种内在的精神力量，是否具有高度的文化自觉不仅关系到文化自身的振兴和繁荣，而且决定着一个民族、一个政党的前途命运，一所大学更应该是这样。随着大学文化问题研究学术思潮在我国的逐步深入，高职院校越来越深刻地感悟到：当前我国日益明显地出现的“大学精神衰微”，其实质是一种“道德信仰危机”的严峻挑战，需要实现一次新的文化觉醒。我们必须大力提高文化自觉，包括使命自觉、理论自觉、道路自觉和信仰自觉，它们是一个相互渗透、相辅相成和辩证统一的有机整体，统一在“大学文化既是一种存

在更是一种信仰”之中。

1. 使命自觉：传承和创新文化是当代中国大学的重大使命

从宏观上说，人类主要从事三种基本社会实践活动，并建立与之相对应的三种既相互关联又鼎足而立的社会组织，具有各自不同的独特的组织文化个性。生产实践活动是人类最基本的社会实践活动，从事这种活动的社会组织是经济组织，主要代表是企业；治理国家和国际交往的政治活动主宰着一个民族、一个国家的前途命运，从事这种活动的社会组织是政治组织，主要代表是政党和政府；人类社会的延续发展主要通过人的生命的自然繁衍、文化的传承和创新两个渠道。从事文化传承和创新活动的社会组织是文化组织，主要代表是大学和研究机构。由此可见，在宏观上，大学的本质是一种以传承和创新文化为己任的功能独特的文化组织。由于高深知识及其构成的学科（专业）是大学存在的知识和组织基础，因此，我们应当把传承和创新高深知识作为大学全面完成时代赋予的重大文化使命的基础，并且具有区别于社会经济和政治组织的独特组织文化个性，主要是以精神家园和知识权威为使命、以文化机制为组织整合和运行的主导机制，具备以“崇尚人文、注重理性、自由独立、追求卓越”为核心的精神文化传统以及坚守对超越现实功利的理想追求。但是，必须明确，在传承和创新高深知识的基础上，大学应当自觉地把“守卫文明、立德树人、求真创造、文化引领”作为自身全面完成时代赋予的传承和创新文化这一重大使命的核心和灵魂。因此，使命自觉是大力提高我国高职院校文化自觉的根本前提。

2. 理论自觉：大学文化的独特本质及其发展规律

文化觉醒与理论创新是紧密相关的，文化觉醒是理论创新的思想基础，理论创新是文化觉醒的重要标志。由此可见，理论自觉，主要是探索和掌握“大学文化的独特本质及其发展规律”，是我国高职院校大力提高文化自觉的核心和重点。

第一，大学不仅是人类文化发展到一定阶段的产物，而且在长期的教育和办学实践中积淀和创造了深厚的文化底蕴。凝聚在深厚的文化底蕴之中的大学文化是一种独特的社会文化形态，是大学物质文化、大学精神文化和大学制度文化的总和，它的形成和发展同时受到教育原理、办学规律和一定社会文化形态，特别是一定社会起主导作用的文化形态的深刻影响和制约，并在一定条件下对社会文化形态起反作用，阻碍或推动、引领社会文化发展。

第二，教育、科学和文化是构成大学的三个基本要素，它们既是不同质的事物，又处于同一所大学之中，共同构成了一个以求真育人为核心的文化共同体。在这个文化共同体中，教育的本质是通过文化“促进人的发展”这样一种生命活动，“育人为本”是大学存在的第一要义，科学的本质是一种“探求未知”的认知活动，“科学为根”是大学存在的价值基础，它们共同构成了“大学应当坚守的文化品位和崇高理想”的核心内涵，其基本要求是始终坚守大学作为人类文明的精神家园、人类社会的知识权威、人才养成的重要基地和最富创造力的学术殿堂的历史地位，以及与之相应的以“人文关怀”和“独立精神”为核心的大学精神文化传统。作为大学赖以存在的精神支柱，“文化为魂”既深深地蕴涵在“‘育人为本’是大学存在的第一要义”

和“‘科学为根’是大学存在的价值基础”之中，又是“时代赖以生存的思想体系”的深刻反映。因此，“大学应有的文化品位和崇高理想”的核心内涵必然随着社会转型和文化变迁有一个在坚守中不断实现超越的过程。由此可见，“育人为本，科学为根，文化为魂”是三位一体的大学哲学观，“求真育人”既是大学文化的独特本质，也是大学得以长存于世的独特的和永恒的核心价值。

第三，由于高深知识及其构成的学科（专业）是大学存在的知识和组织基础，因此，作为一种以传承和创新文化为己任的功能独特的文化组织，大学文化的根基在高深学术。但是，必须明确，大学文化的核心和灵魂在大学精神——大学人在长期教育和办学实践中，经过历史的文化积淀，逐步形成的一种独特的生命信念、价值追求、道德准则和思维方式，它渗透在大学存在的一切方面、大学活动的所有领域和大学人的心灵之中，以无形的精神力量深刻地影响着有形的存在和大学的未来。大学制度文化的灵魂是一种学术价值观，在西方，“学术自由，大学自治”既是一种办学理念也是大学制度的根基。大学物质文化是蕴涵在大学存在的物质形态之中的文化内涵。“大学环境文化”是个综合概念，泛指为大学完成治学育人任务营造的一种自然美、科学美和人文美和谐发展的学术、文化氛围，既以大学物质文化、大学精神文化和大学制度文化为基础，又是大学物质文化、大学精神文化和大学制度文化的集中表现，其实质是一种“文化生态”。

第四，当今世界，文化与经济、政治的相互交融日益深入，促使文化的力量越来越深地熔铸在民族生命力、创造力和凝聚力之中，在综合国力竞争中的地位作用越来越重要。因此，作为一种文化软实力，以优势学科、杰出大师、大学精神和生态环境为核心要素构成的深厚的文化底蕴是大学核心竞争力之重点所在，大学文化的凝聚力、教育力、创造力和引领力，既是大学赖以生存、发展、办学和承担重大文化使命的根本，也是国家“国际核心竞争力”的重要内涵和基础，国家的兴衰与大学的兴衰紧密相关。

3. 道路自觉：“中国特色，综合创新”的文化发展道路

作为文化底蕴的积淀和大学发展、变革方向的引领，研究大学延续发展的精神文脉主要是以史为鉴、面向未来，探寻大学“从哪里来，到哪里去”的根本问题。所以，道路自觉是我国高职院校大力提高文化自觉的关键所在。近代以来，面对帝国主义列强坚船利炮的猛烈轰击和西方现代文明的严峻挑战，在对待“中国特色大学文化发展道路”这个重大原则问题上，一直存在着两种值得注意的倾向：一是“唯西方论”，对西洋教育制度“顶礼膜拜”，没有很好地承继我国古老的“大学之道”，其实质是一种民族虚无主义；二是“泛政治化”，在“以阶级斗争为纲”的错误思想影响下，把意识形态作为判断一切是非的唯一标准，没有很好地学习、借鉴人类积淀和创造的优秀文明成果。随着大学文化问题研究学术思潮的深入发展，尤其是通过认真回顾总结两千多年来，特别是近一个多世纪以来中国特色大学文化和我国近、现代大学发展、变革的历史进程和文化脉络，人们越来越清楚地认识到，发展中国特色大学文化必须坚定不移地走“中国特色，综合创新”的文化发展道路。“中国特色”，就是牢牢把握中国先进文化的前进方向，坚持“民族的、科学的、大众的，面向现代化、面向世界、面向未来的，以人为本、传承创新、和谐发展的”中国特色社

会主义新文化观，以中华民族优秀传统文化为主体，以社会主义核心价值观为主导，在承继我国古老的“大学之道”基本精神的基础上，发扬以爱国主义为核心的民族精神和以改革创新为核心的时代精神，倡导爱国、敬业、诚信、友善，倡导自由、平等、公正、法治，为建设富强、民主、文明、和谐、美丽的社会主义现代化国家而奋斗。“综合创新”，就是遵循文化选择的本质及其规律，在世界多元文化的激荡交融中学习、借鉴人类社会积淀和创造的一切优秀文明成果，包括西方近现代大学进行理念创新取得的积极成果，全面、科学地认识和分析中国传统文化和西方现代文明各自的优点和不足，以我为主、博采众长，进行价值整合和综合创新，创造出一种既高于自己又超越西方的更加卓越的当代中国大学文化。

4. 信仰自觉：“以人为本，实现和谐”是一种崇高信仰

从本质上说，信仰是对事物发展唯一性真理坚信不疑的认定。由此可见，信仰自觉是我国高职院校大力提高文化自觉的最高境界。回顾总结两千多年来，特别是近一个多世纪以来正、反两个方面的经验教训，我国高职人越来越深刻地认识到：从根本上说，大学的存在是由人类社会发展的客观需要决定的。人类社会发展的根本在于“人的发展”，人类社会发展的崇高理想是“实现和谐”，但是，实现人类社会和谐发展的“人道目标”离不开“科学理性”的强力支撑，应当努力实现“人道目标”与“科学理性”的辩证统一，并促使二者协调发展。因此，大学应当坚信不疑地认定“‘以人为本，实现和谐’是人类社会发展的唯一性真理”，它既是人类社会发展应当追求的永恒目标，更是一所真正意义上的大学应当为之奋斗的崇高信仰。

二、深刻认识文化育人的本质、理想、内涵和根本

规律和理念既有深刻联系又有质的区别，规律是不以人的主观意志为转移的客观存在，理念既要遵循客观规律又与文化传统、发展历史、承担任务和主观因素有关。通过认真学习和深入研究，我国越来越多的高职院校认识到：“文化育人”不是教育理念而是教育规律，它是教育本质的核心和灵魂。所以，要深刻认识“文化育人的本质、理想、内涵和根本”，就必须对“教育的本质、理想、内涵和根本”进行深刻的再认识。

1. 教育的本质是一种生命活动

教育的本质问题是教育哲学研究的重大命题，德国伟大的哲学家伊曼努尔·康德在《论教育》(1803)一文中非常精辟地指出：“人是需要教育的唯一的生命。”[1]一语道破了教育的本质是一种生命活动。教育的对象是作为“个体”的有生命的人，个体从诞生之日起就是一个“生命体”，从小到大，从儿童时期开始接受教育一直到进入社会和实践人生，终其一生进行的都是一种生命活动。有人说，“知识就是力量”，教育活动是从接受间接经验开始的，所以教育的本质是一种认知活动，这话仅仅说对了一半。不错，教育活动的确是从接受间接经验和学习前人已经掌握的知识开始的，但是，教育活动仅仅停留在这一点上是远远不够的，因为，这些间接经验和系统知识对于受教育者来说还是外在的，它还必须通过以受教育者为主体的“文化养

[1] 杨自伍.教育：让人成为人——西方大思想家论人文与科学[M].北京：北京大学出版社，2010：2.

成”过程，或者是我国先秦典籍《大学》所说的“修身”过程，促使年轻人在学习间接经验和系统知识的基础上认识自然、懂得社会、理解人生和增长智慧，扩大生命内涵，为自己的一生奠基。

2.“每个人全面而自由的发展”是教育活动的崇高理想

马克思主义关于“每个人全面而自由的发展”的学说，是在研究、继承了人类历史上众多关于“人的发展”学说的基础上，从社会发展的客观规律以及大生产的内在需求出发创造性地论述了“人的发展”问题，从而把“人的发展”学说建立在科学的基础上。马克思主义关于“每个人全面而自由的发展”的学说主要有以下几层意思：第一，“人的全面发展”是核心，既使“人的道德精神和美的情趣”获得高度发展，又使“人的体力和智力”获得充分的自由的发展和运用；第二，“人的自由发展”是灵魂，其实质是强调作为“个体”的“人”是“每个人全面而自由的发展”的主体，教育活动的根本任务是促使作为“个体”的“人的个性”获得全面而自由的发展；第三，“每个人”都能获得“全面而自由的发展”是精髓，强调作为受教育者的“每个人”都是平等的和公平的，并把“每个人”都能获得“全面而自由的发展”作为“未来的新社会”应当遵循的基本原则和应当追寻的理想目标；第四，由于马克思关于“每个人全面而自由的发展”的崇高理想是在物质文明、精神文明、制度文明和生态文明高度发达且和谐发展的“未来的新社会”才能实现的，所以，它的实现必然要经历一个漫长的艰苦奋斗过程。

3. 传承和创新文化是教育“促进人的发展”的基本内涵和途径

教育的本质是一种生命活动，“促进人的发展”是教育活动永恒的主题，其实现的基本途径是通过文化的传承和创新，所以，说得完整一点，教育的本质是通过文化促进人的发展的一种生命活动。由此可见，“文化育人”是教育本质的核心和灵魂。“核心”指的是“文化育人”是教育实现崇高理想的基本内涵和途径，“灵魂”指的是通过“文化育人”培养能够传承和创新文化的人，推动人类社会不断地延续和发展，二者是相互联系、相辅相成和辩证统一的。

我国长期处于君主专制社会，主要进行的是以儒家经典为核心内容，以“立德树人，亲民济世”为目标的人文教育。西方教育理念最早源于古希腊亚里士多德的“自由教育”思想，他主张“自由教育”是自由人应受的教育，目的在于“发展人的理性、心智以探究真理”，而不是为谋生和从事某种职业做准备。中世纪的西方大学分科不是很细，一般只设神学、法学、医学和文科四个科目，文科是学习其他学科的基础，当时的学生都有比较好的人文学科基础。工业革命兴起以后，自然科学的迅速发展促进了学科的分化和社会的分工，人文教育与科学教育逐渐走向分离，高等教育逐步演变成在完成高中教育的基础上实施的一种专门教育，以培养社会所要求的高级专门人才为目标。为了克服后来在高等教育工作中出现的技术化和非教养化的功利主义倾向，20世纪初以来，以美国大学为主要代表，提出了“通识教育”的最初构想，相应地进行了通识教育与专业教育有机结合以及人文教育与科学教育相互融合的广泛试验，并取得了成功。由此可见，一方面，教育目标是社会发展需要的人才标准，教育目标必然随着社会不断向前发展而及时进行相应的变革；另一方面，文化是人类社会的根本特征和存在方式，它的内涵必然随着人类社会的发展而不断地向前发展。所以，“文化育人”的内涵和途径都是发展变化的。

4.“文化育人”的根本是构建良好的大学文化生态环境

教育的对象是作为“个体”的人。人有四重属性：一是自然属性，人是一个“生命体”。所以，教育的本质是一种生命活动；二是社会属性，马克思主义认为人的本质“在其现实性上，它是一切社会关系的总和”；三是主体属性，作为“个体”的受教育者，是学习和成才的主体；四是个体属性，受教育者都是“个体”，“每个人”的天赋、个性和潜能有很大的差异。由此可见，从根本上说，“人”是不可能被“浇铸”和“塑造”出来的，教育活动只能根据社会需求进行引导，并为受教育者学习和成才创造良好的大学文化生态环境。

三、全面开启新时代我国高职院校文化育人新征程

近年来，从“大国尚技”的震撼到“工匠精神”的感动，人们清晰地感受到“劳动光荣，技能宝贵，创造伟大”正在逐渐成为我国新的时代风尚。在“中国制造2025”已经成为国家战略的今天，“工匠精神”正在赋予我国高职教育新的生命。在这个历史发展的重要时刻，2017年10月18日召开了具有重大历史意义的中国共产党第十九次全国代表大会。在这次大会上，习近平总书记创造性地提出了新时代中国特色社会主义思想，并且精辟地指出“加快建设制造强国”“完善职业教育和培训体系，深化产教融合、校企合作”“建设知识型、技能型、创新型劳动者大军，弘扬劳模精神和工匠精神，营造

劳动光荣的社会风尚和精益求精的敬业风气”。这种情况充分说明，当前我国高职教育正在进入一个新的战略机遇期。随着“中国制造”从“低端制造”逐渐向“优质制造、精品制造、高端制造”转型升级，我国迫切需要大批“有理想、有本领、有担当”的生产、建设、服务和管理第一线能够将创新研究成果尽快转化为现实生产力的具有现代“工匠精神”、必要学科基础知识、熟练职业技能和较强创新能力的新型劳动者大军和高素质技术、技能型人才。这既是实现创新驱动发展、推动“中国制造”转型升级的必然选择，也是实现“两个一百年”奋斗目标和中华民族伟大复兴的中国梦的坚实保障。因此，当前国家对高职教育进一步转型升级的愿望比以往任何时候都更为强烈。所以，以向“中国制造2025”挺进和大力弘扬“工匠精神”为契机“全面开启新时代我国高职院校文化育人新征程”，是当今时代的强烈呼唤。

1. 坚定不移地把坚定正确的政治方向放在首位

“培养社会主义建设者和接班人”是以习近平同志为核心的党中央交给我国教育战线的根本任务，也是“全面开启新时代我国高职院校文化育人新征程”的根本方向。为了把这项根本任务完成好，新时代我国高职院校文化育人必须以党的十九大精神，特别是以习近平新时代中国特色社会主义思想为指导，把坚定正确的政治方向放在首位，在人才培养工作中注意坚持以下几个“辩证统一”：第一，理想信念和品德修养的辩证统一。在我国高职院校教育工作中，必须在树立理想信念和加强品德修养上下功夫，教育引导学生热爱和拥护中国共产党，树立中国特色社会主义共同理想，听党话、跟党走，增强学生的中国特色社会主义道路自信、理论自信、制度自信、文化自信，自觉地培育和践行社会主义核心价值观，踏踏实实修养品德，成为有大爱、大德、大情怀的人，立志肩负起民族复兴的时代重任；第二，爱国主义和奉献精神的辩证统一。在我国高职院校教育中，必须在厚植爱国主义情怀和培养奋斗精神上下功夫，教育引导学生树立高远志向，让爱国主义精神在学生心中牢牢扎根，历练敢于担当、不懈奋斗的精神，努力做到自强不息，正己修身，立志扎根人民，奉献国家；第三，丰富学识和综合素质的辩证统一。在我国高职院校教育工作中，必须在增长学问见识和提高综合素质上下功夫，教育引导学生珍惜时光，心无旁骛地求知问学，增长见识，丰富学识，沿着求真理、懂道理、明事理的方向前进。与此同时，以文化人、以美育人，在提高基本文化素养的基础上全面提高综合素质，养成健全人格，树立人文精神，丰富学问见识，提高审美素养，努力增强创新思维和能力。第四，健全体魄和崇尚劳动的辩证统一。在我国高职院校教育工作中，必须在健全体魄和崇尚劳动上下功夫，教育引导学生养成健全的体魄和树立崇尚劳动的精神，努力做到意志坚定、乐观向上、刚健有为和不断进取，懂得劳动最光荣、最崇高、最伟大和最美丽，真正做到热爱劳动、辛勤劳动、诚实劳动和创造性劳动。

2. 建设一支知识型、技能型和创新型劳动者大军是核心和重点

高等教育有两种基本类型，一是高等科学教育，二是高等职业技术教育。高等科学教育的本质特征是“以学科为本位”和“强调适应性”，主要培养社会所要求的高级基础科学研究人才和高级科学应用人才，要求毕业生具有比较坚实、宽广的学科基础和比较强的对未来

工作的广泛适应性，是一个国家高等教育体系的主体和重点。高等职业技术教育的本质特征是“以职业为本位”和“注重针对性”，主要培养生产、建设、管理、服务第一线实际需要的具有必要的学科基础知识和较强的专业技术、职业技能的高级职业技术专门人才，在国家经济、社会发展中的地位、作用将会越来越重要。在党的十九大上，习近平总书记明确提出，“必须把教育事业放在优先位置，深化教育改革”，实现“高等教育内涵式发展”。因此，深化教育改革，坚持走内涵式高职教育发展道路，进一步探索构建和完善我国高职院校文化育人新模式，建设一支知识型、技能型、创新型劳动者大军，是“全面开启新时代我国高职院校文化育人新征程”的核心和重点。我国高职院校应当深刻地认识到：在向“中国制造2025”挺进和大力弘扬“工匠精神”的新形势下，我国不仅需要一批高水平研究型大学和若干所正在向世界一流大学进军、培养学术型的拔尖创新人才以促使重大核心技术基本立足国内的院校，也需要大批能够把创新研究成果和重大核心技术尽快转化为现实生产力的知识型、技能型、创新型劳动者大军。二者同等重要，并无高低之分。尤其是当今世界正处于大发展大变革大调整时期，科学技术突飞猛进，国力竞争日趋激烈、知识经济和人工智能正在兴起，意识形态领域的渗透和争夺更加深刻。在这样新的时代背景下，我国高职院校的学科基础、专业技术、职业技能和创新能力都必须紧紧跟上这个飞速发展、变革和调整的时代步伐，它必将促进脑力劳动与体力劳动的相互结合，加快制造强国、创新型国家的建设步伐。

3. 坚持走“立足地方，产教融合，校企合作，开放办学”的道路

作为主要由地方举办的高等院校和与国民经济联系最为紧密的一种教育类型，高职教育必然要坚持走“立足地方，产学融合，校企合作，开放办学”的道路。与此相适应，需要建立“政府主导，产教融合，校企合作，开放办学”的教育体制。这样做，既符合高职教育的办学规律，又能够充分地发挥地方政府、高职院校和行业企业三个方面的积极性和创造性。为此，应当注意以下几点：第一，根据地方（行业企业）的实际需要设置专业，改革教育、教学体系；第二，在学校内部建设高水平的工业实践基地，积极开展应用研究、技术开发、咨询服务，使学生在校内获得基本技术、技能训练和受到“双创”活动初步锻炼；第三，与相关行业企业建立“教、产、研”深度融合关系，大力开展校企合作教育，使学生能够受到职业道德教育、参加顶岗生产劳动和开展“双创”活动，促进高职院校文化与行业企业文化的相互融合；第四，自觉地接受社会评估监督和政府指导管理，藉此作为不断改进高职院校教育、教学工作和提高教育、教学质量的重要依据。

4. 大力弘扬现代“工匠精神”，铸造我国高职教育之魂

近一个时期以来，弘扬“工匠精神”和培育“大国工匠”的呼声一浪高过一浪，这是由新时代我国“贯彻新发展理念，建设现代化经济体系”的需要决定的。习近平总书记在党的十九大报告中强调指出，“弘扬劳模精神和工匠精神，营造劳动光荣的社会风尚和精益求精的敬业风气”。现代“工匠精神”的基本内涵主要有四：一是“质量至上的服务精神”，这源于“市场意识”；二是“精益求精的品质精

神”，这是核心内涵；三是“追求卓越的创造精神”，这是本质要求；四是“报效祖国的献身精神”，这是根本动力。因此，在“开启新时代我国高职教育新征程”中，应当大力弘扬以“报效祖国的献身精神，精益求精的品质精神，追求卓越的创造精神，质量至上的服务精神”为基本内涵的现代“工匠精神”，铸造我国高职教育之魂，它既是高职院校大学精神的核心内涵，更是高职院校毕业生“有理想、有本领、有担当”的重要体现。所以，高职院校不仅要单独设置“现代工匠精神”课程，而且要把“现代工匠精神”教育贯穿“高职院校文化育人”的全过程，特别是要安排学生到企业参加实践，接受企业文化熏陶。

四、积极探索构建当代中国高职人的精神家园

20世纪90年代中期以来“大学精神衰微”，其实质是“道德信仰危机”的严峻挑战。为了全面开启新时代我国高职院校文化育人新征程，当前和今后一个时期我国高职院校文化建设的一项战略性任务是坚持以“人文”为主导，以“理性”为根基，以“求实”为方向，以“创新”为动力，积极探索构建人文、理性、求实、创新的当代中国高职人的精神家园。

1. 人文：生命信念和精神境界

“人文”，不仅是一种精神境界，更是一种生命信念，其核心是人的生命意义和价值。对于“个体”的受教育者来说，不仅要正确认识和处理人与自然、人与社会、人与他人以及人与自己的基本关系，树

立正确的自然观、人生观、道德观和自律观，更应懂得生命的意义和价值，努力使自己得到全面而自由的发展；既要有丰富的物质生活，更要有高尚的道德品质，其中，杰出者应当将自己的全部生命贡献给人类最宏伟壮丽的事业。对于当代中国高职院校来说，应当以马克思主义关于人的本质“在其现实性上，它是一切社会关系的总和”的精辟论断为指导，把传承和创新文化作为自己应当承担的重大历史使命，确认教育的本质是一种通过文化促进人的发展的生命活动，“促进人的发展”是教育活动永恒的主题，“文化育人”是教育本质的核心和灵魂，教育活动的崇高理想是促使“每个人获得全面而自由的发展”，把为建设富强、民主、文明、和谐、美丽的社会主义现代化强国和为实现中华民族伟大复兴而奋斗作为全部工作的根本出发点和归宿。因此，我们应当树立“生命信念和精神境界辩证统一”的人文关怀观，这是构建当代中国高职人的精神家园的第一要义和兴校之魂。

2. 理性：知识理性和价值理性

自古希腊以来，西方大学一直恪守“知识即目的”的理性追求和“为科学而科学”的独立精神。工业革命兴起以后，学术研究功能被引入大学。从此，大学不仅把“育人为本”作为其存在的第一要义，还把“科学为根”作为其存在的价值基础，大学成了一个以求真育人为核心的文化共同体，“求真育人”既是大学文化的独特本质，更是大学得以长存于世的永恒的核心价值。20世纪中叶以后，随着人类逐渐从“以人的体力劳动为基础”的农业经济社会向“以科学技术为第一生产力”的工业经济社会转型，以美国为主要代表，大学逐渐融入社会之中，现代社会要求大学在认识世界的基础上创造未来的新世界，直接为人类社会谋福祉，“创造力”成了现代大学的价值所在。近一个多世纪以来，在社会现代化和世俗化的过程中，近、现代大学的发展与变革并不是一帆风顺的。尤其是随着人类社会逐渐进入以经济全球化为基本特征的崭新时代和我国社会从计划经济体制逐渐向社会主义市场经济体制转型，要求大学片面地服务于市场经济和民族、国家之间的发展竞争，结果导致“政治论高等教育哲学”主宰了大学与大学教育，“工具主义理性”实现了对大学和大学教育的征服与统治，大学精神急剧退化，价值教育普遍失位。知识取向和注重应用在大学教育和办学实践中逐渐居于主导地位，大学不再像过去那样关注人的精神和道德境界的提升以及“探索未知”这个大学赖以存在的根基，其实质是由于科学主义思潮与人文主义思潮的严重对立促使“科学理性”与“人文目标”之间发生了冲突，“科学理性”的负作用充分暴露了出来，科学技术在给人类带来了高度的物质文明的同时也带来了人们精神状态的严重颓废和衰落，带来了深刻的“道德信仰危机”。正、反两个方面的经验教训促使人们越来越深刻地认识到：知识理性与价值理性应当是辩证统一的，知识理性是价值理性的认知基础，价值理性是知识理性的核心和灵魂，我们应当树立“知识理性和价值理性辩证统一”的科学理性观，并把它作为构建当代中国高职人的精神家园的学术根基和价值基础。

3. 求实：服务社会和知行合一

教育和科学是构成大学的两个核心要素，“育人为本”是大学存在的第一要义，“科学为根”是大学存在的价值基础，它们共同决定了“人文关怀”和“独立精神”是大学的“永恒之魂”。无数事实反复证明这样一个真理：一个民主、文明、公正的社会不能没有一个充满人文关怀的、相对独立的、享有充分学术自由的、能够理智地应对外部世界种种挑战，在积极主动地应对现实社会众多领域不同层次广泛需求的同时始终坚守大学应有的人文和学术价值的真正意义上的大学的存在。否则，社会创新和发展的动力就会受到削弱，社会就会流于鄙俗，成为物欲横流、精神颓废和理想暗淡的名利场。这就是以“人文关怀”和“独立精神”为核心的大学的“永恒之魂”存在于当今社会的价值和意义之所在。但是，大学是不可能脱离社会孤立存在的。

求实，既是一种理念，也是一种作风。从理念看，“立德树人，亲民济世”是我国先秦时期“大学之道”的核心，要求受教育者成为通晓儒家经典和道德高尚的君子以后，以天下为己任，亲近和服务人民，齐家，治国，平天下。20世纪中叶以后，随着西方大学走出“象牙塔”逐渐融入社会中去，国家要求大学在坚守应有的基本理性和学术价值的同时积极主动地应对现实社会众多领域不同层次的广泛需求，不仅服务而且引领社会前进。从作风看，我国历来主张“经世致用”，我国著名教育家陶行知进一步主张“知行合一”，并且认为“知易行难”。由此可见，我们应当在坚持大学应有的基本人文和学术价值的基础上树立“服务社会与知行合一辩证统一”的服务知行观，实现高等教育赖以合法存在的生命论、认识论和政治论的有机统一，这是构建当代中国高职人的精神家园的服务方向和哲学基础。

4. 创新：自强不息和时代精神

创新既是一个民族进步的灵魂，更是一所大学兴旺发达的内在动力。一般认为，世界上的许多“创新”都源于人们对未知世界的“好奇”心理。但是，必须指出，“创新”更重要的是源于高度的社会责任感和以天下为己任的报国之心，其灵魂是一种“自强不息”的奋斗精神。当今世界正处在大发展大变革大调整时期，创新正在日益成为经济社会发展的主要驱动力，知识创新更成为国家竞争力的核心要素。在这种新的时代背景下，大学，包括高职院校，作为科学技术第一生产力和拔尖创新人才第一资源的重要结合点，在国家经济社会发展中具有不可替代的地位和作用。因此，我们应当树立“自强不息与时代精神辩证统一”的开拓创新观，这是构建当代中国高职人的精神家园的内在动力和时代呼唤。

我坚信，在党的十九大精神，特别是在习近平新时代中国特色社会主义思想指引下，大力提高文化自觉和大力弘扬“工匠精神”，深刻认识“文化育人的本质、理想、内涵和根本”，积极探索构建当代中国高职人的精神家园，经过持之以恒的顽强奋斗和不断创新，我国高职教育必将在全面提高教育质量和推动制造强国建设的基础上成功地进入“中高端”，全面开启新时代我国高职院校文化育人新征程，并在21世纪中叶进入世界前列，为实现中华民族伟大复兴的中国梦和构建人类命运共同体做出应有的重大贡献，未来必将是属于当代中国高职人的。

王冀生

2019年3月于北京书屋

序　二

改革开放40年来，我国高等职业教育实现了从无到有、从小到大的跃升，学校数量、在校生规模均占据高等教育的“半壁江山”。随着社会转型和产业升级，与经济和社会发展结合最为紧密的高职教育逐渐从重规模向重质量、从外延式发展向内涵式发展转变。同时，高职教育理念也从“技能本位”转向“文化育人”。在此过程中，广大高职教育工作者不忘初心、砥砺前行，为探索高职之义、追寻高职之魂不懈奋斗，谱写了高职教育发展的华丽篇章。

一、高职教育“技能本位”及其困境

科学无国界，且价值无涉。但是，技术与科学不同，其区别在于技术活动包含人类社会需求以及由此决定的价值取向。技术目的是由人来确定的，它决定了技术的发展方向和用途，而技术手段是为实现技术目的服务的。无论是技能还是工具，都因其作为技术手段而具有价值属性，为技术目的所引导。技术活动和成果渗透着不同地区的文化特征。技术发明这种特殊的技术实践活动需要具有创新导向的文化教育的长期培养。[1]技术活动与文化这种内在关系，要求职业技术教育不能仅仅传授技术，而且要在传授技术的同时传承与技术相依存的文化，这才是完整的职业技术教育。

但从总体来看，我国职业技术教育长期以来主要强调“技术”的教育，“文化”的教育一直处于缺失状态。中华人民共和国成立后，

[1] 王前.“道”“技”之间：中国文化背景的技术哲学［M］.北京：人民出版社，2009：214，247.

在当时百废待兴的历史条件下，国家以“多出人才、快出人才”为指导，旨在快速恢复生产，职业教育就相当于“技术培训”，以尽快培养工农业急需的技术人才。改革开放初期，由于缺乏办学经验，并且长期受计划经济的影响，当时高职院校被定位为“综合性市属高等专科学校”，虽然在专业设置上注重与社会经济发展相联系，但在教学上仍搬用普通高等教育的做法，强调理论教育，高职教育办成了高等专科或是“压缩饼干”式的本科。此时的高职院校只看到了“高”，却忽视了“职”。20世纪90年代末开始，伴随着高职教育规模的迅速扩张，这种“本科压缩饼干”式人才培养模式的缺陷日渐凸显，学生缺乏实践、动手能力差，无法满足企业一线工作要求，出现就业困难的局面。很快，高职院校发起了新一轮的人才培养模式改革，开始探寻自己的特色。“订单式”培养、顶岗实习、工学交替、校企联办成为这一时期最具特色的高职教育办学模式。在课程体系建设上，高职院校开始强调以就业为导向，按照岗位所需的核心能力开设课程。在教学上，注重学生实训环节，强调学生一毕业就能顶岗工作。此时的高职教育逐渐形成了“技能本位”的特色人才培养模式。这种人才培养模式曾为高职教育带来了无限活力，学生的就业率逐年攀升。然而，这种“技能本位”人才培养模式却使得高职教育逐渐偏离了教育本质。高职教育过于关注学生专业技能发展，而忽视了学生职业素质与人文素养培养；注重“授业”，却忽视了“传道”与“解惑”；看到教育的工具性，却忽视了教育“育人”的本体性。

高职教育的“技能本位”模式所带来的弊端逐渐在学生成长与学生就业过程中显现出来。一是学生技能提高了，人文精神却滑落了。高职院校对技能教育高度重视，对人文教育重视不够，人文课程数量少，人文课程师资不足，导致高职学生人文知识缺乏、人文精神缺失。二是就业导向并未促成整体的高质量就业。高职教育以就业为导向，以技能为本位，强化学生的就业竞争力，但高职院校毕业生就业状况并不尽如人意。三是技能本位不完全符合企业的需求。高职技能本位的出发点是为企业培养“派得上用场”的技能型人才，免去企业对接收的毕业生重新培训的“麻烦”。对高职院校的这一“体贴设想”，企业并不买账。调查显示，企业最关注的并非毕业生的技能，而是积极主动、团队精神、执行力、责任心等道德品行和职业精神。四是技能本位与高职院校在创新型国家建设中应承担的责任不相适应。我国在2020年要建成创新型国家，占全国高校“半壁江山”的高职院校应承担起相应的责任。高职院校的责任主要集中在技术应用型人才的培养上，高职毕业生应可利用各种信息技术、管理技术，对各种创新要素和创新内容进行选择、集成、优化、整合，促进先进的科学技术尽快转变成现实的生产力；或者培养学生较高的技术模仿能力、吸收转化能力，并对已被引进的先进技术进行再创新、再完善，提高先进科技成果在社会的应用程度。但技能本位的模式遏制了学生技术应用能力的培养。五是技能本位与学生可持续发展的要求不相适应。正如美国斯坦福大学前校长肯尼迪在《学术这一行》（*Academic Duty*）中所言：“专业技能的生命周期日趋缩短，学生的思考、分析与整合技术的能力比专业科目的能力更持久。”技术的日新月异、产业的调整升级，使新的职业不断涌现，也使原有职业的内涵不断升级，这就决定了职业（含职业内涵）的不断变迁是职业人必须面对的挑战，高职毕业生必须具备可持续发展能力才能应对这一挑战。但是在技能本位下，高职教育的理论教学“以必需、够用为度”，容易使高职学生理论知识碎片化，难以支撑学生的可持续发展。这一系列的问题使高职教育发展面临困境。

2018年9月10日，习近平总书记在全国教育大会上指出：“培养什么人，是教育的首要问题。我国是中国共产党领导的社会主义国家，这就决定了我们的教育必须把培养社会主义建设者和接班人作为根本任务。”而“技能本位”模式很难培养出全面发展的社会主义合格建设者和可靠接班人，无法适应中华民族伟大复兴时代。因此，高职教育的发展应纠“技能本位”之偏，回归育人的本质。

二、“文化育人”的历史轨迹及高职教育的选择

文化是人类社会的一种存在方式，人创造了文化，文化也创造了人，任何人都是具体文化中的人，人是文化的产物。人类的再生产包括肉体生命的再生产和文化的再生产。文化的再生产，包括文化的传承和创新，主要依靠教育。教育就是个体由“生物人”成长为“社会人”的社会化过程或活动。个体社会化是社会对个人的文化教化和个人对社会能动选择与调适的统一过程。人的教育过程实质上是文化“内化”的过程，学校本质上是一种文化机构，不仅有继承文化、传播文化的功能，而且还有创造文化的功能。从文化角度来看大学，大学教育实质上就是大学文化育人，其中的“文化”是内容和途径，“育人”是目标。

“文化育人”是一种全面育人理念，美国在全面育人方面采取的是“通识教育”。从美国社会来看，科技在美国工业革命中发挥的决定性作用、美国西部大开发对专业人才的大量需求、杜威实用主义教育理论的盛行等因素，曾经深刻影响着美国的高等教育，并导致美国高等教育专业化倾向越来越严重，高等教育科学主义、工具理性的盛行，高等教育偏离人的全面发展目标，人文精神式微。此时，美国高等教育界有识之士举起“通识教育”的大旗，以纠高等教育过度专业化之偏。从耶鲁大学《1828耶鲁报告》(*The Yale Report of 1828*)，到1930年芝加哥大学赫钦斯的名著阅读运动(The Great Books Movement)，再到1945年《哈佛通识教育红皮书》(*General Education in a Free Society: Report of the Harvard Committee*)，再到1978年哈佛大学发布的《核心课程报告书》(*Harvard Report on the Core Curriculum*)，再到后来哈佛大学、杜克大学等名校的系列核心课程(The Core Curriculum)，美国通识教育历经近二百年，虽然每一阶段通识教育的重点各不相同，但其对教育本质的认识是基本一致的，即如芝加哥大学前校长赫钦斯认为的“教育没有‘实用的’目的……教育的兴趣在于通过发展人的心智促进人的发展，教育的目的是人性，而非人力”。同时，通识教育同塑造有融通知识、融通识见，有责任感的公民，培养学生完善的人格和认识自我及世界的方法的教育目标也是基本一致的。

由于历史的原因，我国高等教育发展历程与美国不同。中华人民共和国成立之初，我国高等教育照搬苏联模式，进行院系调整，强化高等教育的专业化。改革开放后，科学技术在生产力发展中的作用日益凸显，经济快速发展对专业人才的大量需求，进一步确立了高等教育的专业化倾向，导致高等教育科学主义、工具理性的盛行，并进而导致高等教育偏离人文目标及人文精神。当时流行的一句名言“学好数理化，走遍天下都不怕”，是对这一状况的真实反映。华中科技大学原校长杨叔子院士将当时中国高等教育存在的这些弊端概括为“五重五轻”，即“重理工，轻人文；重专业，轻基础；重书本，轻实践；重共性，轻个性；重功利，轻素质”。对此，以杨叔子院士为代表的高等教育界有识之士倡导要重视文化素质教育。1995年9月，原国家教委在华中理工大学（现华中科技大学）召开“高等学校加强大学生文化素质教育试点院校第一次工作会议”，正式拉开了我国本科院校的文化素质教育的序幕。“文化育人”理念是“文化素质教育”理念的创新和再发展。“文化素质教育”是我国本土产生的教育理念。改革开放以来，我国大学文化建设经历了“校园文化建设”“文化素质教育”“大学文化建设”三个阶段，目前正由“文化素质教育”阶段进入“大学文化建设”阶段。大学文化是涵盖大学内部所有文化类型的大文化概念。大学文化概念的提出，说明大学及其成员对大学文化及其价值的认识突破了以往校园文化及人文素质教育活动类型和目的比较单一的局限。[1]“文化育人”，顾名思义就是通过大学文化来教育人，是“文化素质教育”的进一步发展，大致经历了三个阶段。第一阶段，“文化素质教育”理念的提出。1995年原国家教委下发《关于开展大学生文化素质教育试点工作的通知》，并召开“高等学校加

［1］ 睦依凡，俞婷婕，李鹏虎.大学文化发展和建设历程研究——基于改革开放30年来的发展脉络［J］.中国高教研究，2015（10）.

强大学生文化素质教育试点院校第一次工作会议”，会上提出了“文化素质教育”理念。1998年教育部又出台了《关于加强大学生文化素质教育的若干意见》。第二阶段，积极探索“文化素质教育”的思想内涵，理清“素质教育”与“文化素质教育”的关系。第三阶段，以“文化育人”为主题，深化、丰富“文化素质教育”思想。[1]随着对“素质教育”和“文化素质教育”的进一步探讨，“文化”这一核心概念成为关注的焦点，“以文化人”“文化育人”成为“文化素质教育”思想新的发展。从20世纪90年代开始，中国大学相继兴起的校园文化建设、文化素质教育与大学文化研究就是对大学文化育人的呼唤。[2]2012年4月，高等学校文化育人研讨会暨第五次文化素质教育工作会议在清华大学召开。会议围绕“创新文化素质教育，深入推进文化育人”的主题进行研讨，提出“文化育人”的新理念。会议认为，高等教育的根本价值在于培养全面发展的人，高等学校既是文化传承的重要载体，也是思想文化创新的重要源泉。树立文化育人的新理念，推进高校文化传承与创新，必须以文化育人为灵魂和基础。加强文化育人，应努力提升学校办学的文化内涵和人文境界，将积极的人文精神和科学精神、“做人”之道和“处事”之道内化和融合，渗入个人灵魂的深处，凝结成个体的精神气质。[3]

习近平总书记也对“文化育人”作出了一系列重要论述。2014

[1] 杨叔子.文化素质教育的再认识与再出发——纪念我国文化素质教育工作开展20周年[J].中国高教研究，2015(6).

[2] 刘献君.文化素质教育论[M].北京：高等教育出版社，2009：31.

[3] 高宏刚，许建争.创新文化素质教育 深入推进文化育人——高等学校文化育人研讨会暨第五次文化素质教育工作会议综述[J].教育研究，2012(9).

年3月，习近平总书记在联合国教科文组织总部的演讲中指出，我们要大力推动文化事业发展，“让人们在持续的以文化人中提升素养，让文化为人类进步助力”。2016年12月，习近平总书记在全国高校思想政治工作会议上的讲话中指出：“要更加注重以文化人以文育人，广泛开展文明校园创建，开展形式多样、健康向上、格调高雅的校园文化活动，广泛开展各类社会实践。”2017年10月，习近平总书记在党的十九大报告中指出：“文化是一个国家、一个民族的灵魂。文化兴国运兴，文化强民族强。没有高度的文化自信，没有文化的繁荣兴盛，就没有中华民族伟大复兴。”“从文化素质教育思想的确立，到对素质教育本质的把握，再到文化育人命题的提出，反映出20年来文化素质教育思想演进发展的过程，其中的逻辑关系十分清晰。”[1]

美国高等教育举起的是通识教育的大旗，中国普通本科院校开出的是文化素质教育的药方。高职教育选择了文化育人，而没有选择通识教育或者文化素质教育，其原因在于，一是与高职教育的培养目标以及高职学生的特性有关。一般而言，普通本科院校偏重学术，高职院校偏向应用；普通本科院校培养研究型或工程型人才，高职院校培养技术技能型人才。普通本科学生长于抽象思维，高职学生长于形象思维；普通本科学生长于理论，高职学生长于实践。任何教育活动只有符合学生的特点，才能接上学生的“地气”，才能取得实际效果。因此对高职院校来说，不可能像美国高校那样，

[1] 杨叔子.文化素质教育的再认识与再出发——纪念我国文化素质教育工作开展20周年[J].中国高教研究，2015(6).

单纯通过阅读经典或开设通识教育核心课程的方式来培养人格健全的学生。二是文化素质教育较偏向于有形的教育，无形的文化熏陶较欠缺。国内普通本科院校开展文化素质教育效果并不十分理想的原因就在于此。文化素质教育通过课堂教学、校园文化活动、社会实践等途径，对大学生加强文学、历史、哲学、艺术等人文社会科学方面的教育，以提高大学生的文化品位、审美情趣、人文素养、科学素质，然而这些仅仅是文化育人的一部分，并不能代替文化育人。三是与高校价值教育的特性有关。价值教育具有整体性、弥散性、渗透性的特点，更强调春风化雨、潜移默化、润物无声的教育方式。高职教育文化育人更强调大学文化建设，营造良好的大学文化氛围，让学生在潜移默化中接受大学文化的熏陶，实现“以文化人、以文育人”。《易经》贲卦的彖辞有云：“观乎天文，以察时变；观乎人文，以化成天下。”其中“观乎人文，以化成天下”这句话最准确地表达出文化育人的内涵，即“下观人类文明，可以推行教化庶民促使天下昌明”。文化育人主要是指价值层面、精神层面的教育，具有非专业、非职业、非工具的特征。具体到教育实践中，文化育人包括德智体美劳的全面教育。“文化育人”的重点在“育”，既包括“通识教育”“文化素质教育”等有形的教育，也包括一切无形的涵养、熏陶。从外延上看，无论在教育内容上还是在教育方法上，都比“通识教育”“文化素质教育”丰富和宽泛。“‘文化育人’的理念反映了我国高等教育界对大学使命的认识更加全面、深刻。”[1]“文化育人”理

[1] 张岂之.大学如何践行“文化育人”[J].中国高教研究，2011(9).

念日益受到高职院校的重视。

三、文化育人的高职行动

高职教育发展所面临的文化困顿和文化育人建设的紧迫性，引起国家教育行政主管部门和社会的高度关注。2011年，深圳职业技术学院等82所高职院校发起成立“全国职业院校文化素质教育协作会”，并创办全国职业院校“文化育人”高端论坛，截至目前已经成功举办七届，论坛的规模越来越大，“以文化引领技能型人才培养”成为高职院校的普遍共识。2012年，教育部职业院校文化素质教育指导委员会成立，并与商务印书馆合作创办国内第一本文化育人杂志——《文化育人》，至今已出版6期，职业院校文化育人工作有了重要的平台和载体。2013年，由清华大学申报的2012年度教育部哲学社会科学研究重大委托项目“当代中国大学精神研究”获立项，深圳职业技术学院、浙江经济职业技术学院和顺德职业技术学院等高职院校参与并承担了该项目子课题的研究任务。2015年12月，清华大学、北京大学和深圳职业技术学院等37所大学联袂发起创建中国高等教育学会大学文化研究分会，并于2017年2月正式获得中国高等教育学会批准。高职教育作为一种重要的教育类型在大学文化建设中的地位凸显。

与此同时，全国各高职院校也广泛开展文化育人建设工程，以文化引领技能人才培养转型升级。2013年，深圳职业技术学院出台《关于实施文化育人创新行动的决定》，成立文化育人创新行动领导小组，建立文化育人研究与发展中心暨文化素质教育基地，颁布《文化育人实施纲要》，加强顶层设计，系统推进文化育人工作。浙江经济职业技术学院系统实施现代“和谐职业人”培养工程，探索形成了“一体、两翼、三阶、四质、五德、六能、七化”的育人框架；该校还开展“以诗教为特色，兼融诗书画，并蓄文史哲”的文化育人系统工程，通过校园诗教的育人功能，引导学生珍爱民族文化，弘扬民族精神，全面提升综合素质，收到了良好的育人效果。顺德职业技术学院大力弘扬墨子文化，深入挖掘墨子思想所蕴含的职业教育理念，创新人才培养模式，培养智慧型、国际化的现代幸福工匠。在高职人的共同推动下，一个理性反思、深入研究和科学建构高职文化，大力推进高职文化育人的热潮迅速兴起，中国高职教育进入了以文化力量推动内涵发展的更高境界。

四、努力编写高职院校文化育人的精品成果

2011年至2013年，《中国大学文化百年研究系列丛书》由高等教育出版社陆续出版发行。该套丛书依托教育部人文社会科学研究2007年度规划基金项目“中国大学文化百年研究”编写完成，汇集了北京大学、清华大学和天津大学等10所国内有百年历史或有重大影响的高校的文化个案研究成果，具有重要的历史意义和文化价值，在国内引起强烈反响。为贯彻落实全国职业教育工作会议和《国务院关于加快发展现代职业教育的决定》精神，全面梳理和科学总结我国高职院校近年来开展文化育人，推进大学文化建设，特别是在文化育人理论研究与实践探索上取得的成绩和经验，提升高职教育内涵发展

水平和质量，在大学文化研究与发展中心、教育部职业院校文化素质教育指导委员会和全国职业院校文化素质教育协作会的倡议指导下，深圳职业技术学院、浙江经济职业技术学院和顺德职业技术学院共同牵头发起《高职院校文化建设与文化育人丛书》(以下简称《丛书》)的编写工作。

为了推进《丛书》编写工作，2015年6月18日，深圳职业技术学院、浙江经济职业技术学院和顺德职业技术学院在深圳组织召开了《丛书》编委会成立大会，来自19所高职院校的领导和代表出席会议，会议研究成立《丛书》编委会，并明确了《丛书》编写的意义、指导思想、基本原则和有关要求。为确保《丛书》编写质量，编委会聘请原国家教委高等教育研究中心主任王冀生研究员、清华大学原党委副书记胡显章教授、北京大学原常务副校长王义遒教授、浙江机电职业技术学院原党委书记左家奇教授、华东师范大学职教研究中心主任马庆发教授、天津大学大学文化与校史研究所所长王杰教授、中山大学现代教育研究中心主任冯增俊教授、深圳职业技术学院徐平利研究员8位专家为论证委员会专家。其中，王冀生研究员任专家论证委员会主任，胡显章教授、王义遒教授任副主任，左家奇教授担任常务副主任。此后，论证专家对参编院校《丛书个案成果编写初步提纲》进行了论证，最终确定无锡职业技术学院、昆明冶金高等专科学校、金华职业技术学院、顺德职业技术学院、浙江金融职业学院、浙江经济职业技术学院、深圳职业技术学院、新疆农业职业技术学院、福建船政交通职业学院9所院校为首批参编院校，并于2016年5月至2017年12月，开展了编写提纲进校论证、集中论证和交流研讨3次论证研讨活动，帮助参编院校修改提纲和书稿。期间，浙江机电职业技术学院和杭州职业技术学院经过评审也参与到《丛书》编写工作中。

我们认为，组织编写《丛书》，打造一批具有示范性的高职院校文化育人精品成果，着力提升我国高职教育内涵发展水平和教育质量，深入探索中国特色高职教育创新之路，是一项具有基础性、战略性和全局性的工作，是当代中国高职人的一项创举。为此，《丛书》编写工作始终坚持以习近平新时代中国特色社会主义思想和党的十九大精神为指导，大力培育和践行社会主义核心价值观，坚持以立德树人为根本，以文化育人为中心，全面梳理和科学总结我国高职院校近年来开展大学文化研究，推进大学文化建设，特别是在文化育人理论研究与实践探索上取得的成绩和经验，力争通过四五年的努力，打造一批我国高职院校文化育人的代表性精品力作，使其成为《中国大学文化百年研究系列丛书》的“姊妹篇”，并以此引领我国职业教育的改革与发展。

在编写过程中，我们坚持以理念创新为主导、以实践探索为基础、以高职院校文化育人成果为主线和重点、以营造良好的文化生态为保证的基本方针，形成了鲜明的特色。一是从历史的轨迹、哲学的高度和文化的视角凝练高职院校的学校精神、教育思想和办学理念，全面总结概括各校大学文化建设和文化育人所取得的成绩。二是以各校的改革实践为基础，全面概括各校建校以来的各项改革措施和取得的成效，突出大学文化建设和积淀，创造深厚的文化底蕴。三是把理论研究放在第一位，以研究带领实践总结，厘清了文化育人的基本理论问题，深化了对文化育人的认识，总结了各校文化育人的特色和经验。四是注重文化育人成就和展望，力求做到有时代高度和战略视野。五是坚持高职特色，彰显学校个性。结合高职教育时代特色、高职特色、区域特色和发展特色，根据各校不同的地域文化、行业特色和实践范式，挖掘和提炼特色鲜明、富有个性的文化育人案例和经验，形成千姿百态、精彩纷呈的成果。六是语言朴实、通俗易懂。在写作体例上，它既不是学术著作，也不是通俗读物，而是探索高职院校文化育人改革成果的文化精品，力争做到思想性强、史料翔实、思路清晰、结构合理、论述深刻、文笔流畅和图文并茂。

《丛书》编写工作得到了专家论证委员会各位专家的悉心指导和倾力帮助。特别是王冀生研究员、胡显章教授和王义遒教授，他们已是七八十岁高龄，但自始至终保持着旺盛的工作热情，亲自指导参编院校修改提纲、完善书稿内容，一直关注和督促编写进度，对《丛书》的出版做出了重要贡献。在此，我代表课题组向他们表示衷心的感谢！

经过三年多的艰苦努力，《丛书》已完成编写并将陆续出版，标志着我国高职教育文化建设工作迈上了新的台阶。今年7月，《丛书》编委会组织申报的“中国高职院校文化育人研究”项目获2018年度教育部人文社会科学研究规划基金项目立项资助（项目批准号：18YJA88006），这也充分体现了《丛书》编写工作的重大意义以及教育部和有关专家对这项工作的充分肯定，在此表示谢忱！

陈秋明

2018年9月

前　言

从浙江省物资学校创办至今，浙江经济职业技术学院已走过了风雨兼程的40年。回首过往，40年的成长历程，也同时见证了我国高等职业教育的发展之路。经济社会的发展需求，是我国高等职业教育发展的主要推动力。中国高等职业教育历经40余年发展，在规模、质量、内涵等方面，取得了一系列重大成就，大量职业院校相继落地生根，为国家培养了大批专业技能人才。尤其是近十多年来，“产学一体”“校企合作”“订单培养”成为人才培养的基本途径，构成了当前我国高职教育话语体系中的组成部分，为高职教育形成职业教育的鲜明特色，乃至获取教育类型的地位发挥了极其重要的作用。

不过，在高职教育对就业、技能等职业性特征强化的同时，如何还原、坚守其作为一种教育类型的根本属性，一直是现实中亟需冷静思考的问题。作为高职院校教育工作者，必须首先基于教育属性的逻辑起点，重新回到教育的原点，思考并科学设计高职教育的人才培养体系，使之能够支撑高职教育的内涵发展。

客观来说，高等职业教育具有高等教育和职业教育的双重属性，肩负着人才培养、科学研究、社会服务、文化传承和创新的多重使命。在我国进入产业转型升级的关键期，市场经济的主导作用日益明显，导致了就业导向的多元化，传统职业教育所强调的特定岗位能力的培养已经无法适应新形势的要求。职业教育不再是简单的职业培训，而是一种与复杂的职业环境相联系的教育形式，不仅要考虑到企业和岗位对职业技能的需要，还要充分考虑学生的综合职业能力是否适应社会的需要。尤其是随着时代发展主题的转换，职业教育越来越聚焦于人的全面发展或人的生存质量的提升，从关注人的技能、技术水平的提高，逐渐转换为关注人的价值和尊严的彰显。因此，职业教育也应注重人的发展，培养全面发展的职业人。

随着对高职教育理解的不断深入，高职院校人才培养的目标定位也在发生变化。2012年，随着“高等职业教育重点培养产业转型升级和企业技术创新需要的发展型、复合型和创新型的技术技能人才”等概念的提出，职业院校人才培养对“技术”的要求进一步明确，其内涵不仅包括强调技术、注重技能，更强调关注创新、兼顾人文、综合发展等构成要素。基于对高职教育发展理念和人才培养目标的反思，浙江经济职业技术学院多年来坚持“立德为本、致用为宗”的办学宗旨，将立德树人作为高职院校人才培养的根本任务，加强素质教育，强化职业道德，坚持育人为本、德育为先，并在此基础上进一步提出高职院校现代“和谐职业人”培养的相关理念。

高职“和谐职业人”的培养，是教育生态系统中各层次的生态单元和外界多维生态环境中各种因子之间互相联系、互相作用所形成的复杂结构，必须具有系统性的建构，才能获得整体效应和积极效果。因此，学校始终坚持价值引领，把“和谐职业人”的育人理念作为文化育人创新实践的价值导向，确保高职教育贯彻落实教育方针；并从优秀传统文化和先进企业文化中提炼出“爱、学、诚、敬、新”五个价值取向，作为职业人文素质的核心，增强教育的针对性和指向性。同时，基于教育生态学原理和多元智能理论，实施资源、途径、形式、载体的系统规划整合。资源上重视传统文化和企业文化、本土文化和世界文化的融合；途径上通过时间和空间维度的整合，充分发挥课堂的主渠道、教师的主导性、环境的潜在性、专业的渗透性等作用。此外，注重开发规范性和操作性强的教育内容和形式，提高实用和推广价值。内容上提炼共性特征，如“三阶、四质、五德、六能”；途径上采用企业文化融化、传统文化内化、课程建设深化、校园活动优化、社会实践悟化、专业渗透细化、师资队伍强化“七化”，体现教育的规律性；载体上体现规范性，如“爱之魂”“诚之语”等五大主题活动以及“四千工程”、七大专业文化品牌、七类专业素养手册等；评价上以素质分、素质学分、素质拓展证书为载体，从而真正实现文化育人由软化走向硬化。“和谐职业人”培养的相关理论实践，在推动育人、推广应用和示范引领方面，均取得了值得肯定的成效，并逐步形成各具特色、层次丰富的专业人才培养体系和专业文化格局，培养了大批专能、通能与素质相协调、做人与做事相统一的现代“和谐职业人”。

新的时期，学校将坚持以习近平新时代中国特色社会主义思想为指导，牢固树立新发展理念，服务建设现代化经济体系和实现更高质量、更充分就业需要，对接科技发展趋势和市场需求，着力培养高素质劳动者和技术技能人才。面对供应链创新应用上升为国家战略的历史机遇，学校将进一步确定鲜明独特的建设目标，打造技术技能人才培养高地。实施课程思政改革深化行动，构建思政课、通识课、专业课“三位一体”的大思政格局，实施现代“和谐职业人”培养行动的进一步优化；继续以中华优秀传统文化创新、传承工匠精神，提升职业教育文化自信，推动职业教育高质量发展，加快职业教育现代化；培养具有工匠精神的“专能精、通能强、素质高”的复合型技术技能人才，做“深、学、训”结合的现代学徒制培养模式，争创国家级示范性创业学院；升级校企协同共生“双轨制”模式，打造命运共同体，不断优化以行业引领性企业大学为核心的嵌入式校企合作机制，形成高职教育与企业大学协同共生的育训结合新模式，建成特色鲜明、全国领先的校企命运共同体。

深植于文化育人的广阔土壤，“立德为本、致用为宗”，是我们赖以维系的精神脉搏；振翅飞向经院发展的碧海蓝天，“崇尚优化、追求卓越”，是我们勇往直前的不竭动力。期待浙江经济职业技术学院的未来更美好！

课题组

2019年7月

目　录

第一章

筚路蓝缕几回眸

——经院历史脉络

桃李春秋，回首学校文化育人之路，可谓聚精会神，锲而不舍。历史的闪回，让我们溯源而上，在寻觅涓涓源流中，为文一路校区中专时代的文化夯基而重温美好；时代的召唤，终令我们如势不可挡的钱江潮水奔涌向前，在下沙这方热土上，为塑造高职精神，积淀经院[1]文化，培养和谐职业人而不舍昼夜，锐意精进。

浙江经济职业技术学院“和谐职业人”培养基地的形成与确立，是学校历时空、地域变迁，经理念交替、更迭，从无到有，从有到优，一路探索、积累、传承、发展而来的。回顾浙经院的发展历程，学校紧契国家建设与经济发展制定人才培养方案，与时俱进，不断革新创变，历时40余载，最终形成培养“和谐职业人”的育人模式和校园文化，并在此基础上取得了丰硕成果。

第一节　从无到有——闲林埠创业时期

20世纪70年代后期，是中国社会主义建设道路上的伟大转折点，刚刚结束了“十年浩劫”，国民经济濒于崩溃，社会文化萧条，百废待兴，百业待举。这一时期，中国共产党召开了具有跨时代意义的十一届三中全会，纠正了“文化大革命”带来的各种混乱，大胆提出改革

[1]“经院”，或称“浙经院”，是浙江经济职业技术学院的简称。

开放政策，使社会主义建设事业冲破重重迷雾，迎来发展的曙光。为了响应改革开放号召，浙江省物资学校（以下简称“物资学校”或“物校”）应运而生，从无到有，艰苦创业，培养出第一代优秀物校人。

一、物资学校应运而生

十一届三中全会后，全国人民团结一致、振奋精神，开始了社会主义现代化建设的艰难起飞。为适应国家社会主义现代化建设的需要，全国物资系统各级管理机构相继恢复。然而，由于全国十多所物资院校在“文化大革命”中停办或解散，造成物资人才培养断档十年，物资人才极为奇缺。为了尽快扭转局面，全国各省、市的中等物资学校犹如雨后春笋，纷纷恢复和新建起来。

1978年10月，浙江省物资局根据中央领导关于“物资部门要办学校，培养干部”“抓紧培养一批又红又专的专门人才”的具体指示，考虑到我省物资系统的实际情况，正式向浙江省革命委员会请示在我省建立一所中等物资专业学校，希望逐步培养出一批物资工作的骨干力量。同年12月16日，浙江省革命委员会以浙革发〔1978〕132号批复同意了物资局关于建立浙江省物资学校的请示（图1-1-1），并将院校属性确定为中等专业学校。浙江省物资学校正式筹建。

二、以孺子牛精神艰苦创业

建校初期，条件非常艰苦，几乎一无所有。学校在筹建工作组的多方努力和杭州市物资局的大力支持下，借用杭州市机电设备公司位于杭州市区20余公里外余杭县闲林埠的一所仓库作为临时校舍使用（图1-1-2）。该仓库是20世纪50年代的土木结构建筑，年久失修，破旧不堪。仓库周围工厂林立，噪音和空气污染严重，办学条件很不

浙江省革命委员会（批 复）

浙革发〔1978〕132号

关于同意建立浙江省物资学校的批复

省物资局：

一九七八年十月十一日《关于要求开办中等物资学校的报告》收悉。

经研究，同意建立浙江省物资学校，为中等专业学校。学校规模暂定六百人。经费要求国家物资总局拨给一部分。望即进行筹建，争取一九七九年秋季开始招生。

一九[illegible]六日

抄：省计委、教卫办、财办、省物资局、财政局、人事局、劳动局，国家物资总局

图1-1-1

图1-1-2

图1-1-1　浙江省革命委员会批复建立浙江省物资学校

图1-1-2　作为临时校舍使用的旧仓库

理想。但即便如此，也已属不易。

当时国家财政困难，物资总局和省局都爱莫能助，浙江省计划委员会和省物资局提供的办学经费极其有限。筹建组经研究决定，通过勤工俭学和自筹经费的办法来解决这个问题。学校筹到的第一笔经费来自浙江省统计局，统计局与学校达成协议，为学校提供一部分经费和一部分专业课兼职教师，学校则为统计局培养一批专业统计人才。这种面向社会需要、灵活开放的办学方式后来成为切实可行的办学模式之一。

1979年3月21日，第一次全体教职工会议在学校食堂前举行，与会教职工共39人。筹建小组负责人钱进作动员报告，提出了“从严治校，艰苦创业，加快学校建设，努力培养合格的中等物资专业人才”的建校方针。学校开设物资财务会计和计划统计两个专业，统计专业课由省统计局派业务干部协助教学，毕业学生由该局与省物资局共同安排工作。1979年9月，学校迎来了浙江省物资学校首届100名新生。

这一时期的教学工作，是在极其简陋的环境下进行的。教室是旧仓库，桌椅是旧物件，教学设施仅有几块绘图板和几件木制教具，文娱、体育设施更是空白。即便如此，学校仍明确提出，要以正规办学的要求来开展教学工作。1979年年底，学校制订了一系列学生管理、教学管理等规章制度，并要求教师贯彻“启发式”教学原则，加强基本素质及通用能力的培养，加强对学生实际工作能力和独立分析、解决问题能力的锻炼和提高。注重文化素质的教学理念初显雏形。

学校离市区较远，交通极不便捷，住在城里的教师经常挤不上公交车。20公里路程，教师们硬是骑着自行车赶到学校按时上课。寒暑假学生早起赶车不方便，钱进书记、黄星安副校长的家就成了中转站。每逢过年，有些家境困难的同学无钱回家，校领导自带食品和他们共度除夕之夜，给同学们以亲人般的温暖。教工和学生同排一个队，共吃一锅饭，一起开荒劈山、挖土填石、修筑球场（图1-1-3）。

图1-1-3

图1-1-3　劈山挖土填石修筑球场

校领导布置任务，“哪里需要，我去；哪里困难，我上！”是当时后勤工作的原则。大多数教工特别是校领导都放弃了节假日和休息时间，与同学们朝夕相处。全校教职工齐心协力，师生之间亲密无间，形成了延续至今的良好校风。晨曦中，全校师生迎着朝阳在田间小道跑步锻炼；入夜时，朗朗书声伴随阵阵秋虫鸣叫。闲林埠这块荒凉的土地上迸发出前所未有的勃勃生机和活力。

第二节　培根固土——文一路奠基时期

考虑到闲林埠的办学条件确实影响教学效果及学校的后续发展，学校向省局提出申请，要求选择新校址。1979年8月，经浙江省计划委员会和杭州市规划局批准，学校正式定点于西湖区文一路，并开始新校址的建设工作。1984年7月，新校舍主体教学楼、学生宿舍、综合楼和食堂竣工后，学校全部从闲林埠搬迁到文一路新校址，开启“和谐职业人”的校园文化初创期。

一、依托行业文化初创

20世纪80年代中至90年代初，国家逐步加快了经济体制改革的步伐。改革重点由农村转向城市，国营企业开始推行承包经营制、厂长经理负责制等一系列改革。部分商品价格的放开引起了严重的通货膨胀，使在计划经济时期顺风顺水的国营企业开始面临市场波动的考验。

在这样的背景下，浙江物资人逐步由坐商向行商改变，通过“走遍千山万水、历尽千辛万苦、想尽千方百计、说尽千言万语、服务千家万户”开辟一个又一个新的商路，并逐渐形成了“五千”精神的企业文化，为物资学校依托行业文化办学“导夫先路”。

1996年，浙江省人民政府将浙江省物资局成建制转为经济实体——浙江省物产集团公司（后更名为物产中大集团股份有限公司）。集团高层管理者坚决明晰地加强了企业文化建设，提出许多鲜明的、有针对性的文化建设口号。如发扬“两献精神”：我为物产献青春，我为物产献终身；唱好三首歌：国歌、国际歌、西游记主题歌（《敢问路在何方》）；吃好三种饭：市场饭、服务饭、辛苦饭；树好八种意识：市场意识、发展意识、竞争意识、服务意识、危机意识、风险意识、机遇意识、效益意识；抓好两个稳健：稳健经营、稳健发展；做好三个坚持：坚持改革不停步、坚持主业不动摇、坚持提高素质不松懈等。集团高层对企业文化的高度重视，为物资行业保存实力、重聚优势、轻装前进、实现整体扭亏为盈提供了保障条件，成为改革阵痛中浙江物产保持一枝独秀成为全国流通龙头的重要原因。

与此同时，随着经济发展，社会对专业人才的需求也在不断地发生变化。1999年，《中共中央国务院关于深化教育改革全面推进素质教育的决定》颁布，指出：“实施素质教育应当贯穿于幼儿教育、中小学教育、职业教育、成人教育、高等教育等各级各类教育”“职业教育和成人教育要使学生在掌握必需文化知识的同时，具有熟练的职业技能和适应职业变化的能力”，高职教育作为高等教育的重要组成部分被正式确认，高职教育也开始进入文化素质教育的视野之中。这在一定程度上为高职教育人才培养目标的转型奠定了基础。

学校主动适应市场需求和物产行业的发展要求，结合省物产集团提出的企业文化，在办学过程中开始逐步形成具有物产文化特色的发展理念。围绕技术技能型人才的培养，明确在教育过程中要“注重实践环节，强化技能训练，提高综合素质”的原则，并于1999年首次提出学生“能力本位”概念。一年后，形成了系统化反映“能力本位”理念的人才培养模式，即“以工科知识为依托的商科人才培养模式”和“以诗教为特色的人文素质教学模式”。

二、中专探索能力文化

学校能力本位人才培养特色的形成，经历了一个漫长的过程。从自身教育实践的探索到国外先进理念的引进，从通用能力的培养到全面的教育教学改革，是一个完整的继承和创新统一的过程。

（一）萌芽期：注重通用能力，辅以第二课堂活动和管理

学校从1985年开始实践能力本位教育，以培养通用能力为主，以学生第二课堂活动和管理实施为辅。这一时期，是能力本位教育实践的探索与萌芽期。

1989年，学校倡导每个学生必须具备“打一手好算盘、作一手好文章、写一手好字、有一副好口才”的要求，培养学生的动手实践能力。为了达到以上标准，学校采取课内课外相结合的措施。在正式课程安排中把每天中午上课前半小时列为珠算练习课，晚自修前半小时列为书法练习课。同时，在第二课堂中，团委、学生会组织成立演讲协会（图1-2-1）、书法协会、美术兴趣小组、文学社等社团，并定期组织在杭中专和华东物资学校之间的书画展、演讲比赛、珠算比赛等各种技能比赛活动，大力促进学生各项能力的提升。

在课程的组合上，除开设经营与管理、财务与统计、文秘知识、公关策划、信息数据处理、产品知识系列课程外，特别设计了重素质、重能力、重实干的课程，如驾驶技术训练课、攻防技术训练课、书法、美育、礼仪、摄影、音乐舞蹈、演讲与口才、现代秘书写作、英文打字、英语口语、计算机操作与数据处理及办公自动化设备应用等方面的课程。由于立意新、重素质、重能力、适应面广，受到了许多学校的关注和仿效，得到了省教委、省招办的肯定和支持。毕业生就业后很快在岗位上崭露头角，不少学生成为企业的副总裁和地区业务总经理等。

图1-2-1

图1-2-1　学生社团演讲协会活动

这一时期，能力本位教育实践的探索可谓小有收获。1987年，学生自编自导的集体舞《海边少女》获省直机关团委组织的文艺比赛三等奖；1988年，获华东地区物资学校珠算比赛团体第三名；1991年，获全国物资中专学校“泰山杯”珠算比赛团体三等奖；1997年，获华东地区书法和计算机录入比赛团体书法第一名、书法软笔第一名、计算机录入比赛团体第三名。此外，学生中还有11人获全国中青年钢笔书法大奖赛二、三等奖；8人获市中专外语竞赛一、二、三等奖；2人获中专作文比赛一、二等奖等。

（二）发展期：实践的拓展和理念的形成

大约从1996年开始，学校的能力本位教育实践，开始注重从通用能力向注重通用能力和专业能力并重的目标转化，进而提出复合型人才和综合素质的培养思想，并开始实现由第二课堂为主向第一课堂教学改革的转变。

在原来“四个一”能力要求的基础上，学校提升实施“新四一”的能力标准，即“一口流利的英语会话、一手熟练的电脑操作技能、一种过硬的识货能力、一手熟练的英文打字能力”。在能力培养上，学校提出更高要求，规定各专业学生技能课必须参加社会考核，以取得权威部门颁发、社会承认的能力证书（如英文打字挂靠上海外事英文打字学校，参加国际标准考试；书法挂靠（北京）中国青少年书法协会；计算机挂靠浙江省人事厅；珠算挂靠省珠算协会；电算会计上岗挂靠省财政厅等）。这一措施促使学生真正掌握一些实用的技能，以适应人才市场的需求。

这一阶段，能力本位教育实践得到长足发展，相关理念也在不自觉的实践探索中，得到理性的反思和总结。2002年前后，学校初步形成以“以工科知识为依托的商科人才培养模式”和“以诗教为特色的人文素质教学模式”的办学特色，首次提出“突出能力本位，强化实践性教学环节。课程教学注重能力的培养，积极推行多种证书制度，强化模拟实训，缩短理论与实际的差距”的办学思路，为后续“立德为本，致用为宗”的办学理念奠定了基础。

经过几年的实践教学，相关成果“以工科知识为依托的高职商科教育模式研究与实践”于2005年获得浙江省第五届高等教育省级教学成果二等奖。

三、高职初建特色文化

1999年，学校贯彻中央教改精神，适应社会发展需要，探索新的职业教育办学模式，与浙江省省级机关职工业余大学联合招收了经济信息与计算机应用、财务会计、酒店管理、文秘4个专业的295名高职学生，开始试办高职。同年12月，学校向省教委、省计经委分别上报了《关于要求筹建浙江经济职业技术学院的请示》和《关于要求批准省物资学校扩建立项及征地的请示》。次年3月，浙江省人民政府以浙政发〔2000〕62号文批复，同意以浙江省物资学校为基础筹建浙江经济职业技术学院。经过两年的筹备建设，经浙江省人民政府批准，浙江经济职业技术学院于2002年1月24日正式建立。

升格后的学校认真贯彻国家教育方针，以教育要面向现代化、面向世界、面向未来为要求，以依托行业，服务浙江，辐射华东为办学宗旨；以长江三角经济区大经济、大流通、大贸易发展实际需要为依据，构建以工科知识为依托的经济、贸易、管理、信息、服务类专业框架体系，建立专业教育和人文教育相融合的教育模式。2002年，学校将长期形成的办学传统上升到理念层次，归纳和提炼出契合物资人才需求、综合反映能力本位思想的学校理念——“立德为本，致用为宗”。

其实早在1998年，学校就开始积极探索和创新以弘扬优秀传统文化为核心、诗词教育为切入点的人文素质教育新途径。2003年11月，浙江省教育厅评估专家组对学校人才培养工作水平进行评估，专家组指出："浙江经济职业技术学院大力崇尚与推广人文素质教育，强调'做事'与'做人'的协调统一，初步形成了以诗教为特色，兼容诗书画，并蓄文史哲的人文教育体系，并通过一系列丰富多彩的课内、课外科技文化、体育活动，提高学生的文化素养和职业道德水准，经专家组讨论，同意人文素质教育为该校的特色项目。"

四、活动品牌雏形初现

2002年11月，党的十六大召开。十六大报告指出："文化的力量，深深熔铸在民族的生命力、创造力和凝聚力之中。"加强文化素质教育成为高职教育自身发展的内在要求。用人文精神去培养学生健全的人格，引导学生探究超越现实功利主义的人生意义、理想、信仰，从而将"为何而生"的思考与"何以为生"的学习结合起来，构建正确的、足以影响其一生发展的世界观、人生观和价值体系，成为这一时期高职教育最基本，也是最重要的任务之一。

学校清晰感知，在以知识经济为特征的时代，高职学生首先应学好专业的知识和技能，成为专门人才。但学校更富前瞻性地看到，如果教育仅仅以此为目标，是远远不够的。知识、技能只能解决学生的生存问题，学校教育应培养学生终身发展的品质和能力，为学生终身发展提供前进的动力。要达此目标，必须进行以"三观"构建为重点的人文精神培养。学校以学生喜闻乐见、参与度高的活动为抓手，结合学校地域文化优势，通过文化素质教育课程、讲座，以及人文类学生社团活动等一系列丰富多彩的课内、课外活动，优化学生的人格和心性品质，拓展学生的思维空间，培养学生的人文情怀。在此过程中，逐步形成以"西湖梦寻"人文之旅、"爱我中华"诗词吟诵晚会、

"诗国青春"诗词楹联灯谜会、"江南毓秀"名家书画笔会以及"明德励志"文化讲堂为主体的系列校园文化活动品牌。校园文化活动品牌，雏形初现。

第三节　锐意改革——转型时期

进入高等教育阶段，培养技术技能型人才是机遇也是挑战，也为"和谐职业人"的培养创造了条件。在前期30年办学实践的基础上，学校凝练出"立德为本、致用为宗、崇尚优化、追求卓越"的办学理念，坚持"以立德树人为根本，以服务发展为宗旨，以促进就业为导向"，依托强大的产业背景，坚持"两条腿走路"的发展路径，坚持特色创一流的目标定位，建设一流高职院校和一流企业大学。

2002年，国务院发布《关于大力推进职业教育改革与发展的决定》，这是一个具有转折性和标志性意义的文件，不但明确了高职教育是高等教育的一个类型，同时指出"职业教育要认真贯彻党的教育方针，全面实施素质教育"，从国家层面对高职院校实践中技术和就业至上、忽视学生综合素质能力提升的人才培养逻辑进行了审视和重新定位，为高职文化素质教育的大力开展奠定了基础。2004年，教育部等七部门联合印发《关于进一步加强职业教育工作的若干意见》，强调"职业院校要全面实施素质教育，加强学生思想道德建设。深入开展中华传统美德和革命传统教育，不断培育青少年学生的爱国情感和民族精神。努力把职业道德培养和职业能力培养紧密结合起来，培养学生爱岗敬业、诚实守信、办事公道、服务群众、奉献社会的精神和严谨求实的作风"。2006年，教育部印发《教育部关于全面提高高等职业教育教学质量的若干意见》，明确提出要"加强素质教育，强化职业道德，明确培养目标"，强调"高等职业院校要坚持育人为本，德育为先，把立德树人作为根本任务”。五年三个重要文件的发布，标志着高职文化素质教育成为高职院校开展教育教学改革的重要方面。

这一时期，是学校发展历程中具有里程碑意义的阶段。2003年，文一校区整体搬迁工作圆满完成，下沙新校区正式启用。不久之后，教育部人才培养水平评估顺利通过，学校各项事业均呈现出蓬勃发展的良好势头。在以工科知识为依托的商科人才培养模式的基础上，学校开始全面推进融专业、课程、师资、实训基地、管理与运行体制五大要素为建设内涵的系统化能力本位人才培养改革与建设工程，不断深化学校校企合作、素质教育和国际合作的特色平台建设，加快学校全方位的发展。

学校秉承民族优秀传统文化、融合企业文化开展素质教育。自1998年始，以传统诗教为切入点，以职业素质教育为核心，以学生课余素质教育学分制为保障，大力塑造和谐职业人，形成了文化素质教育体系。2007年，学校成功举办全国首届高职高专院校文化素质教育工作研讨会。会上，时任盛昌黎副省长还专门指出，“各院校日益重视学生的文化素质教育，并进行了一些富有成效的探索和实践，浙江经济职业技术学院就是较有代表性的一所，也是我省高校文化素质教育工作的一个缩影。”会议发表了《关于向全国高职高专院校发出进一步推进文化素质教育的倡议书》(以下简称《倡议书》)，提出“要正确理解和全面把握人的全面发展的内涵，促进职业教育与人文教育相结合。同时要加强各高职高专院校之间在文化素质教育方面的交流与合作，积极开展文化素质教育工作的探索”。《倡议书》同时建议，“在条件成熟的时候成立高职高专文化素质教育校际组织，以加强对全国高职高专院校文化素质教育的统筹、规划与指导，推动全国高职高专文化素质教育，努力开创高职高专文化素质教育的新局面”。《倡议书》的酝酿、发布，充分体现了部分高职院校对文化素质教育已经从被动接受发展到了自发推动的阶段。2008年年底，教育部高等学校高职高专文化教育类专业教学指导委员会改组成立，学校被非正式地赋予了指导和协调高职高专院校开展文化素质教育活动的使命。在此基础上，学校深入贯彻落实绿色教育的理念，多次邀请杨叔子院士等专家学者来校讲学，积极开展专业技能和职业人文教育相融合的“绿韵”工程，大大激发了学生学习职教课程的积极性。

在此基础上，学校以培养现代“和谐职业人”为目标，开展专业渗透细化行动，将职业素质、专业文化建设纳入专业评价系统的机制，健全专业教学渗透人文素质教育的教学体系。根据学校专业布局与特点，深入挖掘各类专业课程中的人文精神内涵，形成7个二级学院“一院一品”的局面，编印各专业文化品牌成果集和各专业大类的职业基本素养手册；为提高学生文化素质，尤其是以提升职业人文素质为重点，学校整合资源，对活动采取价值观优化行动，突出体现为“爱之魂、学之境、诚之语、敬之歌、新之路”五个核心价值观，引导学生形成正确的职业观、价值观，促进学生全面可持续发展；依据科技人文相融则绿的“绿色教育”理念，原创性地提出了现代“和谐职业人”的育人理论；“校园诗教 和谐育人”获教育部全国高校校园文化建设优秀成果评选特等奖，“校园诗教文化”“车以载道，志在千里”汽车文化、“含英咀华，由技入道”教师专业收藏文化和“桃李芬芳，花样幸福”花样教师文化四个项目获省级优秀校园文化品牌。

第四节　适时而跃——绿色教育时期

2010年，《国家中长期教育改革和发展规划纲要（2010—2020年）》颁布，提出“职业教育要面向人人、面向社会，着力培养学生的职业道德、职业技能和就业创业能力”，“要坚持以人为本、推进素质教育，面向全体学生、促进学生全面发展，着力提高学生服务国家人民的社会责任感、勇于探索的创新精神和善于解决问题的实践能力”。2011年，教育部印发《教育部关于推进高等职业教育改革创新引领职业教育科学发展的若干意见》，提出“高等职业学校要把社会主义核心价值体系、现代企业优秀文化理念融入人才培养全过程，强化学生职业道德和职业精神培养，加强实践育人，提高思想政治教育工作的针对性和实效性。重视学生全面发展，推进素质教育，增强学生自信心，满足学生成长需要，促进学生人人成才”。以上内容的阐述，进一步确立了高职文化素质教育在高职院校全面实施素质教育过程中的地位，明晰了高职文化素质教育的基本内容和关键作用。

在职业院校文化素质教育领域，学校充分发挥参与、组织和引领的作用。2011年年底，在教育部高等学校文化素质教育指导委员会和教育部高等学校高职高专文化教育类专业教学指导委员会的共同策划下，以“文化引领技能型人才培养”为主题的首届全国高职院校文化育人高端论坛召开，论坛倡导成立了“全国高职院校文化素质教育协作会”，致力于搭建高职文化素质教育的民间平台，以倡导、推动具有中国特色的高职文化素质教育工作，努力提高全国高职院校学生的文化素质、教师的文化素养以及校园文化品位，培养高素质高技能人才。其后，协作会协同2012年成立的教育部职业院校文化素质教育指导委员会，每年都举办一次文化育人高端论坛，以推动高职文化素质教育的发展。由此，高职院校也开始以高度的自觉积极推动文化素质教育的开展，高职文化素质教育进入了一个普及推广的新阶段。

这些年，本着“人文兴学、和谐育人”的理念，立足全球化、信息化时代对高素质技术技能型人才的培养要求，借助先进企业文化和优秀传统文化融入校园文化的实施路径，学校积极探索与实践专业技能和职业素质教育相融合的“绿韵工程”，努力构建“以诗教为特色，兼容诗书画、并蓄文史哲”的人文教育体系，培养“专能精、通能强、素质高”的和谐职业人，成果丰硕。中华诗词学会先后在经院建立诗教促进中心、中华诗词学院，学校成为浙江省非物质文化遗产（传统诗词艺术）传承教学基地，发挥全国传统诗词文化传承基地作用。2007年，教育部以《浙江经济职业技术学院弘扬优秀传统文化，大力提升学生人文素质》为题专门刊发《工作简报》（第396期），高度肯定了学校的素质教育实践与成果。“校园诗教，和谐育人”荣获教育部高校校园文化建设优秀成果评选特等奖；“以培养现代‘和谐职业人’为目标的高职文化素质教育创新实践”获得2014年国家级教学成果一等奖。学校获得3项浙江省高校校园文化品牌；被浙江省文化厅、教育厅、团省委等五部门联合评选为浙江省优秀传统文化教育普及活动先进集体。中央电视台、《人民日报》《光明日报》《中国教育报》《浙江日报》等媒体多次报道经院文化素质教育成果。

同时，学校还是联合国教科文组织国际职业教育和培训联系中心、国家骨干高职院校建设优秀单位、教育部高职高专电子商务专业教学资源库建设单位、教育部第一批教育信息化试点单位、国家示范职业技能鉴定所（站）、浙江省首批四年制高职试点单位，获得国家级教学成果一等奖2项、二等奖1项，全国职教先进集体、教育部高校校园文化建设优秀成果评选特等奖、全国普通高校毕业生就业工作先进集体、全国模范职工之家、全国诗教先进单位、浙江省文明单位、浙江省职业教育先进单位、浙江省心理健康教育示范单位、深化平安校园检查考核优秀单位等荣誉。

回首风雨岁月，物校、经院孕育着独特的风韵魅力。校园文化精神最主要的是育人为本，影响人才培育最主要的是文化传统，形成文化精神最主要的是学校发展的历史积淀。四十余年的建校历史形成了属于经院的人文精神和校园文化。学校全面树立“以人为本、多元选择、全面发展、人人出彩”的现代职业教育理念，促进形成“崇尚一技之长、不唯学历凭能力”的社会氛围，努力打造“宽口径、厚基础、强技能、多出路”的学生成长成才格局，切实满足社会的多样发展需求和学生的多元成长需求。同时，围绕浙江省政府坚持以立德树人为根本、以服务发展为宗旨、以促进就业为导向、以深化改革为动力的建设要求，强化学校、企业及用人单位共同负责，持续创新育人模式，提高育人质量，增进学校人才培养与社会人才需求和使用的契合度，强化职业教育的吸引力、竞争力，在浙江省经济社会转型升级过程中，源源不断地提供良好的技术技能与人才支撑。

第二章

春雨春风次第来

——文化育人体系

高职院校的文化素质教育，应当立足高职院校自身建设的需要，在社会整体文化价值系统的关照下，以文化角度切入，将高职院校的发展尤其是文化理念、价值追求和师生行为等，凸显于社会系统的文化认知和评价之中，从而谋求学校软环境、制度体系和文化素质的整体提升，使高职院校形成自身特有的文化品格和精神追求。从物校到经院，学校始终坚持文化育人理念，逐步走出一条品牌化建设的特色之路，并最终建构起学校独特的价值观、品牌优势和核心竞争力。

第一节　基本定位——特色办学的发展轨迹

注重学生职业能力与素质的培养，依托校企结合来实现人才培养的目标，是职业教育办学的必由之路。然而，国内外职业教育的实践证明，想要真正提升人才培养的质量和水平，并非是一条平坦之路、简易之路。高等职业教育要实现毕业生的职业能力与素质很好地适应经济与社会发展的需要这一目标，是一个从人才培养的理念确立、机制保障、模式构建到条件创造等系统内涵不断提升与发展的过程，是一个不断取得经验与成效、不断改革与发展的系统工程。

从1978年创办中专到升格为高职院校，办学40年来，学校一直面向并依托生产资料流通行业，重视学生的职业能力和综合素质的培养。早在20世纪80年代就提出要重视学生通用能力的培养，同时注重学生自立、自理能力的锻炼和提高。进入90年代，学校明确提出，在教育过程中要遵循“注重实践环节，强化技能训练，提高综合素质”的原则，并在1999年第一次提出“能力本位”的概念。2000年提出反映“能力本位”理念的人才培养模式，即“以工科知识为依托的商科人才培养模式”和“以诗教为特色的人文素质教学模式”，并采取了切实可行的措施。2002年，学校将长期形成的办学传统上升为理念层次，归纳和提炼出综合反映能力本位思想的办学理念——“立德为本，致用为宗”。2003年，正式引进北美“能力本位”的职教思想，开始进行CBE专业改革。2005年，在全面梳理国内外关于“能力本位”改革经验的基础上，本着注重能力的全面性、可持续性和综合素质培养的职业教育新理念，提出并实施“学生主体、就业导向、企业参与、能力本位、素质同步”的培养思路，使“能力本位人才培养的系统内涵”得到极大提升。经过长期教育实践的不断探索，形成了经院“依托传统文化，背靠产业集团，不断提升能力本位人才培养系统内涵”的办学特色。

一、“能力本位”办学特色的提出与形成

形成于北美地区的“能力本位”教育理论虽然在20世纪90年代后期才传入我国，但以注重提高学生的职业能力和综合素质培养的教育实践探索却早已存在。浙经院“能力本位人才培养模式”特色的形成，经历了一个长期而漫长的过程，从自身教育实践的探索到国外先进理念的引进，从通用能力的培养到全面的教育教学改革，整个过程是继承和创新的统一。根据发展历程，我们可以将“能力本位人才培养”办学特色的形成归纳为三个阶段。

（一）“通用能力”培养模式的探索与思考

通用能力是相对于专业技能而言的，是通用性的技能，是从事任何职业的人要想成功都必须具备的能力，这是一种超越具体职业对人的终身发展起着重要作用的能力，具体指除专业技能以外的所有职业都必须具备的技能。通用能力不受职业类别、工作性质、工作内容等的限制，具有可迁移性，具体表现为人体对环境的适应能力、语言表达能力、团队协作能力等。这种综合的技能，是个体能获得就业的基本前提；更是个体在工作过程中与他人合作，充分利用工作资源，保持持续劳动获得更大作优势有效就业的前提；也是个体在需要时重新获得就业的有力保证。

根据职业教育的培养目标，学校于20世纪80年代开始探索大学生通用能力的培养模式。但由于认识的局限，在通用能力的培养模式上，存在着相对单一的问题。学生的问题是教育的问题。单纯的知识传授和技能训练不能适应新型工业化发展进程中企业对技能人才的要求，必须加强岗位核心能力的培养，在发展专业能力的同时加强职业综合能力培养，注重方法能力、社会能力和个人能力培养，注重职业意识和职业素养养成。因此，探索技能型人才培养的方法与有效途径，成为职业教育者面临的新挑战和新任务。

（二）“能力本位”教育实践的进一步拓展

在探索技能型人才培养的过程中，学校逐步进行了“能力本位”教育实践：注重生产资料流通业通用能力和复合型人才的培养，在学生第二课堂和管理活动中实施，并逐步向专业改革过渡。

根据当时浙江省物资局所从事的生产资料经营管理业务，学校于1989年始倡导每个学生必需具备“打一手好算盘、作一手好文章、写一手好字、有一副好口才”的要求，培养学生的动手能力。为了达到以上标准，学校采取课内课外相结合的措施。在正式课程安排中把每天中午上课前半小时列为珠算练习课，晚自修前半小时列为书法练习课。同时，在第二课堂中，团委学生会组织成立演讲学会、书法协会、美术兴趣小组、文学社等社团，并定期组织在杭中专和华东物资学校之间进行书画、演讲、珠算等各种技能比赛，有力地促进了学生各项技能的提升。

在学生评价方面，学校在1989年制订了《学生综合测评办法》，具体考核项目包括德育、公德礼仪、组织纪律、劳动卫生、学习成绩和态度、能力素质、体育、各项奖励、民主评议、学生自我测评等内容。考核结果与各项评优和毕业生的择优分配结合起来，有效地激励学生德、智、体、美、劳全面发展和能力素质的提高。

在团委和学生会之外，成立学生自治自理委员会，注重学生自立、自理能力的培养；注重沟通和了解学生的意见和呼声，培养学生的民主意识；注重学生违纪处理程序的合法化，保障学生的合法权益。

根据生产资料经营管理人才知识和能力的复合性需求，学校开设商贸企业管理专业，注重复合型人才的培养。1993年，创建了商贸企业管理（企业策划与协理）专业，该专业立足未来社会对复合型人才的需求，以提高人才的综合素质为宗旨，以基本通晓商贸活动各方面的知识为基础，强化多种技能的训练，使学生能初步适应未来社会高节奏、高效率、多方位的工作要求。

（三）“能力+素质”培养模式的提炼与转化

1996年开始，学校从“注重通用能力”向“注重通用能力和专业能力并重”的目标转化，实践领域由“第二课堂为主”向“第一课堂教学改革为主”拓展。在持续的实践过程中，逐步形成了“突出能力本位，强化实践性教学环节，课程教学注重能力的培养，积极推行多种证书制度，强化模拟实训，缩短理论与实际的差距”的教学思路。

与此同时，学校进一步提出“能力+素质”的培养模式。能力和素质是一体两面的关系，职业能力的培养必须以全面发展的素质作为基础。因此，在学校能力本位培养体系中，始终坚持培养能力和提升素质同步的教育策略，并开始形成“以工科知识为依托的商科人才培养模式”和“以诗教为特色的人文素质教学模式”的办学特色。

以工科知识为依托的商科人才培养模式，是“能力+素质”培养模式的能力部分。除重视培养商科专业知识和技能以外，还注重培养学生对商品、设备和工程类相关知识的了解和应用能力。为此，根据浙江省物资局主营生产资料为主的特征，学校建立了机械、电工、金属材料、化工商品、建筑材料等产品陈列室，开设相应的工科知识课程。该项改革的研究分别形成“以工科知识为依托的高职商科教育模式研究”（省高等教育学会）、“当代高职商科专业工科知识构建的探索与实践”（2003年全国教育科学“十五”规划重点）等课题成果。2005年“以工科知识为依托的高职商科教育模式研究与实践”的成果获得浙江省第五届高等教育省级教学成果二等奖。

以诗教为特色的人文素质教学模式，是“能力+素质”培养模式的素质部分。为了培养学生的人文素质，学校于1998年正式将中华诗教引入校园素质教育。经过历年的努力，校园诗教成果丰硕，逐步形成了“以诗教为龙头，以传统文化为依托，兼容诗书画，并蓄文史哲”的文化素质教育体系，取得了良好的育人效果。

二、“三大办学特色”初现雏形

在适应国家和社会的变化中不断发展，是高校办学特色形成的必然过程。在明确学校基本的办学定位以后，结合学校的人才培养、建设目标以及社会服务定位及三者之间关系的开拓和探索，经院“三大办学特色”初现雏形。

首先，以行业龙头企业为主的校企合作特色平台不断拓展。学校充分依托政府与浙江物产集团共同举办的体制优势，探索并实践集团董事会提出的“校企合作，服务区域产业转型升级”的办学模式，同步跟进集团和行业发展。成立了“浙江物产集团产业发展研究和教育产业发展理事会”，下设“一办三中心”（产教办公室、研发中心、培训中心、人才培养中心），共同制订了校企融合发展的一系列制度，形成了具有强大活力的校企合作长效机制。通过“龙头引领、战略合作、制度保障、需求对接、设施共享、人才共用、信息互通”的开放办学模式的体制机制创新，力求做到“集团产业发展到哪里，学校办学推进到哪里”。通过深化“五个共同”（共建基地、共建师资、共同培养、共同培训、共同开发），构建并完善了校企一体化的资源共享平台。学校和集团共同培养了五届物产示范生，面向物产集团开展新员工、青年员工、中高层、专项技能等培训，总计达1万余人次，并成功完成了相关培训课程的开发。5年来，学校通过股份制合作形式与浙江物产元通共建汽车快修连锁店（校中企），通过隶属合作与浙江物产物流投资有限公司共建物流产业学院（企中校），基本实现了以合作发展为动力、合作育人为模式、合作办学为机制、合作就业为导向的校企双赢目标。

其次，中国优秀传统文化素质教育特色平台不断提升。学校本着“人文兴学、和谐育人”的理念，以传统诗词教育为切入点、以职业素质养成为核心、以学生课余素质教育学分制为保障，积极探索和实践专业技能和职业素质教育相融合的“绿韵工程”，努力构建“以诗教为特色，兼容诗书画、并蓄文史哲”的人文教育体系，培养社会所需、企业认可、个人有为的全面发展的和谐职业人。学校编写的《中华文化之根》系列普及读本荣获全省优秀通俗读物。

最后，以国际职教前沿项目为引领的国际交流与合作特色平台不断深化。作为联合国教科文组织国际职业教育与培训中心中国联系中心，学校的课程改革与实训基地建设得到了国际职教顶级专家的指导。如物流类专业的“港口仓储自动化实训装备”引进了法国物流研究所的设计方案；学校自主开发的“汽车物流机械动力系统故障诊断网络教学与考核成套装备”经过联合国教科文组织国际职教中心ICT专家的认证，认为达到国际先进水平，并在全国同类院校推广使用。学校承担联合国教科文组织资金资助项目“面向可持续发展的中国职教课程改革行动研究”等课题研究，研究成果得到教科文组织和中国联合国教科文组织全国委员会好评。学校积极参与联合国职教政策框架多边磋商和部分国际职教文件的起草；还先后多次承办国际职教论坛、国际教育与培训专家会议等高级别会议。2010年联合国教科文组织国际职教中心刊发学校国际合作和办学成果的相关文章。此外，学校与新加坡管理发展学院合作开办了酒店管理和国际贸易实务专业，2010年开始正式招生。

三、经院办学特色的逐步确立

（一）绿色教育理念的提出与深化

新时期人的全面发展及构建社会主义和谐社会重大战略思想的提出，进一步肯定了教育作为社会系统的重要组成部分。和谐教育理念也逐步树立起以人为本的核心观点，强调从满足社会发展需要和受教育者自身发展需要的统一出发，实现人的全面发展。同时，以人为本、加强人文素质教育的理念也成为和谐教育的重要组成部分。联合国教科文组织指出，教育的最基本目的，必须使“人文教育与科学教育”相融合，真正“把一个人在体力、智力、情绪、伦理各个方面的因素综合起来，使他成为一个完善的人”[1]。将文化素质教育提到了与

[1] 联合国教科文组织国际教育发展委员会.学会生存——教育世界的今天和明天[M].北京：教育科学出版社，2000：134.

专业素质同等重要的水平上来，强调文化素养对于人的全面发展的重要作用。季羡林先生曾说：“我们讲和谐，不仅要人与人和谐，人与自然和谐，还要人内心和谐。培育和谐文化，才能实现人内心的和谐。”充分肯定了文化具有培育和塑造人的功能。张岂之先生亦指出：“作为‘文化’核心的人文文化可简称为人的精神文化，其实质就是自我精神家园意识，就是学会做人。”[1]进一步概括了人文素质教育对于和谐教育理念的主导作用。

（二）“三大办学特色”的进一步凸显

学校与浙江物产集团等254家行业企业建立了紧密的产学合作关系，共同制定校企融合发展系列制度，开展订单培养专业人才，企业技能培训和应用项目研发等，形成了具有强大活力的校企合作长效机制。校企双方共建基地、共建师资、共同培养、共同培训、共同开发，共建技能大师工作室，基本实现了以合作发展为动力、合作育人为模式、合作办学为机制、合作就业为导向的校企双赢目标，校企合作特色平台不断拓展。

同时，素质教育与专业教育融合发展、职业精神与职业技能共同提升的和谐职业人育人理念与实践探索成果也得到显现。学校构建了课余素质平台四级赋分体系，共计12 775人获得素质拓展证书，占毕业生总数的98.92%。开展“一院一品”“传统节庆文化”“职场精英训练营”“社区文化节”“博雅书院”等丰富多彩的校园文化活动，教师专业收藏文化获首届浙江省高校教职工文化品牌。“四千工程”暑期社会实践活动共立项147项，996名学生参与团队实践，获得团省委和团市委各类奖项60项。学校文化素质教育特色平台得到不断提升。

[1] 张岂之.张岂之谈中华优秀传统文化［M］.西安：太白文艺出版社，2012：52.

此外，学校充分发挥联合国教科文组织国际职教联系育培训中心作用，承办和主办国际职教研讨和论坛3次，每年派代表参加联合国教科文组织发起的国际职教会议。积极引进国际化教学资源，连续三届与新加坡管理发展学院合作办学，共323名学生顺利毕业；与英国格拉斯哥城市学院合作举办物流管理（供应链）专业高等专科教育项目，首届招收了58名学生。共招收64名留学生来校进修学习，其中2名留学生获得浙江省政府来华留学生奖学金。学校与联合国教科文组织终身学习研究所等国（境）外15家国际机构和优秀职业院校建立了合作关系，共组织教师230人次参加出国（境）教育教学交流培训，组织近140名学生赴新加坡和中国台湾地区等研修学习。国际交流与合作特色平台得到不断深化。

（三）“和谐职业人”体系的建立与完善

“十三五”期间，职业院校将在前所未有的变革中前行，迎来新一轮发展的良好机遇，同时也将迎来本科转型、生源下降、技术进步、产业升级、创新驱动带来的新挑战。

首先，该时期的职业教育发展进入了新的黄金期。国家层面给予职业教育前所未有的关注和重视。全国职业教育工作会议的召开，《国务院关于加快发展现代职业教育的决定》的出台，教育部等六部委印发《现代职业教育体系建设规划（2014—2020年）》等，对现代职业教育发展做出了顶层设计和制度安排。国务院批准设立“职业教育活动周”，弘扬“劳动光荣、技能宝贵、创造伟大”的时代风尚，教育部《关于深化职业教育改革全面提高人才培养质量的若干意见》的六大举措，吹响职业教育教改的号角。《高等职业教育创新发展行动计划（2015—2018年）》《职业院校管理水平提升行动计划（2015—2018年）》为高等职业教育的教学与管理水平提升绘制了具体的路线图。

国家对高素质技术技能人才的需求比以往任何时候都更为迫切。

当前，我国正处在改革发展的关键时期，面临转方式、调结构、惠民生的繁重任务与严峻挑战。要保持中高速增长，实现经济提质增效升级，有效应对激烈的国际竞争，打造大众创业、万众创新和增加公共产品、公共服务“双引擎”，破解就业难题、改善民生，不仅需要一大批拔尖创新人才，更需要现代职业教育培养的数以亿计的一线技术技能人才。实施“一带一路”倡议，推动中国装备走出去，需要用技术技能打造中国品牌。要实现“中国制造2025”提出的“中国制造要向中国创造转变，中国速度要向中国质量转变，中国产品要向中国品牌转变”这三个转变，更需要技术技能支撑中国制造。

区域经济发展同时也需要大批应用型人才。浙江省把创新驱动列为“十三五”发展首位战略，把产业结构转型摆在发展方式转变的首要位置，全面提升先进制造业竞争力，着力打造现代服务业新引擎，促进先进制造业与现代服务业“双轮驱动”和融合发展，优化现代产业体系。集中力量做大做强信息、环保、健康、旅游、时尚、金融、高端装备制造等七大万亿产业。深入实施腾笼换鸟、机器换人、空间换地、电商换市和培育名企名品名家的“四换三名”工程，加快“浙江制造”向“浙江智造”转型。提升发展金融、信息、物流、会展等生产性服务业，支持发展养老、家政、教育文化等生活性服务业，推动生产性服务业向专业化和价值链高端延伸、生活性服务业向精细化和高品质转变，推动制造业由生产型向生产服务型转变。建设特色明显、全国领先的电子商务、物联网、云计算、大数据、互联网金融创新、智慧物流、数字内容产业中心等，都需要强大的技术服务与人才支撑作为后盾，需要深入推进职业院校专业结构调整和优化。

与此同时，职业教育也面临更为激烈的竞争环境。一是生源竞争。未来五年，适龄学生的急速减少，优质生源获取难；提前招生、单独考试招生和“三位一体”招生制度改革，2017年开始按专业招生，家长和考生的观念将直接影响部分专业的报考人数。应用型本科转型、本科直接招收中职生，对高职生源的抢夺更加激烈。二是师资竞争。体现在教育系统内部高校间人才流动，外部为教育系统与其他行业间人才的争夺日益激烈；尤其是具有企业经历的高技术技能型实践教师引进难度将进一步加大。三是院校竞争。经济发展下行与毕业生供给增加的矛盾导致就业压力进一步增加。另外，来自校内、省内、国内甚至国际的专业竞争或院校排名等，使高职院校疲于应付诸多竞争；第三方评价机构和全社会的评价，成为积累高职院校社会声誉的重要标准，例如社会评价、学生满意度、行业认可度等都将直接影响院校的竞争力。

因此，该时期的职业院校自身需要进一步创新发展。高职教育规模扩张的快速发展期已过，我国正从高等教育大国向高等教育强国转变，由此带来的高等教育竞争日趋激烈。学龄人口减少，生源结构的多元化、就业环境的变化等挑战，促使高等职业教育在变革中发展。社会对高职教育发展的期待从提供更充足的受教育机会向提供高质量的教育转变，促使办学有更高的品质、更高的绩效、更强的服务。

总之，高职教育规模扩张已达极限，如何强化内涵建设；考试招生不断变革，如何应对生源多样；自主办学逐步扩大，如何强化科学管理；校际竞争日益激烈，如何突出质量特色；信息技术飞速发展，如何应对形势变化；多元主体参与办学，如何深化多方合作……这些都是“十三五”期间需要解决的诸多问题。在服务产业转型升级、支撑中国制造的进程中，职业教育发展必须聚焦新政策、瞄准新目标、亮出新举措，适应新常态，打造新形象，才能实现新作为。

在这一时期，学校办学的指导思想以全面贯彻落实习近平总书记系列重要讲话精神和党的十八大和十八届三中、四中、五中全会精神为核心，深入贯彻落实国务院关于大力发展职业教育相关部署及全国职教会议精神，主动适应新常态背景下经济、社会发展与产业转型升级对高素质技术技能型人才的新要求，坚持“以立德树人为根本，以服务发展为宗旨，以促进就业为导向”，以“和谐、特色、高层次、高素质”为目标，以培养“职业技能与职业精神高度融合的现代和谐职业人”为根本，深化“培养学生创新创业能力的系统综合实践”人才培养模式，深化“校企合作、国际交流与合作、文化素质教育”三大办学特色，立足浙江，面向全国，依托物产中大集团，为流通产业为主的现代服务业培养高素质技术技能型人才。

同时，坚持依托物产中大集团强大的产业背景办学，进一步聚合政府、学校、行业、企业资源；坚持高职院校与企业大学“两条腿走路”的发展路径，积极构建终身教育立交桥，实现职前教育与职后教育有效衔接、高职教育与企业大学协同共生；坚持特色创一流的目标定位，进一步探索四年制本科及以上职业教育。

不仅如此，学校还坚持“三三三”战略的开展与实施。“三三三”战略的主要内容包括：特色办学“三坚持”——坚持依托强大的产业背景，深化产教融合；坚持“两条腿走路”，强化社会服务；坚持特色办学，优化专业建设。开放办学“三合作”——与行业企业合作；与中职、本科合作；与国际合作。服务办学“三面向”——面向行业企业需求；面向职前教育与职后教育；面向国内外辐射。

学校还深化构建与行业引领性企业大学综合办学的“双轨制”，整合政、行、企、校办学资源的综合实力。科学构建以物流管理、电子商务、信息技术、汽车检测与维修、财会等专业为核心的中职、高职、本科教育与职业生涯发展培训体系；创新空乘、酒店管理、文化市场经营与管理等核心专业与优秀传统文化和谐互融的国内示范服务品牌。创新构建人才培养、科学研究与社会服务全过程的科学逻辑化数据采集与分析计算的云信息化服务能力，提升学校治理的现代化、国际化水平，努力把学校建设成人才培养质量、社会服务、产学研合作、文化传承水平等方面国际知名、国内特色鲜明的一流高职院校和一流企业大学。

第二节　经院之魂——办学理念与校训的内涵与寓意

办学理念是关于学校整体发展的价值追求和理性认识，它决定学校群体的教育行为，指导学校的办学方向，定位学校的品牌形象。它以一种精神力量、一种文化氛围、一种理性目标熏陶着学校的全体成员。办学理念不仅指导学校快速健康发展，也体现出对学校未来建设方向的一种期待。正确的教育思想和先进的办学理念对校外是一面旗帜，对校内是一个纲领；对历史是一个总结，对未来是一个目标。

鉴于此，在走向卓越高职院校之际，浙经院首先确立了“立德为本、致用为宗”这一办学理念，并使之“立体化、可感化、体系化”，赋予其一定的理论支撑，并适当地加以完善，使其真正成为学校人才培养的指导性原则，成为学校培养一流高职人才的核心文化理念。

一、“立德致用、和谐育人”的办学理念

自成功升格为高职之后，学校确立了“立德为本、和谐育人”的高职办学理念，这一理念成为学校培养高职人才、开展各项工作的指导思想。“立德为本”强调对于学生思想品德、人文素质和综合水平的教育；而“和谐育人”则强调对于学生专业性职业素质的教育和学习的价值取向教育。学校的办学理念赢得了广大师生和社会的认可，契合了高职院校的办学方针，并且在实践上逐渐形成了自己的特色。

（一）“立德致用”理念的初步确立

在办学实践不断积淀的基础上，学校于2002年3月明确提出了“立德为本，致用为宗”的办学理念，通过多年的历史实践，已经得到全体师生和社会各界的广泛认可。时任浙江省分管教育科技的副省

长鲁松庭考察学校的办学情况后，欣然亲笔为学校题词：“立德为本，致用为宗”。在这一理念指导下，学校迈向了高职发展的大平台，实现了办学历史的大跨越。

（二）和谐育人理念的逐步引入

我国的高等职业教育起步于20世纪70年代，经过多年的积累与发展，到2005年前后，已取得了许多令人瞩目的成绩，以服务区域经济和社会发展为宗旨、以就业为导向、注重培养学生应用能力为特色的高职办学定位已深入人心。但是，随着现代高职教育发展的逐步深入，一些深层次的问题开始显现，整体存在着“泛职业性”的不足。其主要表现，一是对培养目标理解不透，忽略了立德树人的根本任务；二是培养规格定位不准，忽略了职业教育的层级特征；三是职业发展分析不深，忽略了职业能力的动态发展。同时，强调专业技术特性的培养方向，遮蔽了文化育人的本质，无论是精神文化、制度文化还是行为文化，都难以形成与高等教育相适应的文化环境。片面强调高职教育特色等相关理念，容易导致培养模式上出现偏差。具体到办学实践中，课程设置、教学过程、教学手段、实际训练等环节，往往存在着功利主义、实用主义的倾向，学生在学习过程中，也容易滋生个人主义、技术至上的思想。高职院校开展文化素质教育迫在眉睫。

针对以上问题，学校在借鉴和汲取中华优秀传统文化中和谐教育等理念的基础上，提出“立德为本，致用为宗”的校训，将立德树人作为高职院校人才培养的根本任务，加强素质教育，强化职业道德，坚持育人为本、德育为先，并在此基础上进一步提出“和谐职业人”的相关理念。一般来说，高职院校是以培养高等应用型人才为目标的院校，在实际的教学过程中非常注重职业知识的传授和职业技能的训练。同时，职业教育同样要重视人文素质教育，始终要把人格的塑造、职业道德、职业态度的培养放在首位。而“立德致用”与传统文化中的“和谐”教育理念一脉相承，不仅是当代大学精神承继文化传统的重要体现，还具有注重全面发展的特点，强调人才培养的全面性。毫无疑问，其核心仍然是要培养德才兼备、和谐发展的人，以形成符合现代社会需要的人才培养目标体系。

整体来看，“和谐育人”的相关理念在其自身的发展过程中经历了复杂变化，其理论内涵的阐发也因人有别、因时而异。但毋庸置疑的是，作为传统文化中被普遍认同的人文精神，“和谐育人”理念无疑是最典型的代表。它不仅在思想上集中体现了中国传统文化的核心主张与理想，同时也是当代大学精神的重要理论来源。这一概念滥觞与嬗变的基本阐释，对于当代大学精神的培育与重建无疑具有重要的参考价值。

二、“立德为本，致用为宗，崇尚优化，追求卓越”的校训

校训是一所高校文化精神的集中表达，体现着学校的文化传统、人文精神和文化基因，在润物细无声中陶冶着师生的性情，启迪着高尚的精神追求，使师生在无形中浸染着母校特有的气质与灵魂，是一所高校珍贵的价值遗产和宝贵的精神财富，同时也能够使学校的魅力经久不衰。浙江经济职业技术学院的校训是“立德为本，致用为宗，崇尚优化，追求卓越”。

（一）立德为本

因此，基于对高职文化建设的战略性认识，浙经院创新性地从师生整体文化的构建出发，提出“立德为本”的校训，其理论基础主要有三。

其一，高职培养目标是“育人”而非“制器”。职业教育既是

"学问之道"，更是"成人之道"，即通过对人的本能改造和潜能开发以臻于人性的完善和人才的造就。在高等职业教育中浸润人文精神，是对教育本质的回归。面对新世纪对技术应用性人才的新需求，职业教育必须培养具备可持续发展潜能的和谐职业人。因此，高等职业教育在突出职业知识传授和职业技能训练的同时，必须全面提升学生的素质内涵，尤其要重视人文素质教育，把人格的塑造、职业精神的培养摆在首位。我国民族文化历史悠久，有着良好的人文教育传统值得好好继承与发扬。传统优秀文化积淀了中华民族数千年来的人文精神，是华夏之魂、民族之根。面向现代化的中国高等教育必须引导学生珍爱民族文化，弘扬民族精神。职业教育同样是"成人之道"的教育，通过校园文化素质教育，有利于引导高职学生将"为何而生"的思考与"何以为生"的学习结合起来，促进其和谐、稳定、全面、持续地向前发展。

其二，时代发展凸显了"职业人文素质"塑造的必要性。职业人文素质主要是指职业人的思想道德素质、文化素质和身心健康状况。就高职学生而言，就是要重视学生的职业道德教育和法制教育，重视培养学生的诚信品质、敬业精神和责任意识、遵纪守法意识，培养出一批高素质的技能型人才，培养德智体美全面发展的社会主义建设者和接班人。在高职，人才的知识结构、能力与素质是一个相互统一与协调发展的整体。对于商职教育而言，能力的根本是综合职业能力，而素质则体现了职业素质与人文素质的高度融合，即职业人文素质。素质是能力的基础，能力是素质的表征，只有建立在良好素质基础上的能力才具有发展的后劲和可持续性。应当看到，经济全球化不仅带来了岗位的迁移性，而且在一个更为广阔的全球视域中提出了高职人才的素质问题以及可持续发展问题。促进职业人的人文素质提高就是联合国教科文组织提出的"把一个人的体力、智力、情绪、伦理各方面的因素综合起来，使教育对象成为一个完善的人"的"新人文主义”[1]。应当看到，全球化背景下，高职人才的职业人文素质越显重要。在职业变动较大的新经济时代。高等职业教育始终要把职业人文精神的塑造、职业道德的培养放在首位。一句话，高等职业教育要避免简单技术与工具化的教育，从而促进学生的全面发展与综合素质的提升。

其三，学校文化呼吁“道德领导”。“道德领导”概念源自美国当代教育管理学家托马斯·J.萨乔万尼，其有关“道德领导”的管理策略主要是：甄别并澄清将学校的核心定义为共同体的价值观和信念，把价值观和信念转化为驾驭行为的不成文规范；将团队精神作为内化了的感受和受道德驱动的互依关系；依靠共同体成员的能力去回应责任和义务；依靠共同体的非正式规范去强化专业及共同体的价位体系。基于“道德领导”的理论，学校文化将“道德领导”放在首位，并通过系统共同、共享的价值观、理念和理想建立起蕴涵责任感和义务感的“道德权威”。

以“立德为本”为核心的校训内涵，就是将师生的品德塑造始终放在首位，以树立良好的道德情操即“学会做人”作为文化育人的根本要务，强调师生职业素质和人格素质的高度融合，并通过培养个体的责任感和义务感，敬业精神和奉献精神，实现共同的价值认同，推动学校团队文化的发展和目标的实现。

（二）致用为宗

以“致用为宗”为核心的校训内涵，则是要将学以致用的理念始终贯彻于学校各项教育行为之中，以致力于职业综合能力的提升即“学会做事”作为基本的价值追求，强调技术应用和效用的高度融合，并通过能本教育、能本管理、能力学院的一体化运作，真正实现崇尚

[1] 转引自朱小蔓：《道德人和知识人的统一》，《南方日报》2005年2月2日。

致用的价值追求。其思想理论基础，主要是基于高职教育的目标要求，从人才培养、课程体系和教育本质三个方面提出要求，并体现应用性特点。

首先，高等职业教育人才培养类型的明确定位为技术应用性人才。现代社会需要的人才总体上可以分为理论型、工程型、技术型和技能型四种。技术型人才要求具备宽广领域的技术理论基础，但对其理论深度不设太高要求，在实际应用中强调技能。因此，技术型人才由高职教育来培养。具体来说，就是培养适应区域社会经济发展需要的，既有大学程度的专业理论知识，又具有专门技术，能承担将设计、规划、决策、规范等转化为现实产品或其他物质形态的，为生产一线和工作现场服务，并能在生产一线和工作现场进行技术指导和管理的，综合职业素质较高，职业发展能力较强的应用型高等技术专门人才和管理人才。

其次，高等职业教育课程体系的改革需求是贴切市场。高等职业教育课程体系强调教学内容的适切性。教学内容应围绕如何支撑培养目标的实现这一中心，从社会调查和职业岗位（群）分析入手，着力识别和分解出那些从事职业岗位（群）工作所需的与综合能力相关的专项能力以及能力要素，然后从理论教学到技能教学、从内部条件到外部环境、从教学软件到教学硬件，对教学内容进行全面而系统的规划。

高等职业教育课程体系还强调教学内容的适切性。高职教育教学条件主要包括实践教学基地和“双师型”教师队伍两方面。校内实践教学基地须具备教学、培训、科技开发和生产“四位一体”的功能，其建设须遵循“职业性、技术性、共享性和开放性”四大原则，要求为学生提供真实的职业环境，并进行科学分类、合理布局。

第三，高等职业教育的社会性要求。高等职业教育是面向基层，面向生产服务一线，培养实用的符合社会生产、生活和服务实践职业岗位所需要的高级的应用技术技能型人才，使之成为主要在生产、生活和服务一线岗位工作，并主要从事成熟理论与技术应用和操作的高级技术和管理人员。

该类型的教育培养具有适应特定职业岗位群的能力和素质的高级的技术、操作和管理人员：毕业就能基本顶岗工作；专业设置是根据社会需要设置并能够及时调整，是以社会职业岗位分工的需要为中心考虑问题的；教学内容主要是成熟的技术工艺和管理规范，其教学计划与课程设置根据适应职业岗位群的职业能力和职业素质的要求加以确定；强调通过大量的类似或接近未来职业岗位实际需要的实践与训练课程的设置和实施，以促进相应技艺的掌握、技能的形成和素质的养成；同时要求基础课的设置与学习按专业需要以“必需”和“够用”为度，强调基础理论的选择与学习为专业实践和实现专业培养目标提供更有效的服务。重视采取联合办学、校企合作等新的办学模式。高等职业教育的毕业生，在毕业时取得代表其学识的学历证书的同时，还应该取得代表其职业能力和技术水平的职业资格证书或技术等级证书。可见，高等职业教育相比较高等学科性教育而言承担了更多培养应用型人才的社会责任和社会义务。

（二）崇尚优化

以“崇尚优化”为核心的校训内涵，就是要将方案实施的优化理念渗透于学校的教育实践过程之中，以精益求精和改进创新作为基本的价值准则，强调合理依据和科学论证的高度融合，并通过“改革—发展—规范—再改革”的良性运行机制，最终实现学校组织系统的总体绩效成长。

“崇尚优化”是在绩效管理优化基础上提出的理念。绩效管理的概念由美国管理学家奥布里·丹尼尔斯（Aubrey Daniels）于20世纪70年代提出，本意是通过改变员工的行为而提高企业的绩效。到20世纪80年代后半期，“绩效管理”已逐渐成为一个被人们广泛认可的人力资源管理过程，因其具有明确的价值导向、激励主题、管理过程及控制模型，在学校建设及组织日常活动中的计划、沟通、评估、反馈和结果等环节可以产生较为可控的机制模型，故成为可供商科职业院校参考的管理建设方案。

崇尚优化是一个连续的实施过程，将持续发挥提升学校管理水平、改善绩效管理结果、降低组织协调难度以及优化人才结构等功能，同时也进一步优化提出符合地域与行业特色的校园文化特点、获取产业行业支持认可以及合理使用管理工具等要求。良好的建设体系需要具备良好的操作性、客观性和应用性。追求优化的核心，即从学校的建设目标、建设方式、建设过程及培养结果和实际应用等多方面进行优化，以协助学校根据发展战略和年度工作重点构建关键指标体系，并将绩效体系固化到人才培养全过程，实现能力教育与素质教育的结合，确保学校建设发展健康和谐、长久持续。

在建设社会主义现代化强国的新征程中，我国提出了一系列强国战略。每一个强国的建设都需要有雄厚的人力资源作支撑。“现代化强国”建设是对整个经济社会发展的总要求。其中，建设“质量强国”不仅是一个口号、一种战略，更是满足人民对美好生活需要，破解不平衡不充分的发展问题，从根本上解决我国社会主要矛盾的根本要求和迫切需要。作为提高保障和改善民生水平的“民生之首”，优先发展教育事业，提高质量是重中之重。其中，职业教育是与经济结合最紧密的教育，必须同步优先转向高质量发展阶段。

因此，新时代中国特色职业教育是全面发展素质教育的职业教育。崇尚优化，意味着学校在发展过程中，将持续强化人才观念，注重以人为本、因材施教，注重学用相长、知行合一，大力推进素质教育，全面提升教育质量；同时，新时代中国特色职业教育还担负着培养具有工匠精神的技术技能人才的新使命。崇尚优化，意味着学校将持续工学结合、知行合一、德技并修，大力弘扬工匠精神，厚植工匠文化，恪尽职业操守，崇尚精益求精，把提高学生职业技能和培养职业精神高度融合；此外，新时代中国特色职业教育是人才培养质量大幅提升的职业教育。崇尚优化，意味着学校开始从规模发展转向质量发展，持续把提高质量作为教育改革发展的核心任务。

（四）追求卓越

以“追求卓越”为核心的校训内涵，就是要将追求一流的理念始终贯穿在发展实践当中，以志存高远和品位卓然作为核心的价值理念，强调勇攀高峰和自强不息的高度融合，通过制定卓越战略、组建卓越团队实现学校卓越的目标，最终内化为全体师生员工的精神状态和自觉行为。其核心理念，主要体现在以下几个方面：

首先，紧密贴合企业行业与市场需求，始终以紧密贴合专业行业的质量服务和市场范围为导向。围绕以市场为核心的卓越战略制定人才培养目标，可以确保人才培养始终以市场需求为核心，以优异的专业技能和综合素质提高培养质量，以行业标杆与典范代表为目标规划学校发展建设，无疑具有举足轻重的影响力。

其次，组建卓越团队和实现卓越目标。包括实现创新协作共同体建设，完善校企、校际协同工作机制，促进团队建设的整体水平不断提升，推进专业设置与产业需求对接、课程内容与职业标准对接、教学过程与生产过程对接；构建对接职业标准的创新课程体系，制定完善课程标准，基于职业工作过程重构课程体系，及时将新技术、新工艺、新规范纳入课程标准和教学内容，将职业技能等级标准等有关内容融入专业课程教学，促进职业技能等级证书与学历证书相互融通；完善创新团队协作的模块化教学模式，以学生为中心，健全“德技并修、工学结合”的育人模式，构建“思政课程”与“课程思政”大格局，全面推进“三全育人”，实现思想政治教育与技术技能培养融合统一等。

此外，在精益求精的建设过程中，应当始终坚持以人为本的办学理念，将追求卓越最终内化为全体师生员工的精神状态和自觉行为。杰出的院校和企业都相当重视价值观念，通过以人为本的关注、努力和不懈追求，传递始终追求卓越的价值取向和发展目标，并将这一价值体系深入到学校建设的各个环节。在此基础上，充分激励价值创造与价值追求，确立更高的价值目标，进一步实现个体的价值体系建构，不断赋予追求卓越的价值内涵，使全体师生员工的价值体系不断吐故纳新，持续提高自我追求与自我实现的整合能力，促进技术理性与审美理性的自我完善，并最终实现追求卓越的价值目标。

第三节 “和谐职业人”育人体系

人才培养是高校办学的根本任务。无论办学理念如何演化，作为一所职业院校，培养适应社会发展需求的职业人才，始终是我们坚定不渝的追求。学校以培养现代“和谐职业人”为目标，以职业精神与职业技能和谐发展为理念，系统构建综合实践人才培养模式。文化素质教育充分融入专业人才培养的全过程，以课程改革为抓手，以职业素养公开课和教学技能竞赛为手段，深入发掘专业课程的文化内涵，夯实推进分层递进式综合实践教学改革，形成各具特色、层次丰富的专业人才培养体系和专业文化格局。

一、理念的提出

“和谐职业人”理念的提出和培养目标的确立，一方面来自职业教育的外部挑战，另一方面也来自职业教育发展的内在需求。随着信息化时代的到来，以互联网、生物技术、新材料技术为主导的技术变革，智力型和创造性技能成为完成岗位工作的重要手段。人的精神状态、责任心、工作激情、合作精神等要素正成为决定职业人工作效率的根本动因。

中国高职教育从1977年起，经过恢复期、探索调整期、确立地位期、规模发展期，到2005年，以服务区域经济和社会发展为宗旨，以就业为导向，注重培养学生应用能力的特色办学定位已经深入人心。但随着片面强调高职教育特色的趋势不断增强，重技术技能训练、轻人文精神培养的不良倾向也开始显现，如果不加以纠正，势必会影响高职教育的全面可持续发展。普通高等学校开展文化素质教育的成功经验表明，文化素质教育以其“切中时弊、顺应潮流、涉及根本”的特点，完全可以成为推动高职教育科学发展的着力点和助推器。浙经院以培养现代“和谐职业人”为目标的高职文化素质教育创新实践，正是在这种背景下展开的。

（一）特色鲜明的培养目标

学校依据行业龙头企业对员工的素质要求，借助先进企业文化和优秀传统文化融入校园文化的实施路径，推进学生“专能精、通能强、素质高”的有序递进与提升，促进学生思想品德素质、专业素质、文化素质和身心素质的和谐发展，培养大批专能、通能与素质相协调、做人与做事相统一的现代“和谐职业人”，形成有自身鲜明特色、国内广泛影响的高职院校文化素质教育基地。

现代“和谐职业人”概括起来就是立足全球化、信息化时代对高等职业教育“高素质技能型专门人才”的培养要求，依据行业龙头企业对员工的素质内涵，体现为纵横两个维度，即从纵向分析，体现为专业能力、通用能力和素质的和谐统一；从横向分析，体现为思想品德素质、专业素质、文化素质、身心素质四种素质的和谐发展。

整个项目可以概括为“1234567”（能力为重、专通结合、素能一体）。一体：现代“和谐职业人”；二翼：先进企业文化和优秀传统文化；三阶：专能精、通能强、素质高；四质：思想品德、专业、文化、身心素质；五德：爱、学、诚、敬、新；六能：自主学习、信息处理、数字运用、表达沟通、团队合作、创新创业；七化：企业文化融化、传统文化内化、课程建设深化、校园活动优化、社会实践悟化、专业渗透细化、师资队伍强化，“和谐企业人”模型如图2-3-1。

（二）解决三大问题，实施三大策略

“和谐职业人”培养目标的确立，旨在解决三大问题。一是高职教育过于注重技术技能训练、忽视人文素质教育的倾向，不能满足企业和社会以及学生全面可持续发展的需求；二是高职院校文化素质教育缺少系统顶层设计、教育资源分散、主题不突出，影响教育的质量和效果；三是高职文化素质教育成果抽象化、空泛化，操作性不强、规范程度不高等问题。

在具体问题的解决过程中，主要采用三大策略。一是价值引领策略：学校始终把“和谐职业人”的育人理念作为文化素质教育创新实践的价值引领，确保高职教育贯彻落实教育方针；并从优秀传统文化和先进企业文化中提炼出“爱、学、诚、敬、新”五个价值取向，作为职业人文素质的核心，贯穿在“七化”行动中，突显高职特点，增强教育的针对性和指向性。二是系统整合策略：学校基于教育生态学原理和多元智能理论，实施资源、途径、形式、载体的系统规划整合。资源上重视传统文化和企业文化、本土文化和世界文化的融合；途径上通过时间和空间维度的整合，充分发挥课堂的主渠道、教师的主导性、环境的潜在性、专业的渗透性等作用。三是规范量化策略：学校注重开发规范性和操作性强的教育内容和形式，提高实用和推广价值。内容上提炼共性特征，如“三阶、四质、五德、六能”；途径上“七化”体现教育的规律性；载体上体现规范性，如“爱之魂”“诚之语”等五大主题活动；“四千工程”、七大专业文化品牌、

图2-3-1

『和谐职业人』育人模型

图2-3-1 “和谐职业人”模型

七类专业素养手册等；评价上以素质分、素质学分、素质拓展证书为载体，实现定性向定量的转化。

（三）三个创新：理论、途径、模式

首先，是提出全球化信息化背景下的现代“和谐职业人”新理论。基于对企业用人需求的调研，依据杨叔子院士倡导的科技人文相融的绿色教育理念，原创性地提出培养专业能力、通用能力与综合素质相协调的现代“和谐职业人”。

其次，倡导和实施专业教育与人文教育相融的高职文化素质教育新途径。针对2005年高职教育重专业技能、轻人文素质的现状，率先倡导实施人文教育融入专业教育的“绿韵工程”，获全国特等奖和三项省级文化品牌。2007年召开全国首届高职文化素质教育工作研讨会，将建设成果向全国高职推广；2006年发起筹备、2011年成立全国高职院校文化素质教育协作会，全面推动高职文化素质教育发展。

第三，构建基于教育生态学的系统化高职文化素质教育实践模型（图2-3-2）。本着价值引领、系统构建、有序递进、立体展开、考核保障原则，以“七化”为实施路径，创造性地构建和实施以培养现代“和谐职业人”为目标，具有中国特色的系统化高职文化素质教育实践教育新模式。内容上注重专能、通能、素质协调发展；途径上注重工学结合、实习体验、企业文化融入、专业课程渗透的统一；层次上实现学校、二级学院、班级协同。

二、育人体系的构建

“和谐职业人”育人体系，立足全球化、信息化时代对高等职业教育“高素质技能型专门人才”的培养要求，以提高学校文化品位为重点，以提高教师的文化素养为基础，以提升学生职业态度、职业道

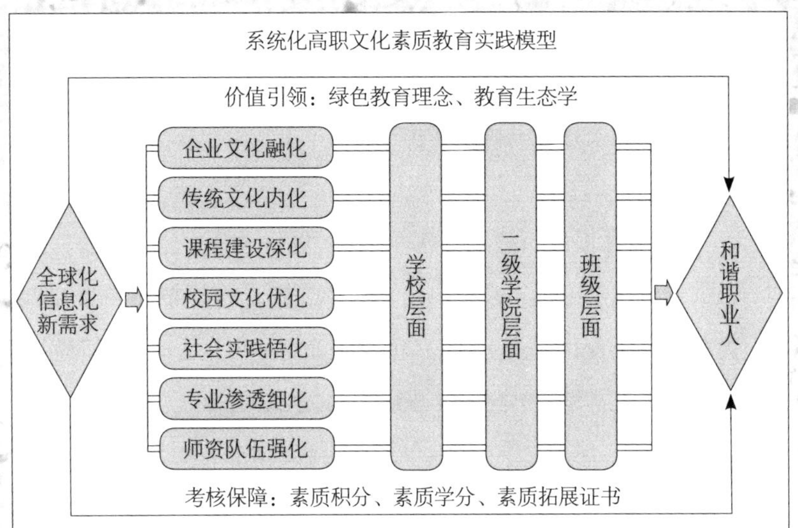

图2-3-2

图2-3-2　系统化高职文化素质教育实践模型

德、职业精神等为主要内容的职业人文素质为根本，引导学生形成正确的职业观、价值观，促进学生全面可持续发展。对于相关体系的构建，主要包括理论建构与机制建构。

（一）理论体系的引领与构建

根据“价值观引领、系统构建、有序递进、立体展开”的思路建设。内容上，重点围绕“五德”，每学期确定一个中心，按照时间顺序递进；层次上，学校、学院、班级协同配合；途径上，七大行动齐头并进。

首先，贯彻绿色教育科学理念，促进学生和谐发展。科学是立世之基，人文是为人之本。杨叔子院士倡导的“绿色教育”理念，既是现代教育的目标，又是教育的内容与方法，其理论核心是将科学教育与人文教育相交融。为此，我们进一步贯彻《国家中长期教育改革和发展规划纲要》精神，推进科学与人文互通，专业技能和职业素质教育相融的“绿韵工程”，促进学生和谐发展。

其次，开发优秀传统文化资源，提升学生人文素质。高等职业院校学生在专业学习上重技轻道，在职业发展上急功近利，在行为表现上浮躁好动等人文素养方面的不足，使得培养他们规范、守时、诚信、遵纪等基本素养显得尤为必要。中国优秀传统文化博大精深、启迪心性，蕴涵着丰富的文化内涵，我们将传统文化内化为加强职业态度、职业道德、职业精神的良好素材，使其成为提升人文素质的宝贵资源。

第三，融汇先进企业文化因子，提升学生专业素质。在高职院校开展职业素质教育，既要立足民族优秀传统文化，体现传承性；同时也应根据高职的特点，面向企业，尤其是行业龙头企业，体现开放性。“职业性”成为现代企业和高职校园之间的现实桥梁，成为岗位与专业之间的衔接路径。学校有机融汇现代企业文化因子，并进一步辐射校园，营造氛围，扩大影响，从而提升学生职业素质。

（二）保障机制的确立与完善

其一，是组织体系。在学校领导的指导下，素质教育平台采用项目负责人引领模式，学校宣传部牵头，文化艺术学院、学工部、团委、招生就业处等部门分项负责，各二级学院具体实施的项目实施机构和工作体系。项目组中吸收行业龙头企业相关负责人参加，注重先进企业文化在文化育人中的辐射作用。

其二，是评价体系。深入建设并着力优化“素质教育课余实践”系统工程架构（图2-3-3），科学搭建校、院、班级三大平台和各项目实施模块，每学期活动按计划、有秩序执行，在全面提升“素质分”检录系统的基础上，公正、及时、有效地对学生参与素质教育活动进行动态赋分，建立和优化学生素质教育学分制评价体系（图2-3-4）。

其三，是管理体系。严格执行学校《骨干高等职业院校建设项目管理规定》等有关制度，实施过程控制和质量监控，提高项目实施的成效。严格预算管理，遵守财经纪律，各项经费专款专用。

三、育人体系的实施

在时间上以爱、学、诚、敬、新“五德”主题教育作为推进的轴心，按照每学期一个主题有序展开；途径上七大行动齐头并进；层次上按照学校、二级学院、班级三个层面协同配合，从而达到系统整合的效果。

（一）七大行动齐头并进

一是企业文化融化行动。企业文化与校园文化的相融共生是高职院校开放性办学的重要特点，是提高学生职业素质的重要方式。学校依托世界500强企业文化研究中心，建立了汇集183家企业参加的企

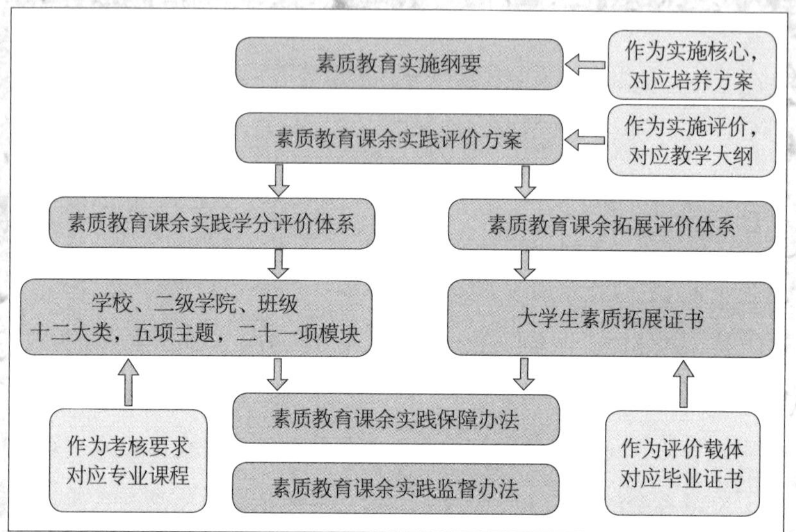

图2-3-3

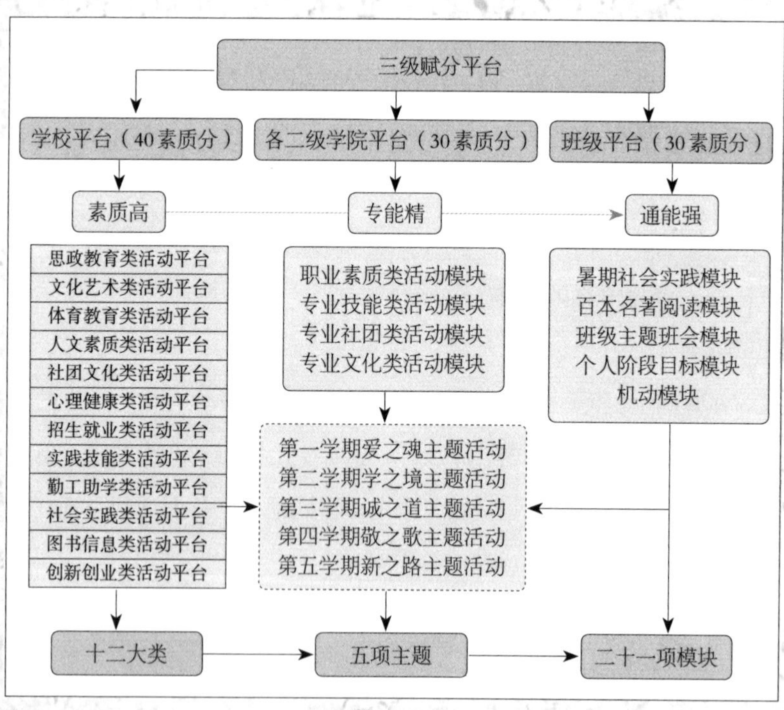

图2-3-4

图2-3-3 “素质教育课余实践”系统工程架构

图2-3-4 素质教育学分三级赋分平台

业文化推广教育基地。在理念上，依托对世界500强企业文化的课题研究成果，将企业先进文化引入校园和人才培养全过程，提升学校的职业素养；在途径上，立足“请进来”，坚持“走出去”。学校开设12门课程、开办“未来企业家实验班”和全球模拟公司创业培训36期，举行“企业家论坛”336场，受益学生32 200余人。全校27个社团对接30多家企业；150多个班级联系250多家企业；各类成果2 500多项；在文化建设上，发挥环境育人作用，建设“二廊”（专业文化廊、校友文化廊）；美化“二墙”（教室、寝室墙面）；优化“一室”（专业实训室）的工厂化、公司化氛围营建，使学生提前融入职场氛围。

二是传统文化内化行动。优秀传统文化蕴含丰富的人生哲理，是提升学生职业人文素质的重要思想来源。学校依托中国诗词学会诗教促进中心、省非物质文化遗产传承基地，建立了覆盖340所高校与中小学的传统文化普及推广基地。开展以“诗教”为特色的传统文化艺术教育。形成“西湖梦寻”人文之旅、“爱我中华”诗词吟诵晚会、“诗国青春”诗词楹联灯谜会、“江南毓秀”名家书画笔会、“明德励志”人文大讲堂五大文化活动品牌。2006年至今，学生在各种刊物上发表诗词作品6 500多首；建立以传统经典阅读为主要内容的“明德书院”。开设《弟子规》《论语》等专题课程和传统文化专题讲座100多场，受益学生26 000多人；开展传统文化普及活动。编辑出版《核心价值观与精神家园》《五德传统文化读本》《国学导读》等传统文化普及读物，被浙江省教育厅评为“浙江省优秀传统文化普及教育先进集体”。

三是课程建设深化行动。课程建设是文化素质教育的基础性工作。学校坚持文化基础知识与职业核心能力结合、优秀传统文化与商文化结合、思政文化与心育文化结合，重点建设高职国文、哲学基础、中国商文化、幸福人生等40门课程，形成包含必修、选修在内的文化素质教育课程体系。其中10门课程成为国家骨干和省级示范校建设课程。文化素质课程体系真正成为知识、能力、素质三者协调发展的基础平台。

四是校园活动优化行动。优化和整合校园活动是提高“和谐育人”体系实施效果的重要途径。学校开展“爱之魂”“学之境”“诚之语”“敬之歌”“新之路”五大类主题活动，构建立体化校园活动体系，将“感恩”“乐学”“诚信”“敬业”“创新”等内化为学生的品格和素质。具体策略是：每学期确定一个主题，通过学校、二级学院、班级三个层次分层开展。学校负责宏观策划、检查推动、评价考核；二级学院负责具体实施、分类推进；班级根据要求个性化落实，惠及全体学生。学校共编印“五德”校园活动指南5本，“五德”活动成果集5本，开展各类活动300余场次。爱之魂主题活动涌现了“阳光兄弟”等全国典型。翁建光等4名同学获“全国自强之星”，李阳等获“浙江省十佳大学生”荣誉称号。

五是社会实践悟化行动。社会实践是大学生感知就业创业、体验实践生活、感悟人生哲理、积淀生存智慧的良好载体。学校依托“职场精英训练营”和“四千工程”，建立了联合企业、农村、社区等271家单位参加的社会实践教育基地；搭建了“千名学子访创业校友”“千名学子入农村社区”“千名学子进百家企业”“千名学子做百项课题”的“四千工程”，连续4年获得浙江省、杭州市暑期社会实践优秀组织奖。案例入选《我们的青春实践——浙江省大学生社会实践工作创新实践案例选编》。5年来，各种实践成果在省级以上“挑战杯”竞赛中获得一等奖以上13项，连续4届获得浙江省高职高专挑战杯优秀组织奖；通过职场精英修炼营平台，每年选拔200名学生骨干进入修炼营培训，已邀请200余名企业高管、职教专家、知名学者给学员授课，每年选派100名学员进入世界500强企业浙江物产集团实践；形成志愿者服务品牌。获得第八届全国残疾人运动会志愿者工作“突出贡献奖”，“阳光志愿服务队”成为“闪光言行之星”。

六是专业渗透细化行动。在专业教育中实现与文化素质教育的有机渗透融合是实施文化素质教育的有效手段。学校建立了将职业素质、专业文化建设纳入专业评价系统的机制和专业教学渗透文化素质教育的教学体系。在专业课程改革中规定每门课程必须有文化素质教育的内容。开展职业素质公开课、教学技能竞赛等方式，细化具体渠道、方式和载体。深入发掘各类专业课程中的文化内涵，形成了“一院一品”的专业文化格局，培育了“车以载道·志在千里——汽车文化”“明理诚笃·财智人生——诚信文化”“厚德载物·流通天下——流通文化”等七大专业文化品牌。汽车专业文化获得浙江省高校校园文化品牌。学校编印的各专业大类职业基本素养手册，系统推进了学生的职业素养教育和学生职业品格的养成。

七是师资提升强化行动。教师是实施文化素质教育的主体。依托联合国教科文组织职教中心师资培训创新项目和省中职师资培训基地，建立了师德教育培训基地。倡导专业伦理精神，定期开展“德艺双馨教师”“十佳青年教师”评选活动，树立师德典型；培养了30多名文化素质教育带头人，建设了一支近200人的由企业专家、优秀校友组成的职业指导师队伍，建成了8个校、院两级职业指导工作室；改革教师激励制度，将师德纳入教师绩效评价体系。教师专业文化获得浙江省高校教职工文化品牌。

（二）育人体系实施效果

“和谐职业人”育人体系建设于2005年启动实施，2006年在教育部高职高专人才培养水平优秀评估中被确认为特色项目，经过2009年省级示范院校建设的优化、2010年国家骨干建设的提升完善，2011年通过鉴定并推广应用。截至目前，获得主要成果包括以下三个方面。

一是推动育人方面，极大地提升了学生的综合素质和可持续发展能力。学生违纪率、缺课率从2006年的0.98%、2.27%下降到2011

年的0.18%、1.37%。经过对1 700多家用人单位的调查，学生的职业道德和创新能力评价优良比率由2005届的86.2%、80.2%上升到2012届的99.82%、93.54%;就业率从2005年的97.02%上升为2012年的98.95%，高出全国骨干院校5.65%，获“全国高校就业工作先进单位”称号。浙江物产集团（世界500强）创利千万以上的部门负责人中有38%为经院毕业生，学校被集团授予人才培养特殊贡献奖。学生文明素养不断提升，获“浙江省文明寝室创建先进单位”称号，全国平安校园建设成果评比三等奖（省内高职唯一）。学生素质得到联合国教科文组织职教中心原主任麦克林的高度评价。

二是推广应用方面，文化育人经验被广泛推广应用。在全国“高等教育国际论坛年会”等各类会议上作经验交流86场，在全国436所大学和中高职院校推广应用，受益学生45.25万人；汽车文化、教师专业文化获浙江省高校校园文化品牌并被广泛推广应用；企业文化建设成果应用于浙江物产集团员工素质提升工程，培训员工2.5万人次/年，被评为“浙江省国资委优秀宣讲团”。

三是示范引领方面，文化素质教育创新实践成果得到广泛肯定。学校开展相关课题研究69项，其中主持和参加国家级、省部级10项；发表论文121篇，其中核心期刊37篇；出版专著教材29部。校园文化成果获全国高校优秀校园文化评比特等奖，教育部工作简报专题报道，推广成功经验，《人民日报》《光明日报》等各类媒体报道280余次，在全国同类院校中产生了广泛影响。基于在文化素质教育方面的示范引领，学校于2010年被推荐为教育部高校文化素质教指委高职唯一委员；2011年发起成立全国高职院校文化素质教育协作会，并被推荐为副会长单位；2013年被推荐为教育部职业院校文化素质教育指导委员会副主任委员单位；2014年以培养现代“和谐职业人”为目标的高职文化素质教育创新实践项目被为国家级教学成果一等奖，学校党委书记俞步松受到习近平总书记和中央领导的接见。

四十余年来，学校始终坚持“制器”与“育人”的和谐统一，着力打造具有高职特色的经院精神。“校园诗教，和谐育人”这一项目荣获全国高校校园文化建设优秀成果特等奖，在此基础上形成的“以培养现代‘和谐职业人’为目标的高职文化素质教育创新实践”荣获国家级教学成果奖一等奖，都是经院育人实践的新成果，不仅成为学校的一张金名片，也为全国高职院校赢来了殊荣，是对经院品牌化建设特色之路的充分肯定。

第四节　标志与象征——浙经院的校园文化符号

大学文化无时不在、无处不在。任何大学精神都会被凝练成为一定的文化符号，即外在表征。这其中，除了文字形式的校训之外，一方面，是能够展示大学理想、人文价值和行为规范，包括校风、学风、校歌等；另一方面是个性的标志性表征，包括校旗、校色等。

一、校徽

浙经院校徽为圆形，外围由学校的中英文名称环绕，中间是“浙经院”英文缩写组成的飞翔图案。中文为书法字体，英文为Arial-Regular字体。学校标准色为深蓝色（图2-4-1）。学校徽章为教职工和学生佩戴的题有校名的长方形证章。

二、标准色

一个学校的标准色，代表了这个学校的气质、精神、意志甚至是信仰。坐落于钱塘江畔的浙江经济职业技术学院，承继了江南水乡学风朴质、文脉悠远的地域特色，又满怀追潮逐浪、志在千里的时代豪情，学校标准色定位海洋与湖泊的颜色，形成了包容并蓄、意蕴深远的经院蓝。

三、校旗

学校校旗为蓝白相间的长方形旗帜，中央是“浙经院”英文缩写组成的飞翔图案，下文印有中英文校名，校名颜色为白色，图案颜色为蓝色（图2-4-2）。

四、校歌

学校校歌为《浙江经济职业技术学院之歌》（图2-4-3）。

总结近年来学校人才培养的各项工作，我们不断深化和发展当初确立的“立德致用、和谐育人”理念。比如，人文素质教育从1998年实践以来，已经取得了很大的成绩，尤其是以诗教为龙头、以传统文化为依托的人文素质教育和学校校园文化建设结合在一起，在学校营造了浓厚的人文素质教育氛围和“德育为先”的育人理念，丰富和深化了德育内涵，成为学校“立德为本”理念的一大实践特色。再如，学校近年来实施的能力本位课程的改革，把握了高职教学的核心和瓶颈问题，成为学校积极探索高职人才培养中如何体现“致用为宗”理念的重要突破口。随着学校各项工作的不断推进，尤其是在充分依托浙江物产强大的产业背景优势之下，学校高职人才培养工作中还将不断体现和丰富这一办学理念的内涵。并在这一总体理念的指导下，纲举目张，引导和规范学校整体育人和各项教学工作的开展。

图2-4-1

图2-4-2

图2-4-1　浙经院校徽

图2-4-2　浙经院校旗

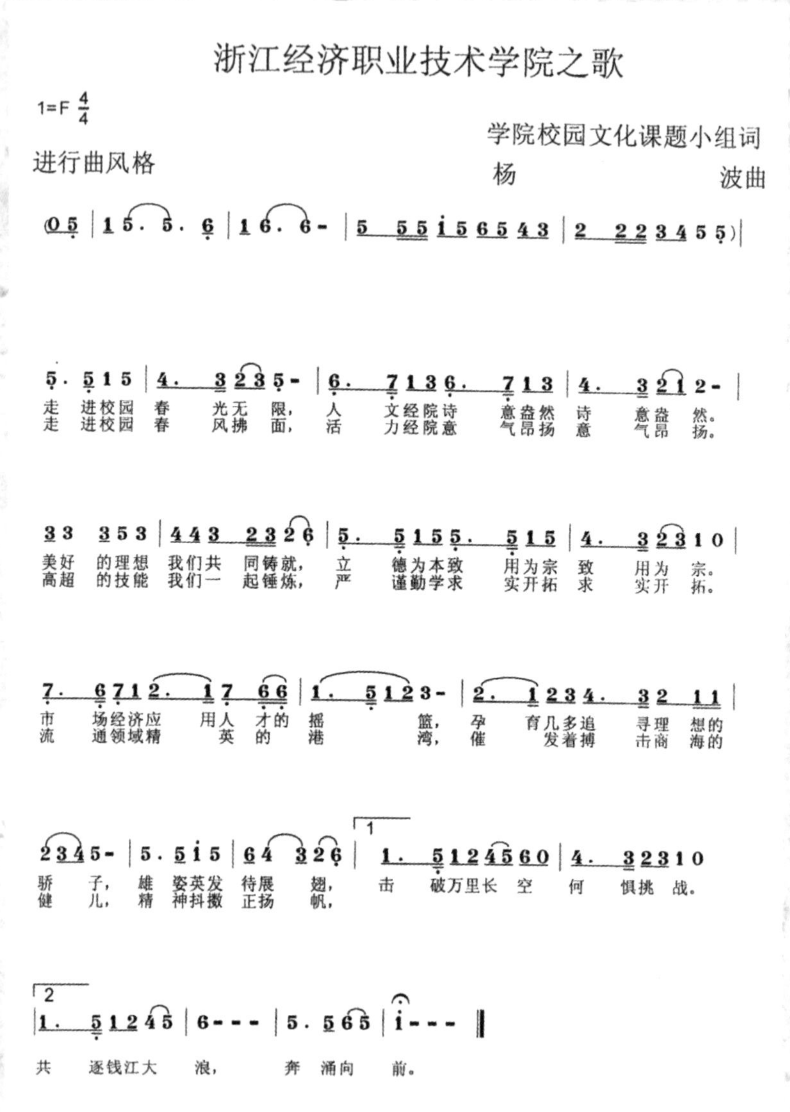

浙江经济职业技术学院之歌

1=F $\frac{4}{4}$

进行曲风格

学院校园文化课题小组词

杨　　波曲

走　进校园　春　光无　限，　人　文经院诗　意盎然　诗　意盎　然。
走　进校园　春　风拂　面，　活　力经院意　气昂扬　意　气昂　扬。

美好　的理想　我们共　同铸就，　立　德为本致　用为宗　致　用为　宗。
高超　的技能　我们一　起锤炼，　严　谨勤学求　实开拓　求　实开　拓。

市　场经济应　用人　才的　摇　篮，　孕　育几多追　寻理　想的
流　通领域精　英　的　港　湾，　催　发着搏　击商　海的

骄　子，　雄　姿英发　待展　翅，　击　破万里长　空　何　惧挑　战。
健　儿，　精　神抖擞　正扬　帆，

共　逐钱江大　浪，　奔　涌向　前。

图2-4-3

图2-4-3　浙经院校歌

第三章

教本教术转精深

——课程建设深化

教育应从人的生命主体性出发，释放心灵、解放精神。高职教育的本质在于培养全面和谐发展的人。文化素质类课程的本质内涵就是给予“人类精神的自由、心灵的满足、生命的尊严、生活的价值、资源的善用、宇宙的和谐等”[1]。文化素质教育是素质教育的突破口和深化人才培养模式改革的重要切入点，内涵着文、史、哲、艺、科学等内容。加强文化素质教育符合我国高职教育改革和发展的实际。鉴于高职院校比较普遍存在的重技术理性、轻价值理性的人才培养倾向，学校立足“提高大学生文化素质，提高教师文化素养，提高校园文化品味和格调”，大力发展先进文化，弘扬民族文化，滋养于企业文化，铸魂于和谐文化。浙经院结合高职实际，凸显校本特色，强化关键能力，在原有基础和成果上整合资源，形成了直接服务于高职生全面发展的文化素质教育课程体系。

文化素质教育的主渠道是课程教学。针对高职工学结合的特点、人才培养的要求，及学制短、职业技能教育要求高、任务重，所能开出的文化素质课程数量相对有限的实际，形成文化素质教育课程建设基本思路，即：全面体现“厚基础、宽口径、强能力、重素质”的技术品质与人文品质一体化的和谐职业人总体目标，坚持文化基础知识与职业核心能力结合；企业文化与高职文化结合；优秀传统文化与校本商文化结合；思政文化与心育文化结合。

[1] 黄坤锦.大学通识教育的基本理念和课程规划[J].北京大学教育评论,2006(3):31.

在新时期建设目标的引领下，学校致力于课程体系生成方式的改进、课程资源结构布局的优化和课程教学运行模式的改革与创新。力求做到“少而精”，重点建设10门课程，包括国学导读、礼仪与沟通、高职国文、诗词创作与欣赏、中国商文化、信息处理与应用、哲学基础、创新思维与实务、职业核心方法能力、幸福人生等。形成包含必修、限选、任选在内的科学与人文、经典与现代、专精与博雅统一的文化素质教育课程体系，并配备与之相符的教材体系和师资团队。

在建设过程中，学校追求将活动性、体验性和经验性形态融入课程教学，按照针对性、适应性、先进性原则，结合各门课程特质，科学设计课程目标、课程项目、课程考核。课程建设理念凸显知识传授、能力培养、素质养成；课程内容凸显职业化、生活化、行为化；教学方法凸显互动和体验；课程考核凸显过程和项目。采用多样化教学方法和现代化教育手段，建造一个“网络化的教学环境、开放性的学习环境、数字化的资源环境、多样化的实践环境”。文化素质课程体系真正成为知识、能力、素质三者协调发展的基础平台。

第一节　文化素质教育课程体系构建

一、素养与技能并重：课程体系构建依据与思路

以往我国高等职业教育存在着单科性院校较多、专业设置过窄、单一专业教育思想和教育观念突出、功利导向过重以及忽视文化素质教育等问题。过于精细的专业划分，使得学生专精于本行，不了解其他行业的知识，也不太了解别人甚至无法与人沟通，这显然违背了教育的最终目的。研究解决这些问题，是高等教育改革的重要任务之一。

客观来说，我国真正将文化素质类课程作为基础通识课程开始推广的历史并不长，1995年国家教委在华中科技大学召开“文化素质教育试点工作会”，我国教育界开始有意识地关注这一点。这一时期提出并实施加强文化素质教育，不仅符合高等教育改革的要求，而且有助于推动教育思想和教育观念的转变与更新，也有助于推动教学改革的不断深化。为响应国家号召，各职业院校均开始重新审视原有教育模式的弊端，思考如何改进课程设置的结构，建构更为科学合理的、富有中国特色的文化素质课程体系，以培养高素质人才，推动高等教育的发展。

（一）学生职业发展的内在驱动

文化素质教育课程体系构建，首先是学生职业发展的内在驱动。传统观念认为，企业最需要的是技术过硬的人才。因此，不少职业院校通过校企结合、联合办学等特色办学模式，有针对性地为企业培养人才，使毕业生的专业性更强，操作更娴熟。这是过度要求人才专业化所致，在计划经济或社会工作模式相对单一的情况下这些学生固然可以满足工作需求，但忽视了学生的个性发展，同时也不能满足社会多元化的需求。许多教育家都看到中国大学教育，尤其是技术类、理工类大学，在人才培养上存在着“重专业，轻基础；重科技，轻人文；重做事，轻做人；重技能，轻素质；重共性，轻个性；重理论，轻实践；重课内，轻课外；重灌输，轻参与；重平坦安排，轻自主除障”[1]的现象。当下社会要求个体充分发挥其个体性，培养创造性人才，学生应该具备基本的“做人”能力，能与人沟通、交流，和谐相处，同时也具有基本的自我发展态度，能在自己渴求的知识领域有主动学习的态度和能力。具有这些基本素养的人，最终才能承担起对个

[1] 王义遒.大学通识教育与文化素质教育［J］.北京大学教育评论，2006（3）：2.

人事业、家庭、社会乃至整个人类的责任，实现不同职业、学科乃至跨文化的交流，成为真正实现自我发展、发挥个体潜力、全面自由发展的人。所以，高职院校必须进一步改革，培养出受企业欢迎的有“才”有“德”、有技术有能力、高素质高技能的优质人才。

同时，根据《教育部高等教育司关于加强大学生文化素质教育的若干意见》（教高司〔1998〕2号）等相关文件的规定，结合时代发展和职业院校的特点，加强文化素质教育，有利于使大学生通过文化知识的学习、文化环境的熏陶、文化活动和社会实践的锻炼，以及人文精神的感染，升华人格，提高境界，振奋精神，激发爱国主义情感，成为“四有”人才；有利于大学生开阔视野，活跃思维，激发创新灵感，为他们在校学好专业以及今后的发展奠定坚实的文化基础和深厚的人文底蕴；有利于培养基础扎实、知识面宽、能力强、素质高的人才。文化育人理念的提出，是以文化上的活力和精神上的张力，推进着人类在文化上更进一步。因此，加强文化素质教育，从更深的层面和更综合的角度体现德、智、体全面发展的要求，是新形势下全面贯彻党的教育方针的重要举措。

相比较职业专业类教育而言，文化素质类课程多侧重于“非专业、非职业性的教育”，不直接为职业做准备，却又潜藏在未来的职业诉求中。蔡元培先生对此曾论述到“鉴于文科学生轻忽自然科学，理科学生轻忽文学、哲学之弊，为沟通文、理两科之计”“决心打破存在于从事不同知识领域学习的学生之间的障碍”[1]，重在培养学生健全的个体人格，让学生具有时代的情操、博广的见识，培养成为生活、道德、情感、理智各方面协调发展的人才。

［1］ 蔡元培.蔡元培教育论著选［M］.北京：人民教育出版社，1991：163.

（二）学生技能训练的外部平台

文化素质教育课程体系的构建，同时是学生技能训练的外部平台。结合教育理念设计和企业人才需求等方面的充分论证，学校认识到，文化素养不仅仅是简单的扩大知识面，而是要全面提升学生的文化知识素养；除做好基本能力训练外，还应当培养大学生高雅的情趣和完善的人格结构。因此，学校在进行课程体系的改革建构中，不能对本科院校的通识课程进行简单模仿，而必须要构建符合学校特色又切实可行的课程教学体系。

一是注重对课程内容的改革。通过专业的学分设置来注重加强文化素质类课程的比重，围绕培养健全人格这一教学目标，注重“人”的培养，强调学生应当具备的知识和能力。在培养学生形成合理知识结构的基础上，注重提高学生的工作适应性，同时强调学生的社会交往能力、语言表达能力和审美能力。

二是强调课堂教学方式方法改革。大学生文化素质教育的途径与方式多种多样，无论是显性的形式，如开设文化类必修和选修课、开设专题讲座、课外阅读和文艺活动等；还是隐性的形式，如将文化素质教育渗透于专业课程、加强校园人文环境建设、开展社会实践活动等，其目的只有一个，就是强调通过各种方式对学生进行人类文化遗产的熏陶。职业院校学生以高职技术类课程为主，广泛接触素质类教育课程，能够全面提升其人文和科学素养，拓宽知识面、开阔视野，为当下的专业学习和将来的专业发展奠定基础。

三是积极改善课程结构。适当增加提升学生文化素养和实践性课程的比例，增设就业指导课和职业教育课的课时，减少纯理论、说教式的课程，最大限度地吸引学生课堂兴趣。同时改进内容设置，在有关文化素养的课程中适当增加与企业需要有关的课程内容，比如公共关系、社交礼仪、道德与法律等。在德育教育课程内容编排上，增加诚信教育、成败教育、感恩教育的内容，改善传统的用教学方法弥补课程内容偏差的现象。

四是将文化素质教育贯穿于专业教育。专业课程和实践课程中蕴涵着丰富的人文精神和科学精神。教师在讲授专业课时，自觉地将人文精神和科学精神的培养贯穿于专业教育始终，充分挖掘和发挥专业课对人才文化素质养成的潜移默化作用，真正做到教书育人。同时，把文化素质教育的有关内容渗透到专业课程教学中去，使学生在学好专业课的同时，提高自身文化素质。

五是加强优质资源共享课程和网络课程建设。支持面向全校范围所有专业学生选修，鼓励学生通过各种网络平台开展自主学习。平台增设大量国内名校人文类课程，涉及历史、文学、文化、艺术等种类，以满足不同学生需求，并对网络课程学时进行学分认定。全面实施导师制，切实加强对学生的学业、素质、就业创业等全方位的指导，帮助学生成长成才，做学生的良师益友。

六是第一课堂和第二课堂相结合。第一课堂主要是开好文化素质教育的必修课和选修课，对偏理工专业重点开设文学、历史、哲学、艺术等人文社会科学课程；对文科学生适当开设自然科学课程。所开课程要在传授知识的基础上，更加注重学生文化素质和科学素质的养成和提高。第二课堂主要是组织开展专题讲座、名著导读、名曲名画欣赏、影视评论、文艺汇演、课外阅读、体育活动等丰富多彩的文化活动，丰富学生课余文化生活，陶冶情操，提高文化修养。

二、文化素质教育课程体系构建框架

学校着眼于“提高大学生文化素质，提高教师文化素养，提高校园文化品位和格调”，结合高职实际，立足传统文化，凸显校本特色，强化关键能力，在原有基础和成果上整合资源，形成了直接服务于高职生全面发展的文化素质教育的课程体系。

（一）深入开发人文素养课程，夯实课程建设基础

职业院校文化育人的开展，既要能够提升学生的人文素养，又要适合高职学生的实际需求和能力。学校很早就注意到文化育人对高职院校学生的重要性，早在1998年，即选择了依托古典诗词的诗教课程和活动作为人文教育的突破口。开展讲座培训与社团活动，并陆续开设了“诗词创作”“诗词欣赏”“艺术欣赏”“世界文明史”“中国文化史”“传统文化和人生智慧”等十余门课程，作为全校性人文类公共选修课，初步建立了“以诗教为核心，兼容诗书画、并蓄文史哲”的人文课程体系。这些人文类课程采用学分制，全校各级学生必须修满一定学分的人文类选修课方能毕业，有效地保证了人文教育的覆盖面。

为扩大诗词教育的普及面，学校重新修订“大学语文”教学大纲，增加四节诗词创作课，并列入考核内容。为充分发挥传统道德资源在现代道德教育中的作用，学校编写了《古典诗词与道德》教学参考资料，将德育与诗教相结合，以古诗词中仁人志士坚贞不屈的民族气节来塑造学生的人格，激发他们的爱国之情、报国之志，并融入教育部规定的“思想道德品德修养”课程中。

体育作为公共教育的有效组成部分，同时也起到提高学生锻炼意识、培养学生良好生活习惯的重要作用。素质健康教育要求我们在体育课中要坚持“健康第一”的指导思想，促进学生健康成长。以学生的发展为中心，以提高学生身体、心理和社会适应能力和整体健康水平为目标，将增进学生健康贯穿于体育课的全过程，培养学生终身体育意识，重视学生的主体地位，关注个体差异与不同需求，从而激发运动兴趣，确保每个学生受益。

事关学校每位学生的未来发展，体育文化育人的课程改革也应时展开。民族传统体育以其丰富的内涵，集健身、娱乐于一体，具有易教易学、运动量适度、身体活动范围广、活动形式多样等特点，成为体育文化育人的重要载体。许多民族传统体育项目可单人，也可两人

或多人进行活动，能满足不同规模学生的需求，也保证了每位同学都能得到锻炼。学校选择开设具有传统文化特色的太极拳、扇子舞等课程。课程所特有的、丰富的文化内涵对学生人文教育、科学文化素质的培养和健康个性的发展都具有一定的价值，能够在鉴赏传统文化的同时，培养学生的努力拼搏精神和团队意识。

体育课程改革的第二部分，是设置体育选修课程，学生可根据自己的能力、兴趣、爱好进行选择，扩大了学生的选择空间，丰富了体育课堂内容，使学生在更多样的活动中锻炼和提升自己。

此外，实施小班化教学，保证教师有更多的机会照顾到每一位同学的表现。在教学中实行个别辅导，学生心领神会，容易产生兴趣，体会成功的感觉。教师教的时间相对减少，学生活动的时间相对增多，也满足了学生自我发展的时间和空间需求。

（二）搭建校本课程平台，培育课程深化建设载体

针对高职院校工学结合的基本特点以及人才培养的具体要求，结合文化素质课程数量相对有限的实际情况，学校逐渐形成了构建文化素质教育课程群建设的基本思路，即文化基础知识与职业核心能力结合；企业文化与高职文化结合；优秀传统文化与校本商文化结合。完善文化素质的课程体系时，力求做到“少而精”，经过资源整合，重点建设包括“高职国文”“哲学基础”“中国传统文化解读”“诗词创作与欣赏”“中国商文化”“礼仪与沟通”“创新思维与实务”“信息处理与应用”在内的8门课程，形成了包含必修、限选、任选在内的文化素质教育课程体系。

目前，学校已建成校级精品课程“高职国文”“礼仪与沟通”；按照《浙江经济职业技术学院能力本位课程改革评价标准》，建设完成能力本位网络课程“诗词创作与欣赏”；建设完成“高职国文”“礼仪与沟通”“诗词创作与欣赏”“哲学基础”“中国传统文化解读”“创新

思维与实务”“信息处理与应用”“中国商文化”课件和案例库/作品库；完成针对教学方法与教学手段研究的“基于企业文化融合的文化素质教育课程改革探索”。

值得一提的是，我校高质量的课程建设，得益于校企合作、专兼结合的优质文化素质教育师资团队。学科带头人负责文化素质教育改革和规划，通过教育部文化素质教育指导委员会委员身份、科研课题、国内外考察学习等方式，科学引领高职文化素质教育发展，在省内乃至全国具有较强影响力。骨干教师队伍经过省内外业务培训、在企业挂职锻炼等方式，独立开发课程。从本科院校、宣传部门、著名企业聘请专家10人，形成文化素质教育兼职教师队伍，借以优化文化素质教育师资团队，提升整体实力。到目前为止，该团队承担国家级重点课题4项，省、厅各类课题16项，在国家一级核心刊物刊发文章6篇，二级核心刊物刊发文章28篇，三级核心刊物刊发文章8篇。

此外，课外文化素质教育活动是文化素质教育行之有效的载体。学校以弘扬人文精神和科学精神为宗旨，邀请学术界、文化界、教育界及企业界等知名专家，传承中国优秀传统文化的薪火，传播现代经济、政治、文化、社会发展的新思想，有针对性地开设传统文化讲坛、诗性文化讲坛、浙商文化讲坛、创新创业讲坛，营造良好的文化育人氛围。中国社会科学院哲学研究所研究员、著名哲学家周国平，上海市曙光学者、上海交通大学媒体与设计学院副院长、博士生导师刘士林，原浙江省政协副主席、浙江省交通厅厅长郭学焕，著名校园戏剧家、杭州师范大学中文系主任黄岳杰，浙江省青年书法家协会主席、浙江省书法家协会创作委员会主任汪永江，国家一级美术师、浙江美术馆副馆长尹舒拉，杭州市艺术品经营行业协会副会长、岳王艺术城总经理胡成敏，浙江省诗词学会副会长徐弘道，中国演讲学会副会长丁建明，国家一级美术师、文化部华夏文化遗产保护中心副秘书长杨留义等均来校讲学，不仅内容精彩纷呈，而且把脉学校的文化素质教育，给予高屋建瓴的指导。

（三）全方位的文化素质类课程建设

学校文化素质教育课程建设基本思路主要体现为“厚基础、宽口径、强能力、重素质”的技术品质与人文品质一体化的和谐职业人总体培养目标。在建设过程中，我们追求“一流的教学内容”，各门课程的教学内容始终保持科学性、先进性，充分体现“加强基础、注重应用、增强素质、培养能力”的教育原则，实施以知识点为模块，联系基础、拓展应用的构建模式。教学方法与手段方面，立足启发与互动，采用多样化教学方法和现代化教育手段，建造一个“网络化的教学环境、开放性的学习环境、数字化的资源环境、多样化的实践环境”，力求形成包含必修、限选、任选在内的科学与人文、经典与现代、专精与博雅统一的文化素质教育课程体系、相关的教材体系和师资团队。

首先，学校在课程结构上调整公共必修课和选修课配比，大大增加人文选修课的比例，开设知名院校网络选修课，为学生提供充分的学习机会，总学分控制在20%左右。课程主要包括：毛泽东思想和中国特色社会主义理论体系概论、思想道德修养与法律基础、形势与政策、军事理论与训练、高职体育、高职生心理健康指导、大学生职业发展与就业指导等。

通识选修课指为培养大学生的综合素质与基本技能而设置的课程，总学分控制在30%左右。通识选修课程分为计算机类、语文类、外语类、经济类、艺术类等，每类限选一门，具体各模块的学分由各专业根据人才培养需要具体确定。其中语文类包括大学语文、国学导读、影视鉴赏、经典诗文诵读、文学欣赏、应用写作等课程；外语类有日语、德语、韩语和英语课供学生选择；经济类有会计、投资与理财等；艺术类有中华茶艺、珠宝鉴赏、书法、中外美术鉴赏等课程。由学生自主选择的课程，可在全校开课的课程中选择，任意选修课的学分为8学分。同时，为推动在校学生进一步拓展专业领域，提升学生职业变迁和可持续发展能力，鼓励开设相近或相关专业模块选修课。

其次，学校充分运用互联网时代高校资源平台。引入知名大学公开课，使学生能够共享一流大学优秀的教学资源。这些课程涵盖面广，除涉及思想道德、人文素养、科技体育、职业生涯规划等方面外，还有不少涉及中国传统艺术与文化的课程如昆曲、敦煌艺术、中国古建筑、丝绸之路等。这些网络课程的选择和使用能够让学生在接受学校的教育之外，领略到名校教授的知识和风采。

最后，学校与下沙其他高校建立其合作关系，建立校际选修课程体系。校际选修课原则上应是各校特色课程或优秀课程，由责任心强、教学经验丰富、一般具有高级职称的教师担任主讲。为了保证校际选修课的质量，各校高度重视课程的选定和主讲教师的选拔，注意把特色课程与优秀师资结合起来。校际选修课拓宽了学生的视野，丰富了学生的知识面，使学生选课的范围变大，不仅可以根据自己的爱好选课，获得了更大的个性发展空间，还可以跨校学习，因而受到学生的广泛欢迎。

第二节　文化素质教育课程教学改革与创新

为进一步提高办学水平，培养职业技能与职业精神高度融合的技术技能型人才，围绕提高课堂教学质量的主要任务，以“和谐职业人”培养理念创新为先导，学校开展了一系列文化素质教育课程教学的改革与创新。课改以文化素质教育融入专业与课程等重大改革项目教学创新为主要抓手，以课堂教学方式创新为核心，以学校与企业大学（物产中大管理学院）双轨制协同共生的育人机制建设为保障，围绕“上好一堂课”，全面推进学校课堂教学效益，形成“教师乐教，学生乐学”的良好教学氛围。

高职院校的一大特征是理工类专业性强，适应不同专业的学生开展文化素质教育，必须认真选择和优化教学内容。教师需要依据教学目的和要求，在充分熟悉教材的基础上对教学内容进行更新、优化和整合，实现教学内容的最优化，以适应教学需要。优化后的教学内容可以起到升华教材的作用，有效地指导教学实践活动，有助于提高学生的学习效果。

一、对接岗位标准，优化课程设置

首先，对接职业标准和岗位规范，设计模块化教学内容。根据工作岗位流程和工作任务，围绕能力的递进与综合，针对学生学习规律合理设计构建教学内容的结构。加强课程组教学研讨交流活动，发挥企业兼职教师优势，补充最新的知识和添加鲜活的案例。

其次，加强对课程和教材的管理，促进课程、教材与生产实际紧密结合。鼓励教师深入行业企业一线，了解行业企业最新的应用成果，及时吸收行业发展的新理念、新技术、新工艺、新方法，更新课堂教学内容，完善、补充现有教材。推动校企合作共同开发一批优质课程和配套教材。

再次，对接职业标准、行业标准和岗位规范，校企共同修订完善课程标准。鼓励教师深入对接一线，解读职业标准、行业标准和岗位规范，持续优化基础理论课，增加实践教学比重，突出应用性和实践性，校企合作完善课程能力标准。

截至目前我们完成了省级示范校建设职业素质8门课程的提升、

深化工作。正式出版教材五本：《职场礼仪与沟通》《高职高专简明书法教程》《公关礼仪与口才》省级重点教材《人文素养与中华诗教》，校级重点教材《高职国文》。此外，完成“幸福人生”与“职业核心方法能力”等课程的课程标准、实施纲要、课件与内部教材的修订。

二、创新教学方式方法，激发学习兴趣

高职文化素质课程教学方法、手段创新直接关系到高职教学质量和教学效果。实践证明，在文化素质课程上采用传统的单一教学方法，已不能适应现代教育理念、教育目标、人才培养的要求，不能有效地调动高职学生学习的主动性和积极性。因此，必须寻找提高高职文化素质课程教学效果的有效途径，坚持教学方法、手段的创新。

其一，探索和创新信息化条件下的教学模式与教学方法。智能学习时代，优化教学方法手段势在必行。用好以慕课、微课、翻转课堂等为代表的资源和教学方法，推广教学过程与生产过程实时的视频互动教学，引导学生自主学习、泛在学习、移动学习、个性化学习，促进教与学、教与教、学与学的全面互动。推进综合实践项目化教学，遵循教育规律和人才成长规律，创新课堂教学方法，全面提升以“学生为主体，任务为导向”的综合实践项目化教学模式。倡导启发式、探究式、讨论式、参与式等教学方法，帮助学生学会学习。

其二，完善信息化教学资源平台，强化信息技术应用。在学校原有数字资源共享管理平台的基础上，构建以开放课程和个人学习空间双主线的学生网络学习社区，满足学生无处不在的学习要求，完成以教师为中心转变为以学生为中心的教学模式，为学生创造一个良好的自主学习环境。鼓励教师运用现代信息技术改造传统教学，推进视频互动、虚拟仿真等信息化教学。鼓励学生运用网络平台等现代信息手段开展自主学习。

其三，优化学业考核办法，加大过程考核比重。强化素质和能力培养的成绩评价导向，完善形成性评价与终结性评价相结合的学生评价办法，实行多元评价方式，引导学生全面发展。在进一步完善专业培养标准的基础上，分类制定课程教学质量标准和考核标准。增加课堂表现、平时测试、作业测评等成绩的比例，期末成绩占总成绩的比例逐渐降低至50%以下。加强学生作业管理，要求教师精心设计作业和及时批改作业。作业形式除常规作业之外，还应有课外讨论、社会调查等。修订《课程教学质量考核暂行办法》，鼓励采用闭卷、开卷、讨论、答辩、口试、读书报告、项目设计、调查报告、实践操作等多种形式的课堂考核方式。优化“二层三畴”的综合实践教学评价指标体系，推动行业企业参与人才培养质量的全程评价。

其四，设立多层次评价，注重教学效果评价。学校采用多层次教学评价，从一线任课教师实施多层次教学评价出发，充分发挥一线管理部门的监督作用，运用行业和社会专家的助力效用，真正激发出多层次教学评价对教学质量的提升功能，促进教学与学生发展，促进高职学生掌握专业技能，成为适应行业发展的专业人才。

其五，完善教学质量测评制度，优化学生评价、同行评价和督导评价相结合的教师评价体系。改革学生评教，引导学生对教师进行客观评价；健全同行评教制度，重在评价教学效果；落实二级督导评价，帮助指导教师成长与发展；优化教师教学业绩考核办法，把课堂教学创新成效和教研活动等纳入教师业绩考核评价之中。

三、提升教师素养，深化人文教育内涵

作为课程建设及课堂教学的最终实施者，教师的格局、眼界、素养决定了课程效果。如果教师未能将课程中的精神、理念、信仰做好融汇贯通工作及对学生实施潜移默化的影响，那么文化素质的教育可

能仅仅是被扯起的一面大旗，不能真正落实，也就事倍功半，甚至有可能功亏一篑。因此，学校在进行文化育人教学过程中，制订了相关的有利于通识教育课程综合化发展的制度。一方面，适应教学保障机制的有效性要求，完善课堂教学制度管理。教师与行政人员要对综合课程进行恰当的规划与合作，建立相应的教师培养计划。同时，文化素质类课程不可避免需要不同学科教师的协调沟通，要有相应完善的体制来激励教师搞好教学教改的积极性，消除学科界限，促进教师之间的沟通，让教师能对同一教学目标有着共同的认识和实现愿景。

另一方面，完善课程主讲教师、教师授课资格规定。对新开课建立预讲制和准入制，根据试讲评价情况确定是否可以开新课，严把教师开新课关。对新进教师进行入职导引教育、教育理论、教育教学能力和专业实践能力等方面的系统培训；同时按照一对一结对的方式建立导师制度，发挥老教师的传、帮、带作用。完善课堂听课评议办法，实行授课信息公开制度，将每门课的课程名称、授课教师、授课时间和地点在校园网上设专栏公开，欢迎校内外师生推门听课和视频听课。优化教师教研活动制度，推动教研室、课程教学团队等基层教学组织，围绕课堂教学创新中的重点、难点及关键问题，专题开展教研活动，每学期不少于5次。组织开展教研观摩活动。加强对基层教研活动的指导和考核，将教师教研活动纳入期中和期末教学检查，定期总结和通报开展情况。把课堂教学创新作为教师考核的重要内容，纳入教师职称评聘和岗位聘任之中，完善教师考核制度。开展优秀教学团队、教学名师、教坛新秀的培育和评比工作，多形式激励教师参与课堂教学创新。

第三节　文化素质教育课程建设拓展

建设拓展性课程有利于系统性的教育课程改革，真正将“立德树人”落到实处，既可以优化课程结构，同时也利于凸显学校办学特色，让学生根据自身兴趣来选择喜欢的综合实践项目，最大限度地培养学生适应未来职业需求及可持续发展能力。

一、文化素质教育课程综合实践

课程建设拓展的好坏是一个学校文化素质教育深化与否的关键。学校充分开展课程综合实践，让学生走向丰富的社会生活，尊重学生个性差异，充分发挥其主观能动性，将所学的思想素质教育及职业知识进行初步实践，并形成相关的项目成果，进一步拓展学生的文化素养。

（一）“中华赞”诗词创作大赛策划及实施项目

党的十八大明确提出“弘扬中华文化，建设中华民族共有精神家园”的要求。中华传统节日，凝结着中华民族的民族精神和民族情感，承载着中华民族的文化和思想精华。《国家“十一五”时期文化发展规划纲要》指出：“重视中华优秀传统文化教育和传统经典、技艺的传承。在社会教育中，广泛开展吟诵古典诗词、传习传统技艺等优秀传统文化普及活动，努力提高全民族的人文素养，树立良好社会风气。”

“中华赞”诗词创作大赛的策划与实施即以此为背景开展。项目以“我们的节日”为主题，分别以清明、端午、中秋和春节等传统节日为主题开展诗词创作活动。通过活动开展，弘扬中华优秀传统文化，了解中国传统节日的历史沿革和文化内涵，增强民族的凝聚力、自信心和自豪感。

诗词创作活动本身具备的多种功能，能够让学生们在创作实践过程中，在深切感受到中国古典诗词美感的同时，培养他们的想象力、审美能力和创造力，并起到陶冶品行、加强修养、砥砺情操、拓展视野等作用。在项目实施过程中，项目组的同学能主动、积极地参与。在共同策划及实施的过程中，学生的策划能力、组织能力、沟通能力等得到极大锻炼。对于参赛的同学来说，活动培养、提高了他们的创作能力与文字应用、感知能力。

（二）传统文化经典的现代应用调研项目

传统文化经典在现代日常生活中依然扮演着重要的作用。由于现代媒体的种种宣传影响，许多学生并未意识到传统经典的重要作用，甚至普遍认为传统经典是枯燥乏味的。因此，要进一步让学生深入了解传统文化经典的丰富性和生动性，就必须紧密结合现实，对传统文化经典的现代应用进行充分的调研。

项目在实施中需要学生结合传统文化经典的相关知识，深入了解其在现实中的应用情况，从理论与实践相结合的层面出发，判断相关理论在具体操作层面上的优缺点，并进一步在与相关人士的沟通过程中，对传统文化经典现代应用过程中存在的问题获得更为清晰的认识。项目以小组形式实施。每个小组成立后，小组负责人带领成员确定调研目标、调研主题及调研对象，对各自领域的传统文化经典的现代应用情况进行具体分析。在实际调查研究的基础上，完成调查研究报告撰写。

历年来学生选择实施的调研对象有西塘古建筑、浙江各地地名路标、杭派服饰、杭州市各大博物馆、各地特色小吃、乐清剪纸、浙江本土非物质文化遗产等，不少学生能够对其现状、优劣、可提升之处都进行清晰的表述，并且深受传统文化的熏陶。有的同学在总结中明确表示："我还明白了为什么要保留并学习传统文化。因为中国传统文化是数千年沉淀下来的精华，学习中国传统文化，一方面可以增加对历史的了解、对文化的了解，丰富自己的知识面，同时还可以培养民族自豪感和增加民族凝聚力。万物的发展都有相通之处，数千年的文化史，也是中国人数千年的思想和行为演变史，以史鉴今，可以提高我们的思想深度和广度。"

（三）社会特点问题调研课程综合实践

"社会热点问题调查研究"是思政教研室（现马克思主义学院）持续开展的课程综合实践项目。项目充分认识与尊重学生的主体地位，发挥学生主动开展研究性学习的积极性、创造性。项目结合"思想道德修养和法律基础"等课程，在选题方面坚持较大程度的开放性。由学生自由选择，从道德与法律两大方面着手，一般大学生关注的现实问题经过指导老师审核后，都可以作为学生项目研究的主题。《世界和平的对立——恐怖组织》《以抢购日本马桶盖观国民消费观》《该不该生二胎？》《百善孝为先》等相关作品成果充分体现了学生的独立思考能力和人文情怀。学生在教师的指导下，通过调研、分析与思考，形成对社会现实问题的正确认识和合理剖析，从而提高自身的综合素质和能力。

通过项目实施，将课程教学与学生素质提高及能力培养有机结合。由于选题有着明显的时政性、现实性，通过此类活动，能够使思想政治理论课程的教学实现理论教学与实践教学的有机结合，也让思想政治理论课的教学目标落到实处，有利于提升学生的思想政治素养、道德素养和法制素养；同时，这种方式更利于调动学生的学习积极性，在提高学生的职业认知水平和培养学生的职业核心能力方面也更具有实效性。项目的设计与开展采用多元化形式，包括情景剧、辩论、诗朗诵等，突出课堂教学趣味性和生动性。以PPT展示的新形式，充分调动参与小组的主观能动性，也让学生学会如何更加全面、正确地认识分析当今社会的复杂现象和现实矛盾，有利于提高学生的思想政治素养和政治鉴别力。学生将课外的实践调研情况以多种形式在课堂内展现，实现教学过程中学生能力本位的目标。学生通过自主研究，综合素质得到促进、提升与发展，使学生更好地体认环境、顺利步入社会。

二、高质量的文化素质教育课程教材建设

高质量的教材是教学质量的基本保证，学校严格规范教材的编写和采用，制订校级教材编写支持方案，积极推进新形态教材的申报和编写，不断提升文化素质教育教材建设的水平层次和竞争力。

（一）《人文素养与中华诗教》

《人文素养与中华诗教》由浙江经济职业技术学院院长邵庆祥主编，潘军、朱利萍、孔汝煌任副主编，浙江大学出版社于2011年12月出版，是“十一五”浙江省重点教材建设项目建设成果（图3-3-1）。教材希望通过视觉互动，帮助青年学子增进素养、提高素质，培养在精神方面有所作为，积极探索中国特色的文化素质教育之路。

教材在编写内容、编排体例上，充分考虑中国文化的本质特征、中国古典诗词的艺术特点、大学生的接受习惯和接受能力，凸显文化素质教育教材的编写理念。

一是将诗词教化与人文精神培育融合。从艺术特征而言，中国古典诗词具有最集中的主观情感以及音乐美、形象美和创造性。诗歌中表达了诗人对宇宙万物关怀的感情，或朋友情，或家国爱，或乡亲谊，或男女恋，或感悟生活，或流连山水，也表现了诗人的品格、修养和怀抱。当今社会，由于功利主义的影响，不少学生感情冷漠，消

图3-3-1

图3-3-1 《人文素养与中华诗教》封面

极处事。如何点燃职业院校学生的真情之火，让他们拒绝无情与冷漠，让世间充满爱心与感动，无疑是影响中华民族精神气质传承的迫切课题。教材编写初心就是要引导学生学诗、用诗、写诗，在与情打交道的过程中，逐渐内化为学生的情愫。用诗词中洋溢的追求真理的执着之情、用对祖国民族的忠贞之情、热爱祖国山河的豪迈之情教育学生，拨动学生的内心，进而注入其灵魂，渗透至其生命深处。学生未来将这种激情投入到工作和生活中，可以达到诗意生活、诗意工作的完美境界。

中国古典诗词还以强烈的音乐美而著称。诗词吟诵时或高昂或激愤或安闲或怡然，无一不渗透了吟诵者内在的生命气息，展示了生命的积极喷发，从而达到情绪的快乐或悲伤。中国古典诗词的音乐美更集中地体现在诗词格律的发展和运用，这种基于古汉字音律规律的形式美，经过诗人们大量的审美实践而积淀下来。因此，诗词鉴赏中藉由吟诵所带来的情感体验，也能使人达到一种悦性怡情的审美状态。欣赏和创作古典诗词，就是继承那些经过长期积累的优秀审美成果。

二是彰显高职学校中华诗教的特色。从大学生的审美接受效果来看，诗情文化资源最具有民族性和大众性。要想取得审美教育的良好效果，必须考虑学生成长的文化背景。具有民族性的资源，能够使受众产生亲切感，很容易让审美对象产生共鸣，进而提升审美情趣和审美能力。中国的诗词审美文化深深扎根于传统文化土壤，中国人把背诵唐诗宋词作为必要的启蒙教育，可见诗词文化与国人具有不可分割的联系。以诗词作为审美教育的载体，切合中国国情和文化传统，可以起到良好的效果。

教材选用优秀的诗词作品，为学生展现美好的生活途径，提供辨别真善美和假恶丑的标准，引发学生心灵深处的回应，从而激发学生的美感，陶冶他们的心灵，帮助他们形成正确的审美观。同时，诗词作品也凝聚着中华民族深厚的历史文化传统和民族情感，具有丰富的意象美、情感美和语言美。带领学生去体味这种美，也正是培养学生发现美、表现美和创造美的过程。培养学生敏锐而健康的美感和审美能力，使学生热爱美好的事物，并通过不断积累，逐步建立起健康的审美观念。

三是教材体例突出独特性。在教材的章节编排上，设计诗与人文素养、诗的艺术、古风和格律诗的鉴赏、词曲和新诗的鉴赏、诗的传承发展和教学五个部分，另外设置了附录，分别是《佩文诗韵》(平水韵)韵部表、《词林正韵》常用字表、《中华新韵(十四韵)》常用字表来帮助学生提升自己创作的能力。这样的编写主要是考虑到既要有诗的理论性学习，又要让学生明白诗歌与智慧、与美德、与创新、与民族精神之间的关系。以“诗与创新”为例，由钱学森答问与诗教创新、诗教创新的诗文化基因、诗与民族精神三部分组成。诗歌的创作是一种想象创意的旅行，作者可以插上想象的翅膀，进行天马行空的畅想。想象是诗歌创作的翅膀，也是鉴赏的触媒，教授和引导学生进行诗词创作和鉴赏有助于激发阅读者的想象力。同时诗歌创作中有很多是逆向思维，对联、诗词创作也是比较可行的一种思维训练的方式和方法。

(二)《大学语文》教材

《大学语文》由文化艺术学院教师方梅、卢巧琴主编，中国地质大学出版社于2011年出版，为高职高专“十二五”规划教材(图3-3-2)。

“大学语文”作为高职院校一门基础的文化素质教育课程，以培养学生的文化自觉、构建自主性学习与终身学习的理念为宗旨，既考虑到培育学生综合性民族文化素质和提高本国语文阅读与表述能力的共性，又照顾到各个专业的知识特点，注重为学生的专业学习打下坚实的语言文字和分析能力的基础。所以，高职院校的“大学语文”课

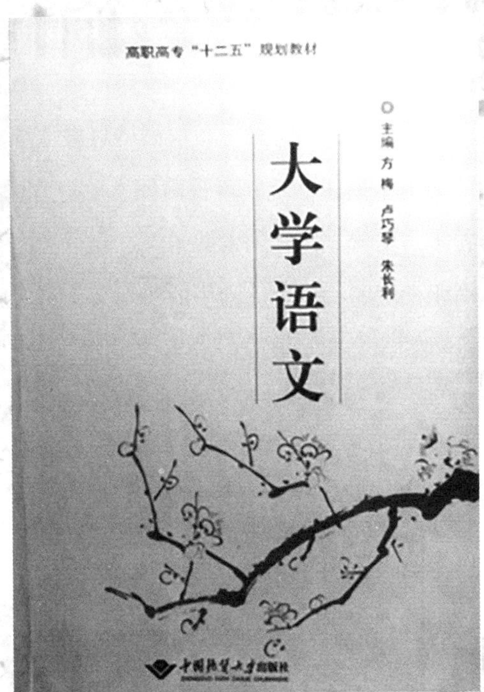

图 3-3-2

图 3-3-2 《大学语文》封面

程，涉及内容的历史性与受众的当代性两个维度，同时要与素质对话、与职业交流。

鉴于这样的考虑，教材试图打破传统的以文学时代发展顺序为章节的选编模式，重新审视高职素质教育的文化基础，将《大学语文》置于“文化立国”的大背景下，充分考虑高职学生的前续知识，结合高职学生的特点，以学生的实际文化需求为依据，将课程内容划分为“风雅之歌”“家国情怀”“婉约清丽”“豪放恢弘”“灵质相映”“以情为文”等14个小模块。选编的文章种类多样，不仅有“言志缘情之诗”“婉约豪放之词”，更有“艺苑奇葩之曲”“世情描摹之小说”等，力图以选文的丰富性，让学生获得思想启迪、道德熏陶、文学修养、审美陶冶、写作借鉴等多方面的综合效应，以满足、适应高职院校“大学精神”的塑造，促进高职学生个性人格的和谐发展。

教材的每个单元都有单元实训、知识链接和篇目推荐，单元实训中的议题，尽可能地引导学生从自己的日常生活中去发现语文，让学生从自己平时喜欢的某一点、某一面着手，再结合所学的语文知识，采取当代的形式来消解、应用语言文化。通过这种形式，将语言文化知识与学生生活联系起来，将理论与实践结合起来，重在引导学生去探索、发现，促进学生的思维训练，帮助学生知识、能力的迁移与创新。

如在“家国情怀”章节中，教材特别注重历史上对家国情怀书写的梳理：我国伟大诗人屈原在《九章·哀郢》中写到“狐死必首丘”，也就是说狐狸死时必将头朝向出生的山丘，兽尚且如此，人又何以堪？树高千尺也忘不了根，所谓“根”无疑是浓浓的家国情怀。自古以来，家国情怀永远都是人类心灵的寄托，精神的家园。一个人不管走到哪里，身在何方，思家念国之情都深埋于他的心中。古今中外多少文人墨客概莫例外，从《诗经》中的“黍离之悲”到屈原的家国情怀，从杜甫对家国前途命运的深深担忧到陆游报国无门的悲愤，再到文天祥的报国之心、亡国之痛，无不浸润着浓浓的爱国之情。现代作家中艾青的《我爱这土地》、于右任的《葬我于高山之上兮》与余光中的《乡愁》也都饱含对故国的深深眷恋和无比热爱。故国之思、乡土情结就像挥之不去的梦魇，深深根植于每个人的心中。无论走得多远，但总犹如风筝一样，有一根用眷眷爱心织成的线紧紧地握在母亲手中，令人魂牵梦绕、忧思难忘。让学生在相对乐于接受的氛围中真正体悟中国语言文化所蕴藉的无限内涵及其更为深刻的衍生意义，并逐渐积淀为一种潜伏于深层的学生文化心理结构，实现文化自觉，达成提升素质的目的。

（三）《职场礼仪与沟通》

《职场礼仪与沟通》由文化艺术学院教师斯静亚主编，是教育部“十二五”职业教育国家规划教材，由高等教育出版社2012年出版，2014年修订再版（图3-3-3）。

中国乃“文明古国，礼仪之邦”，历来十分重视遵循礼仪规范。“礼仪与沟通”是个人素质的基本组成部分。在社会主义市场经济不断发展的今天，人际交往越来越频繁，具有较强的人际交往能力往往是社会人取得成功的基本要求，也是现代人立足于社会并求得发展的重要条件。对于现代大学生来说，礼仪是体现在人际关系当中的涉及外表的穿着与交往、内在的沟通与情商的综合能力的体现，掌握了必要的礼仪知识和形成良好的个人行为习惯，对于他们今后步入职场起到至关重要的作用。

“礼仪与沟通”作为一门讲授人际交往技能的职业素养基础课，担负着提升学生职业素养、培养和谐职业人的重任。教材主要讲授如何在人际交往中遵守基本的礼仪规范，得体应对，礼貌交往，使学生走上社会后，能自信、自如、得体地进行人际沟通与交流，在交际层面实现由“准职业人”向“职业人”的过渡。

图3-3-3

图3-3-3 《职场礼仪与沟通》封面

教材在编写中紧扣高职教育特性，以项目导向、任务驱动为编写思路，根据真实的职场场景设置学习模块，以“准职业人”向“职业人”的成长为线索，根据现实生活交际中言行合一的特点，富有创见性地将礼仪表现与口语表达相融合，设置职场形象设计、职场日常交际、职场商务交际三大实训模块，并以课程综合能力的评价与实践的平台，设计课程综合实训模块。在具体编写上，以两位模拟准企业人的职场生涯为线索，以生活实际与职场实际为依据设计职场仿真式项目，以仿真式任务为驱动，以项目设定与分析—项目实施—项目实训为结构安排。另外书中附有大量图片，容观赏性与趣味性于一体，符合读图时代的编写要求。

教材秉承行动学习的理念，注重学生学习实践能力的培养，每个模块设计基于实际工作情境的实训项目，让学生在实际模拟的过程中，完成人生角色的最重大的转变。每个项目给出一个设计方案，由学生通过自主学习、团队合作等方式完成，项目的完成质量也直接由学生评判，以此增加学生的辨别能力和团队的沟通能力。

第四节　文化素质教育课程育人典型案例

长期以来，浙经院在课程建设方面，一直强调注重学生知识素养的提升，在开展课堂教学改革活动的同时，开展各种与之相配套的课外活动，强调“走出去、请进来”。针对不同专业的特性，设计了以诗词创作、书法、创意写作、设计等为主题的文化素质教育拓展课程模式，搭建学生文化素质养成及展示的平台，鼓励学生积极参与，施展自身才华，感悟文化底蕴，提升个人修养，取得了丰硕的成果。

一、一诗千改始心安：学生优秀诗词作品

中华传统文化中的诗词、书画瑰宝无数，高职校园更应该充分利用这种优势，让学生接受熏陶，提高对祖国文化的认知、认同，这也是进行社会主义核心价值观教育、理想信念教育的不二之选。

“诗可以兴，可以观，可以群，可以怨。”如何利用温柔敦厚的诗教形式来进行大学生人品修养、情感教育，成为关键的问题。意识到这一问题之后，学校在开设“诗词创作”等相关课程基础上，依托校园文化活动，开展诗词创作大赛。整体而言，学生对诗词创作非常感兴趣，整体意象高洁，意境优美。下面摘录以“钱塘江”为主题的部分优秀诗词作品。

《冬夜行钱塘江》

孙杰（P531315金融）

雾深霜重夜寒江，
月潜水长光影茫。
东阁不沾西郭雨，
轻舟直过到他乡。

《忆江南——最忆是杭州》

许世霞（P531115金融）

浙水掀潮涌，
西湖弄雨晴。
问君何所忆，
飞梦向杭城。

《钱塘忆》

黄洁（P111115文化）

昔日钱塘江上饮，

一尊清酒酹千诗。

星河梦起罗敷远，

曾为梅花醉几支。

《钱塘江夜行》

汪飘琳（P111115文化）

紫陌流丹动，

潮平霜色浓。

岸边人不见，

江月照还空。

《忆江南》

刘荣旭（P532115投资）

双飞燕，

满枝头。

春月凭风听雨事，

阑干闲看少年愁。

眉上画朱楼。

《杏园春·老街憩影》

林永杰（S601214信息）

青砖累瓦乌篷。

纤纤细柳扶风。

丝纹椅聚白头翁。

喜相逢。

溜光石碎陈年事，

琴声渐起还浓。

回廊歌曲绕西东。

夕阳红。

古诗词创作使得学校沉浸在祖国传统文化的神韵之中，学生感知古诗词的朗朗上口，思想中的包罗万象，如沐春风，自然陶醉在那一份美感之中，也是学生修身养性的良好途径。学生的文化素养在潜移默化中得到提升，校园充满了青春的生机与活力。

二、一花一世界：文学作品创作

汉语是中华民族文化所系之根，文学创作是以极富有语言魅力的方式来呈现新时代大学生的思想内涵，将他们所见所闻、所思所想诉诸笔尖，提高大学生的写作热情，展现高职生特有的人文思想与创新精神。为此，学校在每年的技能月活动中，特设了“创意写作”大赛环节，旨在鼓励学生进行文学创作，将“大学语文”“文学欣赏”“应用写作”等相关课程所学内容进行有效实践，提升学生的语言表达能力，增强未来的职业竞争力。

学生闽卓一直爱好阅读文学名著，是图书馆的常客，参加“创意写作”时展示了娴熟的文字功底，文风简练，用词准确干脆，开放式的结尾令人深思。之后，此学生多次参加各类文学创作大赛，获得诸多荣誉，如小说《三生有幸》荣获第十三届全国青少年冰心文学大赛大学组预赛一等奖，这是对他能力的认可，也是他今后在文学道路前行的动力。

传承

作者：闵卓

陈老汉是龙游县手艺倍儿棒的糖人匠，这不，五年前还被评为省非物质文化遗产传承人。

陈老汉早些年靠着这手艺活——“倒糖人儿”娶了十里八乡有名的美女，还生了四个崽儿，小日子别提有多美了。可是，近些年的生意不大景气，陈老汉走街串巷时围在他身旁的孩子越来越少了。看着担子里满满的糖人，陈老汉时常坐在台阶上望着夕阳叹气。

“真是人老了，干啥都不中用啦。”陈老汉扶着腰缓缓地向家的方向挪动，夕阳映红了他喘着粗气的半张脸。回家后，陈老汉大病一场，人们后来再见他时，他已经在轮椅上了。

人是闲着了，可心里总怪不是味儿。陈老汉心里琢磨着，自己一把岁数了，随时可能西去，可这老祖宗的手艺不能丢。不然，自己下去了，哪有脸面见列祖列宗呢？

陈老汉叫来兄妹四人说出了自己的想法，可四人支支吾吾半天也没说出个所以然来。最后，还是老大拍拍胸脯说：“我是家里的老大，我得继承爹的手艺。”陈老汉欣慰地笑了。

半月后，陈老汉去世，给兄妹四人留下了一笔遗产，还是因为老大，陈家才避免了一场纷争。

原来，老大把属于自己的那一份财产平分给了其他三人，自己只要了陈老汉留下的一个破箱子。

兄妹三人好奇箱子里的东西，趁老大不在，偷偷把箱子打开了，结果兄妹三人愣了好半晌后嚎啕大哭。箱子里装着什么呢？竟然装的是一些用蜡密封好的糖人，是他们兄妹四人小时候最喜欢的样式。

陈老汉去世没几天，人们发现在龙游县的街巷里多了四名糖人匠，手艺像极了当年的陈老汉。

（《传承》获得“游龙杯”2017全国闪小说大赛优秀奖）

物流管理本科班学生韩军擅长现代诗的创作，在繁重的学习任务之余用诗歌创作来抒发感情，不断地阅读和练习，写出了格调高雅、思想健康、意象丰富生动的诗歌。

《每天》

韩军

我竭力爱我所爱的一切
每一天，睁开惺忪的眼睛
每一天，黄昏升起时的屋子
每一天，看着黑夜中的繁星
一同旋转的我们
是我竭力爱着的一切
在眼神中肆意游走的
鱼儿，传出了点点话语

你是诗里走出来的温柔
在眼波流动中
惊动了小鹿

在这春天，我只想
携一缕黄昏，伴你安眠

两年来，已有两百多位学生参加了此项比赛，献出了自己优秀的作品，更有许多学生将写作的习惯坚持了下来。多读书、读好书、勤练笔、多写作已经成为学生的日常。学生在写作中疏解了情绪，提升了文化自信，拓展了逻辑思维，优化了表达，也营造了和谐、健康的校园文化环境。

三、闲敲棋子落灯花：艺术设计类课程综合实践作品

如何提升艺术设计专业学生的实际创作和创新能力，在传统美术学的基础上继续完善本专业的教育模式，提升学生所学知识的实用性、适用性，培养出现代社会发展需要的合格人才，是艺术设计专业必须面对的工作。因此，学校增大了艺术设计专业实践环节的比重，用作品代替原来文本性质的毕业论文，学生可根据实习单位的具体情况，来进行自主学习，发挥自己发现创意点、分析处理问题的能力，进而创造性地设计方案，将其付诸实践，培养和提升了学生的实践动手能力和社会适应力。

近年来，艺术设计专业以“角色”“追梦”“匠心”为主题进行了毕业设计展览，每年展览作品种类更丰富，形式更多样，与工艺技术结合更紧密。2018年的毕业设计展中包含了视觉传达方向、产品造型方向共60组作品，有品牌设计、包装设计、APP界面设计、小家电设计、家具设计、首饰设计、陶艺设计等。为体现展览主题所要传达的匠心精神，展览现场还精心策划举办了匠心主题系列体验活动，分为陶艺体验活动和书法体验活动，并在展览现场组织毕业生进行公开答辩。这些举措得到广大师生的肯定与认可。

学生袁施逸（指导教师吴石冷）非常关注当下手机界面更加便捷、简单的操作模式，如何将此设计得更有艺术感，成为她实习工作的主要内容。最终，她将“包罗万象”APP主题色彩定为黄白相间，黄色背景下的小象憨态可掬，操作界面尽可能地简单，极大地满足女性购物的需求，获得企业的好评及应用（图3-4-1）。

学生林婵（指导教师陈鹏）进入一家室内设计公司实习，在客户要求下，运用所学专业知识，装修设计的风格命名为“田园牧歌”，体现美好的田园气息，将许多大自然的因素融入，注重对材质、色彩的选择，客户置身其中，身心放松，尽情体会家的感觉。她在设计过

程中充分考虑到实用性和美观性的统一，得到了指导教师和实习公司的一致认可（图3-4-2）。

艺术设计专业是以培养复合型、高素质、创新型人才为目标，学校在此道路上进行不断探索，保证了教学质量，提升了学生走上工作岗位的职业能力。取得了阶段性的成果，学生毕业后的反馈更是给专业建设提供了正向反馈，为进一步完成创新型艺术人才培养奠定了基础。

作为高职院校文化素质教育积极的倡导者和先行者，学校始终用现代大学理念指导人才培养，坚持“通识”与“专业”并行，学问修养与人格修养并举，知识、能力与素质并重，将全面的素质教育和能力培养贯穿到人才培养的每个环节当中，使素质教育模块成为知识、能力、素质三者协调发展的共同基础平台。经过不断探索和实践，在校学生持续受到科学精神、人文精神和创新精神的熏陶，学生的科学和人文素养有所提高，视野得到开阔，思维更加活跃，创新能力增强，学生的综合素质普遍提高。在此基础上，学校将进一步以文化素质平台建设为契机，持续探索高职院校文化素质教育的新思路、新机制，努力开创高职文化素质教育新局面。

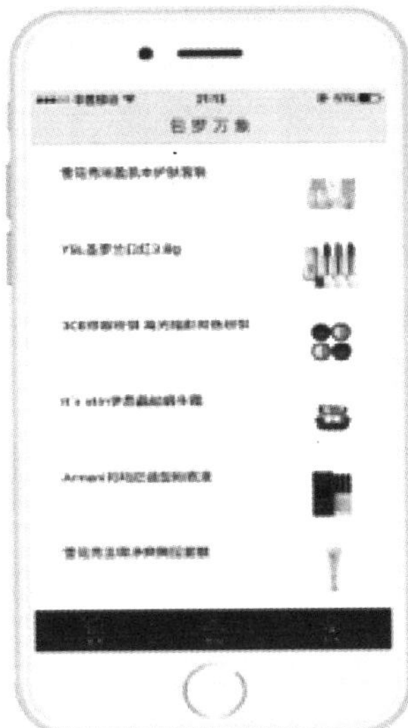

图3-4-1

图3-4-1 “包罗万象”APP主题设计

图3-4-2

图3-4-2 “田园牧歌”室内装修设计

第四章

术业真知俯仰间

——专业渗透细化

文化素质教育是专业课程教学中的应有之义。高职院校文化育人，在于以文化引领技术技能型人才培养转型升级，强调在突出学生职业技能培养的同时，强化学生思想与职业道德、人文与科学素养、审美与文化品位等综合素质的提高，以实现“立德树人”的教育根本任务。职业院校专业课程以传授科技知识为主，在专业课程中渗透文化素质教育，并充分挖掘专业文化中的育人元素，不仅能够使课程内涵丰富，更能够以优秀的专业文化营造浓厚的校园文化氛围，让学生在受到人文精神的感染与道德情操熏陶的同时，进一步成长为可持续发展的“和谐职业人”。

第一节　文化素质教育贯穿专业教育始终

1995年，原国家教委开始有计划、有组织地在52所高等学校开展加强大学生文化素质教育试点工作。1998年，教育部在总结试点院校经验的基础上制定了《关于加强大学生文化素质教育的若干意见》（教高司〔1998〕2号）。文件阐明了加强文化素质教育的重要意义，明确了文化素质教育的定位和内涵，提出“将文化素质教育贯穿于专业教育始终”是加强文化素质教育的途径与方式之一。对高职院校来说，一方面，专业能力和专业素质是学生服务社会的实际本领，也是学生素质的重要内容，专业教育是高职院校学生素质教育的重要组成部分；另一方面，专业教育与文化育人息息相关，相互渗透。专业教育不仅要培养学生的专业能力和专业素质，而且要培养学生良好的情感、态度和价值观，是高职院校实施文化育人的重要途径和载体。

文化素质教育渗透专业培养的全过程，体现在人才培养方案中，主要通过设置公共必修课、专业必修课和选修课三大类课程来具体实现。

公共必修课的设置，原则上规定27学分左右，约占总学分的20%。包括“毛泽东思想和中国特色社会主义理论体系概论”“思想道德修养与法律基础”“形势与政策”“军事理论与训练”“高职体育”“高职生心理健康指导”“大学生职业发展与就业指导”等素质教育类课程。

专业必修课设置，包含专业平台课和专业核心课两类课程，是融入企业文化的多层次专业课程。原则上，各专业必修课控制在40学分左右，约占总学分的31%。专业平台课是指专业群（大类）具有共通性、基础性的课程，为学习岗位核心能力课程或专业方向课程服务。隶属于同一个专业群（大类）的各专业原则上开设统一的专业平台课。专业核心课是培养学生的专业核心素质和能力，保证专业培养基本规格的课程。

选修课设置，由通识选修课、专业选修课和任意选修课三种类别组成。选修课总计63学分左右，约占总学分的48%。通识选修课程分为计算机类、语文类、外语类、经济类、艺术类等素质教育课程；任意选修课是指由学生自主选择的课程，可在全校开课的课程中选择；专业选修课是指为加强职业岗位综合能力培养而设置的课程。通过不同课程的选择与组合，形成促使学生实现个性化学习与发展的课程体系。以设置专业方向限选模块课程等形式，实现按照专业方向或就业方向培养，体现专业人才培养特色。课程综合实践、毕业综合实践结合专业或就业方向实施项目化教学，在项目实施中形成学生良好的职业能力、养成学生良好的职业素养。各专业课程综合实践第一至第三学期安排1 ~ 2周、第四学期安排2 ~ 4周，毕业综合实践第五学期安排3 ~ 10周左右，第六学期安排12 ~ 16周左右。

当前，学校正严格执行国务院发布的《国家职业教育改革实施方案》（国发〔2019〕4号），以“文化素质+职业技能”的考试招生办法为导向，进一步优化学分制人才培养方案，开足体育课、人文课、实践课，实现“着力培养高素质劳动者和技术技能人才”的职业教育目标。

第二节　文化素质教育融入专业教育的实践模式

自2009年起，学校开始实施综合实践项目教学，全面启动专业教育与文化素质教育相融合的系统育人模式，最终实现一体化项目课程。综合实践是根据学生就业或创业对应的企业职业岗位的工作任务及目标要求，运用所学专业知识及其他相关知识，在企业技术人员与学校专业教师的联合指导下，系统科学地选择解决实际问题的项目。项目要求完成规定的任务与目标，最后由企业技术人员与学校专业教师对项目及完成结果联合做出评价的系统实践教学过程。学校将文化素质教育融入专业教育的实践探索取得了明显的成效。2014年，“电子商务专业系统综合实践培养模式与协同创新机制”课题荣获教育部国家级教学成果奖一等奖（图4-2-1）。

一、专业教育与文化素质教育融合的理论思考

20世纪初以来，随着科技的发展和社会形态的转变，全世界范围内，对职业能力的认识经历了一个逐步演进和嬗变的过程。不同国家对职业能力的认识基本遵循一个共同的发展线索，即从“专项能

力”到“关键能力”再到“职业综合能力”的发展。职业综合能力是一种复杂的素质结构，是在一系列典型工作任务情境中表现出的知识、技能和态度的综合。这种素质结构与所在的工作情况或岗位角色有密切关系，并且通过个体在完成特定职业任务时才能表现出来。[1]

职业院校高素质技能型人才培养的课程目标是发展职业综合能力，即在真实的工作情境中整体化地解决综合性专业问题的能力和相应的技术思维能力。这就需要在人才培养过程中坚持以人为本，关注学生的职业成长，充分满足职业要求和学生个人发展需要，全面提升学生素质。[2]

职业教育作为一种教育类型，其课程设计不仅仅要反映企业的岗位需求，还要遵循学习规律，遵循人的职业成长和职业生涯发展规律。本耐（P. Benner）和德莱福斯（S. E. Dreyfus）研究发现，人的职业成长遵循“从初学者到专家”的逻辑发展规律（图4-2-2），其发展过程分为初学者、高级初学者、有能力者、熟练者和专家等5个阶段。

职业教育的任务是通过科学的方法，把学生从较低发展阶段顺序带入更高级的阶段，其过程是“从完成简单任务到完成复杂任务”的能力发展。只有找到合适的载体（如学习情境和学习任务），才可能有序、高效地实现这一发展过程。

项目课程作为理实一体化的课程类型，最早可以追溯到16世纪罗马圣路卡艺术与建筑学院的项目教学。在我国，项目教学是随着中外职业教育合作项目被引进的，职业院校大规模和自主试验推广项目课程始于21世纪初期。所谓项目课程，是指师生通过共同实施一个完整的“项目”工作需要进行的教学活动。项目是指以生产一件

[1] 陈鹏.职业能力观嬗变的社会逻辑及哲学溯源［J］.职业技术教育，2010（10）：10–15.

[2] 赵志群.职业教育工学结合一体化课程开发指南［M］.北京：清华大学出版社，2009：5.

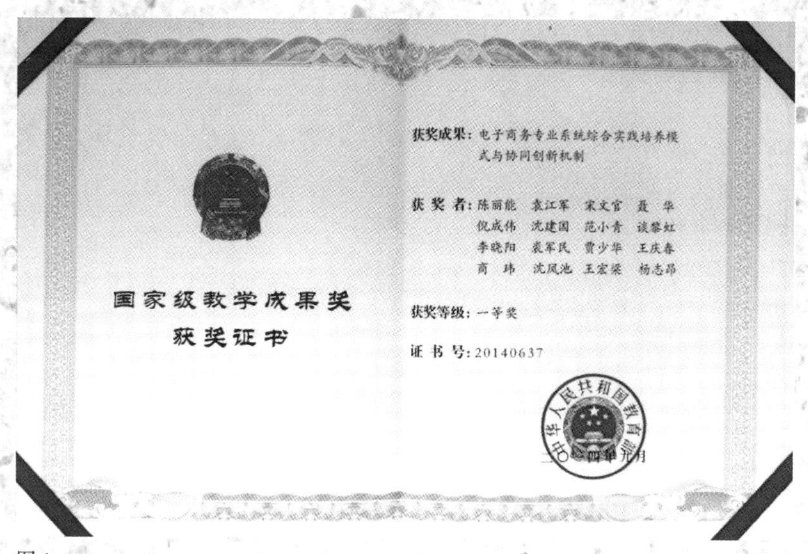

图4-2-1

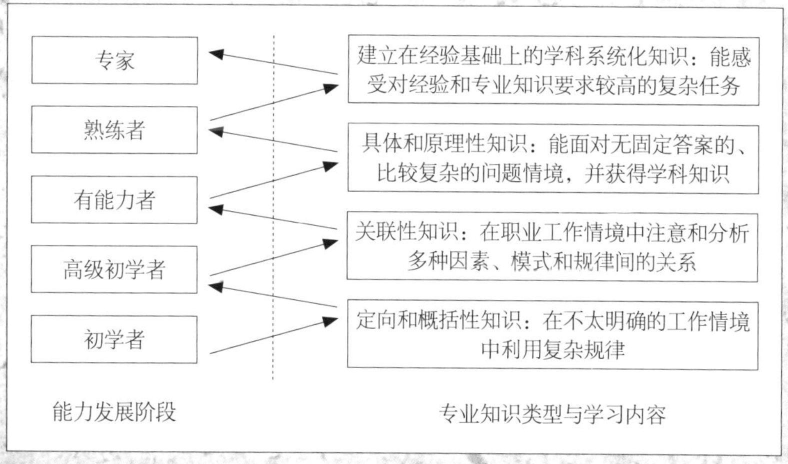

图4-2-2

图4-2-1 “电子商务专业系统综合实践培养模式与协同创新机制”课题荣获教育部国家级教学成果奖一等奖

图4-2-2 “从初学者到专家”的逻辑发展规律

（项）具体的、具有实际应用价值的产品（服务）为目的的任务。因此，在高职院校实施项目课程，符合职业院校人才培养目标，是高职学生职业能力和综合职业素质形成的主要途径，也是学生职业文化素质养成的重要途径。

二、以综合实践项目教学推进文化素质教育

学校综合实践项目教学的建设，主要以课程改革为先导，以基于校企合作的课程实践—课程综合实践—毕业综合实践教学为主线，以创新创业平台构建为基础，以项目为动力，以“学生主体、就业导向、企业参与、能力本位”为实施原则，以推进学生创业创新能力和综合素质的全面提高为目标，构建课内—课外、校内—校外、师生互动、校企互动的高等职业技术教育创新创业人才培养模式，为区域经济发展与产业升级培养合格人才。学校以综合实践项目教学推进文化素质教育的实践和探索主要分为五个层次。

第一，在综合实践项目管理文件和相关政策中渗透文化素质教育。项目实行校、分院二级管理体制，成立“技能创新类项目工作组”和项目专家委员会，全面负责制定综合实践项目管理文件和相关政策，落实经费、评价等工作。各二级学院是综合实践项目日常工作的具体实施部门，成立由二级学院院长任组长、专业主任、专业教师和专业相关企业人员等组成的创新创业综合实践项目指导小组（5 ~ 6人），负责制订二级学院综合实践项目工作实施细则，组织本部门综合实践项目的申报、评审、中期检查、结题答辩、成绩评定和经费使用管理等工作。实施细则、结题答辩、成绩评定等项目中必须有文化素质内容的考量。

第二，在项目指导（设计）中渗透文化素质教育。项目根据实施的内容及目标实行教师（学生）负责制。指导（设计）教师积极发挥

指导作用，项目设计注重体现文化素质内涵及对学生通用能力的综合培养。根据课题研究内容，分配给参与项目老师和学生任务，明确职责。项目指导（设计）教师原则上以企业兼职教师与有企业工作经历的学校“双师型”专业教师为主，企业兼职教师以技术技能的指导为主，校内教师主要承担组织、协调、管理职责。

第三，遵循能力递进、综合性和实际性三结合的设计原则，各项目之间形成能力递进的关系。本着“文化素质全程导入”的思想，按照“从简单到复杂，从基础到专业，从专项到综合”的能力递进原则来设计三年不同学期的综合实践项目（图4-2-3），建立不同年级和学期的综合实践项目库，体现与课程专项实践相对应的综合性。表现为对若干门课程的综合、对若干单项知识能力的整合养成。实践项目来源于企业实际，与企业职业岗位紧密结合，在内容、要求、方式上基于企业实际岗位与工作过程，体现职业综合素养。

第四，在“两层三畴”的评价体系（图4-2-4）中体现文化素质养成。两层，指学校与专业层面；三畴，指项目设计、项目实施、项目效果。建立贯穿综合实践项目开发、实施、管理和建设全过程的质量评价体系，在评价方式上必须体现文化素质养成，兼顾过程性和目标性评价；在评价主体上体现师生、企业、家长、督导和管理人员的多方参与。通过实践教学信息化管理平台，实现信息采集、状态监控、数据分析、在线评价和结果反馈，进行项目全过程管理。截至2018年底，全校共有102个公共项目，1 239个专业项目，合计1 341个项目。

第五，在专业技能竞赛中体现职业素养养成。学校开展一系列基于校企合作、全员参与的专业技能竞赛，将综合实践项目与专业技能竞赛项目有机融合，实现课、证、赛统一，引领专业教学改革与发展。每年开展主题技能文化月，分专业、分项目组织校级技能竞赛，评选“技能之星”。通过“以赛促训、以赛促教、以赛促学、以赛促

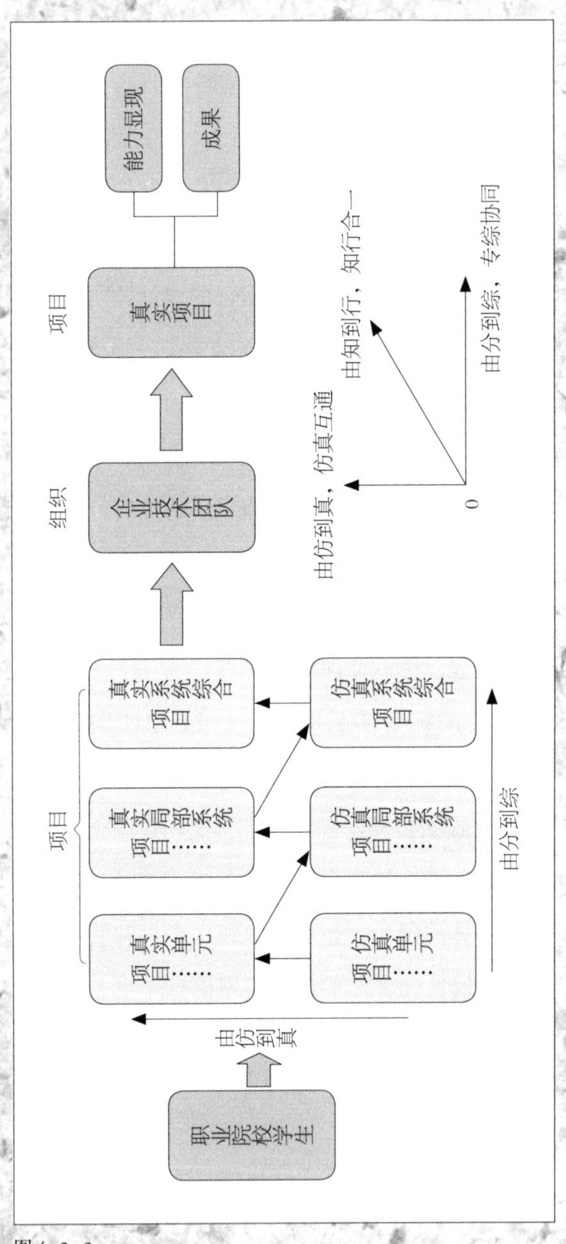

图4-2-3

图4-2-3 综合实践项目设计原则图

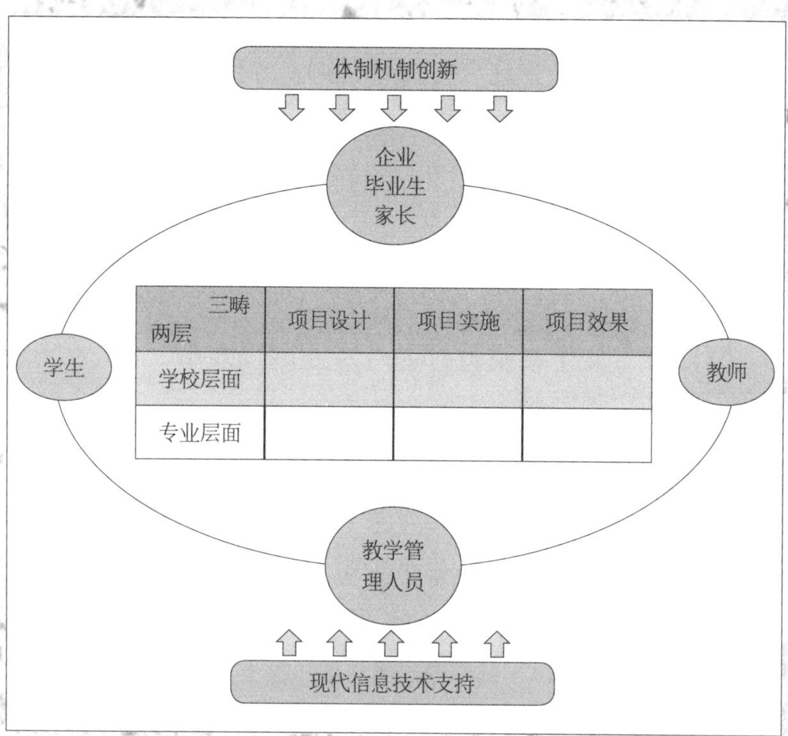

图4-2-4

图4-2-5

图4-2-4　系统综合实践项目“两层三畴”评价体系

图4-2-5　校企合作下的毕业综合实践答辩现场

改”，强化学生职业能力与职业素养培养，营造良好的实践育人氛围（图4-2-5）。同时，对技能竞赛进行立项管理，建立以参赛项目数量、规模和上年度获奖质量三要素相结合的激励机制，发挥二级学院在参赛组织中的积极性和主动性。

第三节　文化素质教育融入专业课程改革

学校一直坚持全面推行文化素质教育深度融入专业课程的改革，致力于形成文化素质教育渗透专业教学的教学体系。其建设思路是，在教学内容中融入职业态度、职业道德、职业精神等职业人文素养的知识；教学方法上积极引入职业经营管理者与专业技术人员为学生讲学或实践指导，培养学生的职业规范与良好的职业品质；教学评价上加大对文化素质教育的考核比重。通过教学内容、教学方法和教学评价等途径，引导学生形成正确的职业观、价值观，促进学生全面可持续发展，培养大批专能、通能与素质相协调、做人与做事相统一的现代“和谐职业人”。

一、文化素质教育融入专业课程的探索

教育的根本是立德树人，育人的本质是培养人格健全的人。中共中央国务院在《关于深化教育改革全面推进素质教育的决定》中要求：“高等教育要重视培养大学生的创造能力、实践能力和创业精神，普遍提高大学生的人文素养和科学素质。职业教育和成人教育要使学生在掌握必需的文化知识的同时，具有熟练的职业技能和适应职业变化的能力。”把人文素养和科学素质摆到重要位置，显示了大学生人文素养教育的必要性。同时，教育部在《关于加强高职高专教育人才

培养工作的意见》中也指出，“要将素质教育贯穿于高职高专教育人才培养工作的始终”，并强调“素质教育就是要使受教育者坚持学习科学文化与加强思想修养的统一”。

2011年，为深化文化素质教育融入专业教育，学校制订了《文化素质教育与专业教育相融合的实施意见(试行)》，明确深化课程内涵建设要求，将专业素养、职业能力、专业教育有机渗透融合。从文化素质教育融入专业、融入教材、融入课堂、融入实训、融入校园五个方面，构筑全方位、立体式的文化素质教育融入专业教育的实施体系。

第一，文化素质教育融入专业。要求各教育教学管理部门，各二级学院、专业课教师，在专业教育教学全过程中全面渗透文化素质教育。各教研室通过组织教研等活动，提炼彰显专业特色的人文精神，培育和推广专业文化品牌，探索体现专业性质的人文精神融入专业教学活动的具体实施路径和方法。学生在开展学习、应用、创新技术的活动中，在关注人本的教育教学活动中，达到科学精神与人文精神相融合，从而使学生的专业技术与人文素养协调发展。

第二，文化素质教育融入教材。要求各专业以课程改革为方向，重点开发整合以职业道德、职业意识、职业心理、职业精神等内容为核心的职业素养培育课程，开发专业与文化素质相结合的教材、基于专业属性的职业指导手册和职业素养手册等。注重开设富有学院和专业特色的文化素质实践课程，帮助学生了解掌握专业的发展历史、未来发展前沿等，既有利于人文知识的传授，又有利于学生快速融入本专业的人文环境。

第三，文化素质教育融入课堂。要求在探索课程改革的基础上，深化课程内涵建设，将专业素养、职业能力、专业教育有机渗透融合。教师在授课的过程中不仅要讲授专业知识，还要讲授彰显专业特色的人文精神，并在专业课教学过程中安排必要的课时、环节、内容等渗透文化素质教育。在课堂教学的整个过程中，培养学生良好的职业道德、职业习惯和职业操守。让学生在课堂上逐渐养成人文精神，然后再借助课外的隐性教育，使学生掌握更多的人文知识、提高自身的文化素质。

第四，文化素质教育融入实训。通过聘请企业技术骨干担任职业导师、实训教师，现场手把手指导教学，让学生正确认识技术与社会、与人的关系，在懂得技术服务于人的同时，更注重用人文精神传递专业技术。注重实训环境布置，体验职场文化，加强敬业诚信等教育，引导学生形成正确做人、端正做事的态度，从而全面提高学生的综合素质，实现学校素质教育与社会生产实践的无缝对接，满足企业单位对人才的综合素质要求。

第五，文化素质教育融入校园。要求将校园物质文化环境的建设纳入文化素质教育的总体规划当中，在校园环境的美化中体现文化素质教育和专业教育融合的理想诉求。在培育校园文化建设中关注人文精神的渗透，将企业对员工敬业专业、忠诚无价、人际关系、团队协作、努力工作、精益求精等方面的素质要求融入学校管理创新之中，进一步渗透企业成本理念、价值理念和绩效理念，从侧重学校物质层面人文教育和各类校园活动建设逐渐上升到组织文化、制度文化、教师文化、学生文化，将文化素质教育，特别是企业人文精神融入到校园的方方面面、时时刻刻，成为一种师生共同遵守和践行的日常行为。

二、文化素质教育融入专业课程的改革实践

（一）课程内容融入职业素养

高职院校培养人才的目的之一，就是要让学生在思想观念上做好走上职业岗位的一切准备。从往届的毕业生来看，对学生职业能力和职业技能的培养相对容易，而引导学生从一开始就树立正确的职业意

识与职业道德却比较困难。因此，在学科课堂教学环节设计上，教师要充分考虑企业文化要素，尤其是要把企业精神文化纳入课堂教学内容之中，使企业精神文化成为课堂教学的重要组成部分（图4–3–1）。

不仅如此，对学生进行职业道德和职业精神的教育，还要把爱岗敬业、艰苦奋斗、诚实守信、团结协作、遵纪守法等思想观念注入学生的价值观念中，帮助学生形成正确的职业观和良好的职业素养（图4–3–2）；让学生认识到提高企业核心竞争力对于一个企业的重要性，培养学生的竞争意识和创新意识（图4–3–3）；向学生输送企业的服务品牌意识，通过分析优秀案例让学生认识到成功的企业不仅胜在产品，更胜在服务，从而帮助学生树立“以顾客为中心，竭诚为顾客服务”的思想。

（二）组织编写、开发相关培训教材

学校组织编写财经类、管理类、物流类、商贸类、信息类、汽车类和文化类7大职业素养手册（图4–3–4），并与浙江物产集团合作开发了企业文化培训课程的教材。

（三）开展丰富多样的教学教研活动

教学是学校生存发展的生命线，课堂是学校质量提升的主战场。学校积极开展系列活动，优化课堂教学质量，培育提升教师的教学技能和职业素养，使文化素质教育深度融入教学过程和课堂氛围中。

加强专业教师文化素质教育培训的力度。通过讲座、交流等方式，提升教师人文素养。在校内开展教学技能研讨会和职业素质公开课（图4–3–5），以教师现场授课的方式展示如何深化专业教育渗透文化素质教育，全体教师进行讨论和学习。财会金融学院会计专业专任教师王荃、汽车技术学院专任教师汪洋就文化素质教育如何融入专业课程提出了自己的见解。她们认为首先要更新教学理念，引入能

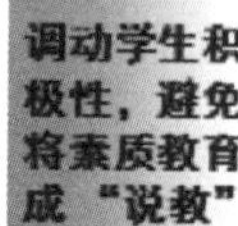

图4-3-1

商厦与少年宫的用地之争

上海的南京路被称为中华第一商业街，南京路西藏路口更是商业街的繁华地段，可谓寸土寸金。路口的一幢式样别致的楼房为黄浦区少年宫。20世纪80年代末，精明的商家欲让少年宫搬迁，并想将其改造为商厦。由此引起了当时的激烈争论。许多家长和一些社会人士以各种方式向有关部门及传媒表示反对意见，认为不能光为了追求经济效益而侵害少年的利益，不能让拜金主义毒害小孩的幼小心灵。而商家和其他社会人士则认为，在极具商业开发价值的寸土寸金之地，放着一个偌大的少年宫，是一种资源的浪费。少年宫搬迁到别处，丝毫不会影响少年宫的正常运转，而且新的少年宫可以更大、更好。

在激烈的争论中，少年宫还是搬迁了，离开了喧嚣嘈杂的商业中心。利用少年宫原址开张的“上海精品商厦”生意十分红火，其广告语“叩开名流之门，共度锦绣人生”一度成为上海滩最流行的广告语之一。该房地产的所有者也因此获得了丰厚的租金收入。当然，精品商厦后来因种种原因产生亏损，但这已是另外一个问题了。

图4-3-2

图4-3-1　在专业教育中渗透素质教育
图4-3-2　“商厦与少年宫的用地之争”案例

曲别针(回形针)有30 000种用途

1993年夏,世界创造学会研讨会上,日本专家村上幸雄说,请诸位动动脑筋,说出曲别针的各种用途,看谁说得多而奇特!与会者大约说了20来种。有位先生递条子说有3万种。其他人不信。第二天这位先生写上"曲别针用途求解",讲四字概括:勾、挂、别、联。要突破这种格局,创造性地讲出曲别针的千万种用途,可用信息坐标,形成信息反应场。把曲别针的物质信息分解成材质、重量、体积、长、截面、颜色、弹性、硬度、直边、弧10要素,把这些要素用直线连成信息坐标Y轴;再把曲别针的各种实践用途因素分解成数、字母、电、外文、磁等要素,连成信息坐标X轴。两者垂直相交,构成信息反应场。每轴上各点的信息依次与别轴上各点的信息相交合。奇迹产生:Y轴的"数"标与X轴上的"弧"的要素交合,曲别针可弯成1、2、3……等数字或A、B、C……等字母,也可变成+、-、×、÷等符号。Y轴"电"标与X轴"直边"或"弧"相交合,曲别针可用作导线或线圈,Y轴上的"磁"标与X轴上的"直边"要素相交合,曲别针可做成指南针等。

图4-3-3

图4-3-4

图4-3-3 "曲别针(回形针)有30 000种用途"案例

图4-3-4 职业素养手册

图4-3-5

图4-3-5　教学技能研讨会和职业素质公开课场景

力本位和可持续发展教育理念，从“教学内容”“教学设计”“课程考核”等环节训练学生掌握人文方法，突出人文素养的考核。同时，组织开展青年文化沙龙——“人文与专业相融的实践深化”主题活动，围绕“专业与人文相融的实践深化”这一主题，作专题研讨和交流，有效推动文化素质教育的实践。

教学技能竞赛注重对素质目标达成的考察。构建课程教学的三维目标（知识与技能、过程与方法、情感态度与价值观），通过举办教学设计大赛（图4-3-6）、教师说课比赛、微课比赛等，作为备战全国多媒体课件大赛、省青年教师技能竞赛的预备活动，研讨课程教学三维目标的实现途径，交流课程改革的成功经验，提高课堂教学效果。

每年举办教师说课比赛，提高任课教师的课程设计和教学能力，广泛交流各二级学院课程改革成功的经验，推进课堂教学改革。定期开展优秀教案评比活动，规范教案编写，提升人才培养质量；开展以“齐参与、强技能、展成果”等为主题的教学技能活动月，通过组织技能竞赛来展现职业教育成果，凸显职业教育特色，培养学生的技术创新意识及能力；鼓励和奖励教师参加校内校外各类技能竞赛（图4-3-7），提升职业技能，2016—2018年，学校专任教师在各类技能竞赛中获奖100余项。

（四）坚持和谐育人理念，深化课程思政改革

在文化素质教育庞大的教育体系中，相当多的文化素质教育课程具有思想政治教育功能。因此，提高高校思想政治教育的有效性，对于深化文化素质教育具有十分重要的理论意义和实践意义。对此，学校进行了重要的探索。

顶层设计，总体部署。学校以培养“专能精、通能强、素质高”的“和谐职业人”为目标，坚持“和谐育人”理念，完善升级系统综

图4-3-6

图4-3-7

图4-3-8

图4-3-6　教学设计大赛

图4-3-7　教师代表参加省第八届青年教师技能竞赛

图4-3-8　校级"课程思政"公开课现场

合实践教学平台和课余素质拓展平台，深化实践育人工程；系统挖掘并梳理各课程中蕴含的思政元素，强调隐性思政教育，切实将“教书”与“育人”工作相结合。制定印发《关于加强和改进思政工作实施方案》，有效发挥教务处、宣传部、学工部、思政教研部、二级学院等部门职能，建立“学校、二级学院、专业”三级立体化协同育人新机制，打造“全员育人共同体”。

项目驱动，深化改革。学校专门设立“课程思政”教学改革项目，一是梳理课程中的思政元素，深入挖掘提炼专业课程中所蕴含的职业道德、职业素养、职业精神、职业行为规范等德育元素和功能，优化“课程思政”教学内容和形式，提高“课程思政”的时效性，把价值观培育和塑造通过“基因式”融入课程；二是探索构建“课程思政”教学模式，将思政教育贯穿于教育教学全过程，将教书育人的内涵落实在课堂教学主渠道，让专业课程上出“思政味”，突出育人价值，让立德树人润物无声。

树立典型，示范引领。学校开展校、院两级“课程思政”公开课（图4-3-8）和“课程思政”论文比赛等活动，一是为了在教师中树立典型，发挥“优秀课堂”“优秀成果”的示范引领作用；二是为教师之间搭建交流的平台，增强教师之间的交流和学习，相互启迪，提升教师育德能力和育德意识，促进教书与育人相统一。

第四节　“一院一品”专业文化格局的形成及典型案例

随着高职教育从外延式发展向内涵式发展的转变，以往过分强调工具理性的观点已经不能适应高职教育的发展。“文化育人”为高职教育的内涵式发展提供了一个全新的视角，从注重培养学生技术技能转向注重职业能力与内在精神的有机结合，强调培养知识、技能、健全人格、科学世界观等全面发展的、具有职业迁移能力的人，从而达到工具理性与价值理性的有机融合。

作为高职内涵建设的核心，专业建设理当顺应这种转变需求，更新观念，转变思维方式，以推进教学改革的发展。每个专业都有自己独特的理念，专业理念来自对相应职业和行业的理性认识。专业文化作为内涵建设的核心价值观与行为准则的载体，以其独特的方式规范、指引、加强对课程体系、师资队伍、实训基地等研究与改革建设，将教育关注的焦点从单方面的技能扩展至行业的文化层面和学生个体职业生涯的整个历程。

2007年开始，学校启动“一院一品”的校园文化建设工程，以大力弘扬社会主义核心价值观为导向，遵循大学精神、办学理念、校训校风等校园文化，主动适应、吸纳行业文化，要求学生习得相应行业的历史、价值观、精神、信念、规范和道德，突出专业文化的价值引领功能。经过整体策划、精心培育，特邀评委和师生代表评审、学校党委审核，确定了一批浙经院校园文化品牌：车以载道·志在千里——汽车文化（汽车技术学院）；语汇中西·商通四海——主体文化（基础部）；亦儒亦商·致善致能——儒商文化（管理技术学院）；明理诚笃·财智人生——诚信文化（财会金融学院）；自由·交流·开源·共享——开源文化（信息与控制技术学院）；厚德载物·流通天下——流通文化（流通技术学院）；孕育阳光心灵和谐职业人生——心育文化（人文社科部）。

一、汽车文化：车以载道·志在千里

随着生活水平的提高，汽车大量进入中国家庭，也引领着校园的风尚，学考驾照、品评车型、参观车展……成为学生校园生活的一部分。面向社会，汽车是一种文化存在；面向大众，汽车是一种生活方式；面向校园，汽车是一种学习品质。作为高等职业院校沟通社会与学院、联结校园与企业的一种全新载体，汽车文化日益受到学生的欢迎。同时，作风严谨、引领时尚、勇于挑战、敢于超越等汽车文化品质也无不契合着当代高等职业院校的育人追求。

《易经·大有》曰："大车以载，有攸往，无咎。"即是说，大车材坚，能载重物。泛言之，比喻人有大才，能担重任。"心静思远，志在千里。"静以养心，动以求成，动静之间，思索、追寻、梦想、致远。结合汽车专业的传统文化内涵和当代意蕴，提炼出了汽车文化"严谨、时尚、挑战、超越"的关键词，旗帜鲜明地在全校师生中推广实施。

汽车文化"严谨、时尚、挑战、超越"等关键词，其理论内涵可以从如下角度加以阐释。"严谨立于心，注重学习品质养成"，严谨就是关爱。严谨源于细节，细节成就品质。高品质的汽车不仅要严谨的设计和制造，也要有严谨的服务。对沐浴汽车文化洗礼的职业人而言，严谨的学习态度是立学之本，更是发展之基。"时尚化于形，凸显审美意识培育"，时尚是汽车的天然元素。时尚动感，挥洒个性，演绎文化，是汽车的形象，更是汽车的性格。汽车，以时尚触动内心的感动，用潮流激发创造的潜能，满溢职业人深层的审美愉悦与归属感。"挑战兴于意，磨练学生创新思维。"挑战是汽车与生俱来的伴随者，技术攻关、建立沟通、开拓市场……汽车的各个领域，挑战无处不在。挑战，考验职业人的耐力、勇气，更考验智慧、意念。接受考验，敢于磨练，挑战自我，熔炼团队，职业精神在汽车人的不断探索中日益成就。"超越成于志，承载学生卓越梦想"，超越是汽车的梦想。汽车作为实现自由梦想生活的载体，承担着创新现代生活文明的使命。承载梦想，畅享生活，梦想的力量在校园积累，不断的追求、跨越，使校园成为驱动莘莘学子汽车梦想的地方。

（一）历寒暑以求成——从星星之火到蔚然成风

经院汽车文化萌芽于1998年。当年8月，汽院毕业生开始大举进入省内汽车销售行业，一年后部分毕业生年薪即达20万元，并在业内崭露头角。这一事件在学生中引起轰动，越来越多的学生渴望进入汽车行业就业。汽车协会应运而生，后来发展成为师生共同参与的汽车俱乐部，并成为连接企业与校园、汽车从业者与在校生、汽车与校园生活的桥梁，开展了一系列丰富多彩的汽车文化主题活动，使汽车文化的培育和推广有了组织依托。2000年，学校开设市场营销专业（汽车方向），并建成省级重点专业，汽车文化的培育和推广又有了专业依托。

2003年，学校提出在全校各系部开展各具特色的专业文化建设。汽车行业的迅猛发展和浓郁的汽车文化氛围催生了汽车应用系和汽车文化研究所，提炼了汽车文化“严谨、时尚、挑战、超越”等内涵，并在校内全面推广实施，开启了汽车文化理论研究之路。2005年，学校成为浙江省高职高专汽车专业协作组组长单位，汽车实训基地被列为中央财政支持项目，并成为“汽车维修技师”培育基地。此后，汽车文化长廊建成，并开展了一系列汽车文化品牌活动，汽车文化开始全面普及和推广。

2006年，学校与元通集团合作建立了元通快修下沙店，将知名汽车销售维修企业引入校园，使校园文化与企业文化结合。2007年，汽车应用系升格为汽车技术学院，并开始招收汽车模特专业学生。学院教师陈开考主编的《汽车文化》教材在全省部分高职推广使用，“汽车文化”成为省级精品课程，并成为校际选修课，受到学生的广泛欢迎。“汽车文化”主讲教师谈黎虹成为省级教学名师，汽车俱乐部的指导教师蒋璐璐被评为省级教坛新秀，汽车文化不断发挥其辐射效应。“浸润汽车文化，投身汽车行业，携手汽车之路”成为浙经院学生的时尚追求，汽车文化也在校园内蔚然成风。

经过近十年的努力与进取，从汽车协会的组建到汽车学院的成立，从最初的零零星星到如今的蔚然成风，在不断的经验总结中，我们感受到了汽车文化的星星之火日益燎原之势。

（二）沐风雨以自华——从技能立身到文化育人

教育部《关于全面提高高等职业教育教学质量的若干意见》指出，要切实提高学生的实践能力、创造能力、就业能力和创业能力，培养大批高素质的技能型人才。为此，我们从整体着眼，综合各方面的优势，促成汽车文化从技能立身向文化育人的转化，全面提升学生的职业品质。

一是借助教学和科研夯实汽车文化的理论基础。课堂教学，是汽车文化传播的主渠道。由汽车学院教授级高工陈开考老师面向全校学生开设的“汽车文化”课程，迄今为止共有2 500多名学生修学。陈开考老师的学评教成绩名列前茅，受到学生的认同，他主编的《汽车文化》教材目前已为20多所高职院校采用。谈黎虹教授开设的校际选修课“汽车文化”深受下沙高教园区大学生的欢迎和好评，2007年被评为省级精品课程。汽车相关专业的老师们有着强烈的事业心和奉献精神，团队凝聚力极强，为汽车文化的传播奠定了良好的理论基础。同时，汽车文化深深感染着汽车专业的教师，通过大家的努力和多年的积累，取得了一大批教学和科研成果，为省内同行所瞩目。近年来共承担省科技厅、教育厅和校级重点课题几十项，在国内核心刊物发表论文30余篇，出版专业教材12 本，汽车学院教师团队被评为省级优秀教学团队。

二是通过活动和竞赛提升汽车文化的内涵深度。学校不定期举办汽车技能比武、汽车标志设计大赛、汽车知识竞赛、汽车营销大赛等多种形式的技能竞赛，不仅吸引了汽车、物流等相关专业学生的积极参与，还有计算机、财会、营销、工商管理等十多个专业的同学参与其中，形成了浓厚的技能文化氛围，促进了汽车文化内涵的深化。在赛前赛后，学院通过网站、横幅、广告牌等形式，积极宣传典型、树立榜样，提升汽车技能竞赛在学生中的影响力，激发学生参与竞赛的热情，营造良好的竞赛氛围。以此为基础，树立了技能竞赛的典型——“技能之星”。在每年一届的“经院之星”评比中，“技能之星”作为学生中的最高荣誉，引导学生学习掌握汽车技术知识，激发创新热情，增强学生参与技能活动的积极性和自觉性，努力营造校园技能竞赛氛围。同时，汽院学生还在“亚龙杯”全省高等院校学生汽车修理职业技能大赛、浙江省首届高职高专院校“挑战杯”创新创业竞赛等学生技能竞赛活动中取得了喜人的成绩，有力地扩大了学校知名度。技能比赛的成功举办和各项成绩的取得，极大提升了广大同学参与技能竞赛的热情和专业学习的积极性，每年汽车相关专业的毕业生中，70%以上的同学获得了驾照，体现了汽车文化对广大同学的影响力。

依托社团与协会升华汽车文化的品质精神。1999年，学校成立了以学生为主体的学生社团——汽车协会，2003年组建师生共同参与的汽车俱乐部。汽车协会和汽车俱乐部每年举办汽车服务活动，服务内容包括汽车公司简介、汽车历史简介、汽车名人故事、经典车型推荐及经典汽车模型展示等。平均每年组织6次以上的校内汽车展销会，帮助师生就近选车购车。据不完全统计，校内自备车的教师中80%都是通过汽车协会或汽车俱乐部的推荐购买的。汽车协会与俱乐部还积极参与校外车展的服务工作，提升了参与活动学生的组织能力和服务意识。同时，根据企业委托和提供的经费，每年暑期开展以汽车市场调研、汽车购买力分析等为主题的社会服务，极大地提升了学生的实践能力和经营意识。

（三）开源流以通达——从载体搭建到品牌联动

开展以汽车文化为代表的专业文化建设并发挥其辐射功能，是学校营造专业文化良好氛围的创新举措。为实现汽车文化的辐射和服务的效应，专业搭建了多种载体，并大力打造了汽车文化的四大品牌活动。

载体搭建扩大汽车文化的有效覆盖。一是多样的文化活动载体。充分挖掘汽车文化资源，将汽车文化融入校园文化活动之中。在全院学生中开展“阅读一本汽车文化书籍、观看一部汽车文化影片、上好一堂汽车文化课、组织参观一次汽车展览、召开一次汽车安全教育大会”的“五个一活动”，让汽车文化走进了校园的每个学生。二是多样的文化物质载体。2007年，学院投入3万余元打造了“汽车文化长廊”。长廊重点介绍了经典的汽车款式、车型、车标、汽车名人的名言等，让学生随时都可以接受汽车文化的熏陶。同时，加强对现有相关汽车文化设施的利用改造，与汽车专业相关的教室、实训室、顶岗实习的产学实践基地，都把汽车文化阵地建设纳入规划。在汽车技术学院、物流技术学院办公用房周边，开辟汽车文化园地，增加汽车文化建设内容，传播汽车文化，实现了有效覆盖。三是多样的文化宣传载体。在做好文化活动载体和物质文化载体建设的同时，构建了报纸、文化墙、网络等多样的汽车文化宣传体系。定期出版的《汽车技术学院报》成为同学们了解汽车最新资讯的平台。汽车文化长廊、汽车文化园地的建设，使同学们可以通过直观的方式，真切地了解到汽车的构造和发展。2005年，学院利用自身产业背景优势，联合浙江省内外广大校友资源，建成了“浙江选车网”。该网站通过发布汽车市场的最新信息，使消费者足不出户就可以在网络上与百余家汽车4S店的销售顾问进行在线交流，在消费者中产生了较大的影响。

品牌联动提升汽车文化的辐射效应。一是学院定期举办“时尚·经典”汽车品牌推广会。每学期开展汽车品牌推广活动，由学生负责宣传讲解，让学生在学习了解汽车品牌的同时，接受励志教育。每一个汽车的标志都有它独特的内涵，不平凡的发展历程，艰苦创业的奋斗史等。例如劳尔斯·劳斯莱斯汽车的标志图案采用两个“R”

重叠在一起，象征着你中有我，我中有你，体现了两者融洽及和谐的关系；宝马标志中间的蓝白相间图案，代表其在广阔的时空中，以先进的精湛技术、最新的观念，满足顾客的最大愿望，反映了公司蓬勃向上的气势和日新月异的新面貌。二是学院定期开展“青春·风采”汽车模特大赛。每年的汽车模特大赛，各专业学生报名踊跃，并将他们对不同品牌汽车的理解通过着装、表情、肢体语言表现出来，展示了他们青春、自信，引领时尚的风采。汽车模特专业的陈璐、孙盼顺利晋级2008年国际旅游小姐杭州赛区的决赛。2008年6月汽车模特专业的学生积极参与康桥汽车文化广场的车展活动，赢得主办方的好评。三是组织举办“风云·车坛”汽车文化讲坛。定期邀请汽车行业的专家和名人为学生举办系列讲座，全面阐述汽车行业的发展、从事该行业应该具备的职业素养，以及个人的创业经历和成功感悟。浙江省汽车行业的著名企业家，如浙江元通集团公司董事长隋剑光、浙江康桥汽车集团副总裁陈伟民、澳德巴克斯汽车用品公司总经理宣骏、杭州长运集团有限公司维修公司总经理金柏正等均在我校成功开讲，有效地拓宽了在校学生的视野。四是开展“挑战·自我”汽车技能比武活动。每年举办汽车技能比武大赛，包括汽车维修、汽车驾驶、汽车营销等版块，该技能比武是学生检验自身掌握专业实践技能水平最好、最直接的方式，参与的学生都高度重视，选拔出的技能比武选手在全省大学生技能竞赛中多次获得一等奖。

（四）车载道以千里——引领和谐育人促进校企融合

通过全校师生多年的努力，汽车文化在学校范围内得到有效推广，并产生了越来越积极的影响，收获了丰硕的果实，主要体现在以下几个方面：

首先，营造和谐育人的良好氛围。近年来，持续开展融通课堂与课余、渗透专业与课程的全方位的文化素质教育，并提出了响亮的育人口号，即以浓厚的人文精神与现代科技对话，以自信的民族传统与西方文化对话，以高远的大学文化与社会生活对话，以广阔的知识视野与专业体系对话。汽车文化以其经典与时尚并存、典型与普及并重的特点，在校园专业文化建设中脱颖而出，成为其中鲜明的代表，并发挥着辐射功能，在校内营造了和谐育人的校园文化氛围。2005年，根据新形势下高职教育发展的新特点和育人工作的新要求，学校确立了“学生主体、就业导向、企业参与、能力本位、素质同步”的人才培养思路。通过企业的参与，充分调动学生学习的主动性与积极性，全面培养学生能力和素质的和谐发展。近年来，毕业生一次就业率达97%以上，文理科录取分数线均名列我省同类院校前茅，充分体现了经院学生良好的职业能力和职业品质。

其次，推动校企合作的持续发展。校企合作、工学结合是高等职业教育的办学方向。汽车文化感召学生进入汽车行业，行业资源推动了产学融合的持续发展。感同身受的汽车文化浸润，使越来越多的毕业生进入了汽车行业。目前，在杭州市90%以上的汽车4S店均有经院毕业的校友，这一得天独厚的优势，为产学合作的开展打下了良好的基础。

以此为推动，学校采取“走出去、请进来”的方式与浙江物产元通集团等行业引领性企业共建生产实训基地，积极构建“生产实训—顶岗实习”贯通的产业学院基地模式。重点建设了产业学院物流基地、产业学院汽车与物流机械服务基地等校内外一体化基地，与浙江物产元通集团合作在校内建立了元通快修下沙店，将知名汽车销售维修企业引入校园。目前，建有中央财政专项支持职业教育实训基地2个、国家高职高专学生实训基地1个、教育部LUPA实训基地1个。2007年，时任浙江省委书记赵洪祝、省长吕祖善一行考察浙江物产杭州物流基地，并亲切看望了正在顶岗实习的学生，对学校的产业学院模式给予了充分肯定。

第三，社会认可程度不断提高。应届毕业生受到汽车行业的普遍认可。近年来，“到经济职院挑选汽车人才”已经成为汽车企业之间口耳相传的一句流行语。据不完全统计，汽车专业学生从事本专业工作的达到85%以上，专业就业率非常高。非汽车专业的毕业生，受校园内汽车文化的熏陶和影响，也比较容易适应汽车产业链上相关岗位的工作。如财会、金融专业的学生从事汽车信贷工作；工商企业管理、文秘专业的学生从事汽车行业市场管理等。目前，浙江省内经销的汽车品牌中100%有我们学生在经营。另一项统计表明，有许多校友已成为企业中高层管理人员，如在浙江省内最大汽车经销商浙江物产元通集团担任部门经理以上的校友达120多人，子公司总经理级的达50多人。

近年来，学校开展了以汽车文化为代表的专业文化建设，并发挥其辐射功能，在校内营造了专业文化育和谐职业人的良好氛围，延伸了校园文化的载体和内涵，拓展了校园文化的教育效果。学校充分依托浙江物产元通集团、浙江康桥汽车工贸集团等省内汽车销售服务的龙头企业，积聚成千上万从事汽车制造、销售、维修等业务的校友资源，积极探索和实践汽车文化育人之路，取得了阶段性成果。概括来讲，就是“七八九十”，即：70%的汽车相关专业学生毕业时拿到驾照，80%的学生参加过学校组织的汽车文化活动，90%的杭州市汽车4S店有我们的学生，100%的省内经销汽车品牌中有我们的学生在经销、维修和管理。

文化认同又引领着汽车文化的不断创新。从汽车技术学院单设建制，汽车驾校、维修厂开办，到校园内汽车文化活动蓬勃开展，在汽车行业就业的毕业生得到社会的广泛好评。汽车文化“严谨、时尚、挑战、超越”的丰富内涵，始终激励着在校学生严谨求学、苦练技能、追求时尚，鞭策着毕业生迎接挑战、超越自我、再创辉煌，表现出汽车文化的日益多样，实现了文化影响的不断扩大，推动了汽车专业文化的不断创新。

二、诚信文化：明理诚笃·财智人生

诸葛亮在《诫子书》中曾写道："夫君子之行，静以修身，俭以养德，非淡泊无以明志，非宁静无以致远。"即是说，以静思反省提高自己的修养，以节俭的生活培养其品德；不清心寡欲就不能明确自己的志向，不宁静安稳就不能达到远大的目标。"修身"是指培养良好的道德品质和行为习惯。财会金融学院"文明修身"德育实践体验示范工程就是倡导"修身"的成功道德实践典型。该工程把科学、人文、创新、诚信精神紧密结合，将专业教学活动与课余实践活动有机结合，重点培养学生的道德品质、创新精神和实践能力，发挥校园文化的育人作用。

财会金融学院诚信文化的总体培养目标是"静以修身，俭以养德，明理诚笃，财智人生"，核心要求是"正行明德，格物求志，外树形象，内化素质，明理诚笃，财智人生"。其主要内涵是：遵守社会公德，养成文明高雅的个人品质和行为规范；培养良好学风，引导学生把全部精力投入到学习中来；正视异性交往，建立正确的爱情观、家庭观和幸福观；强化心理素质，正确处理日常生活中遇到的各种危机；关心母校发展，增强全体学生的爱校意识和大局观念；涵养民族文化，激发民族自信心、自豪感和爱国热情；认清时代要求，培育与时俱进的现代素质和创新品质，构建了培养高职学生核心价值观的实践体系。

至今，"文明修身"已走过了十余年的历程，从最初的"小试牛刀"，到目前已经完全具备丰富的形式、完整的内容和成熟的体系。"明理诚笃、以德立世、陶冶情操、净化灵魂、健康心态、财智人生"已经渗透在学院各项建设领域之中，它对于培养学生良好的思想政治素质、基本文明素质、专业实践能力、人文素养及职业规划与指导都起到了积极、有效的作用，获得了校内外的多方认可。十余年间，财会金融学院学生中有两百余人次在市级、省级乃至国家的各类竞赛中频频获得奖项，范围辐射到各个专业以及体育、文学、文艺的各个层面。有90%以上的用人单位认为该学院的学生专业知识扎实，实践操作能力较强，有良好的职业道德和主人翁意识，团体协作能力较强等。

（一）十年磨一剑，砺得梅花香——理念与思路

基础文明是校园文明的最基本要素，是一个学校文化底蕴的最基本表现，也是学生综合素质的最基本构成。文明修身工程正式启动于2002年底，它在总结中华民族“修身立世”经验的基础上，把“讲文明、树新风、争奉献、见行动”的理论与实践相结合，进一步扩大精神文明建设成效。充分发挥学生的主体意识，以社会公德、传统美德、行为规范、职业道德教育为核心内容，通过“基础文明篇”“爱国爱校篇”“志愿服务篇”系列活动，着力培养学生良好的思想政治素质和基本文明素质。

此外，“学高为师，身正为范”，学院一向重视教师自身素质的塑造与培养，以教师的行为影响学生，最终达到“润物细无声”的效果。通过“团队建设篇”“教师修身篇”系列活动，重点培养学生的创新精神、实践和团队协作能力，以及良好的职业道德和主人翁意识，发挥校园文化的育人作用。

同时，学院以传统文化为抓手，构建形成“一体”“二极”“三阶”“四场”“五德”的培养高职学生核心价值观的实践体系。“一体”指传统的“君子”对接现代的“和谐职业人”；“二极”指做人做事、身心内外的和谐；“三阶”指学生、干部、党员的不同要求；“四场”指课堂、寝室、公共场所、职场的行为规范；“五德”指根据传统文化的内涵和高职教育的特点，凝练“感恩、诚信、敬业、协同、创新”五个核心价值观。通过构建体系，形成具体的实施方案。

（二）潜虬媚幽姿，飞鸿响远音——过程与方法

为了加强对财会金融学院学生的基础文明教育，引导学生树立正确的人生观、价值观，促进学生形成文明向上的学习生活习惯、诚信合作的人际关系、自立自强的个性品质和坚定崇高的理想信念，不断提高学生自身素质和道德修养，推进校园文明及和谐校园建设，财会金融学院结合学校实际情况，制订了一系列的方案，具体的实施分五个篇章，即“基础文明篇”“爱国爱校篇”“团队建设篇”“志愿服务篇”“教师修身篇”。

基础文明篇。“文明修身工程”启动伊始，学校先将着眼点放到了基础文明的教育上，组织开展了多样活动。比如，围绕礼仪礼节、立身处事、职业道德等主题开展的文明修身主题班会；邀请专家教授进行人文讲座；师生共同参与的文明修身演讲比赛，从不同角度来表述“争做文明人”的决心；“观看百家讲坛”活动、诚信教育活动、学生干部、党员培训等活动，从小到大将基础文明、修身理念影响到每一位学子。同时积极倡导核心价值观和人文精神，教做人求知之法，悟成才大爱之道，取得了显著的效果。

爱国爱校篇。在“文明修身”工程中，爱国爱校是极为重要的一块内容。财会金融学院一直坚持在全体学生中分阶段、分步骤、分层次开展以“爱国爱校”为主题的系列教育活动。进行班级风采建设活动，从小团体到大整体来夯实基层管理；开展解读政府工作报告、升旗仪式等传统活动，让当代大学生关注政府活动，激发爱国热情；清明组织党员、学生干部去烈士陵园扫墓；红五月唱响红歌的革命歌曲大合唱比赛等，以实践活动为载体，引导学生热爱祖国；认识院领导和学唱院歌活动让学生在进校之后很快能融入学校当中，积极投身学习和工作中，培养学生对学校的认同感和归宿感。

团队建设篇。在财会金融学院这个团队中，无论老师还是学生，每一个个体都是团队前进和发展的重要动力。建设一个团结、创新、

奋进的团队，可使学院外树团队榜样模范，内聚成员默契情感。通过分院运动会、篮球赛、各类技能竞赛、金融专业信用卡展业等活动加强团队建设。这些活动使老师和学生彼此交流、教学相长，增强了团队向心力、凝聚力和个人的参与感，实现能力和人际关系的双丰收。

志愿服务篇。学院在文明修身工程活动的整体安排下，以“志愿服务”精神为指引，积极开展九堡敬老院服务基地、西博会车展服务、义务献血活动、爱心捐款、清除“课桌文化”等形式多样、内容丰富的志愿服务活动，进一步锻炼了志愿者队伍，深化了志愿服务意识，大力弘扬“奉献、友爱、互助、进步”的志愿精神，践行志愿服务理念。

教师修身篇。作为人民教师，不仅要有广博的知识，更要有高尚的道德。学院为了进一步增强教职工文明道德意识，提高教师队伍自身修养，形成良好的教风、学风，营造优良的育人环境，树立良好的风范和形象，在教职员工中开展了一系列文明修身活动。如教职工师德师风讨论会和演讲比赛、素质教育融入专业课教学讨论会、优秀班主任评比活动、教职工建言献策和总结交流评比大会，以及组织党员教师参观沙家浜革命根据地等，激发了教师们工作的积极性和创造性，并带动大家树立积极向上的生活态度以及不断进取的工作作风，用实际行动唱响修身敬业之歌。

（三）时有落花至，远随流水芳——经验与成效

经过十余年的实践和发展，财会金融学院的“文明修身工程”已发展为人气旺、美誉度高、影响深远的校园文化建设品牌。通过全院师生多年的努力，从搭建平台到品牌联动，一个个从“文明修身工程”中孕育涌现出来的精品，极大地丰富了学生的课外生活，并产生了积极的影响，收获了丰硕的果实。

“文明修身课堂”累计已举行各类讲座几十场，一大批专家学

者、政府官员、知名企业老总纷纷走进“修身课堂”授课，参与学生近2万人次，在学生中享有极高的知名度，深受广大学生欢迎。同时，“文明修身工程”也引起杭城同类院校的关注，财会金融学院网站、学校电视台、《浙经院报》等对外做了跟踪报道。此外来自北京、江苏的学校在与学院交流、取经时，也对“文明修身工程”表示了极大的赞誉和认同。经过多年努力，财会金融学院毕业生受到会计、金融、保险等行业的普遍认可，近年来“到浙经院挑选财经人才”已经成为相关行业之间口耳相传的一句流行语。同时，财会金融学院三次被评为“中共浙江物产集团委员会先进基层党组织”，2006年被中共浙江省委教育工委授予“浙江省高校先进基层党组织”光荣称号。

三、儒商文化：亦儒亦商·致善致能

中国传统文化里，“儒”泛称有文化有道德的人；“商”即商务，包括一切实业。在儒家价值文化基本精神的熏陶和培育下，文化之“儒”与经贸之“商”有机结合，出现了儒商。从孔子时代的子贡，明清之际的晋商、徽商到当代中国改革开放的成就，以及“亚洲四小龙”为代表的东亚经济的崛起，儒家的“经世致用”哲学在经济领域的成功运用，形成了源远流长的儒商文化。

管理技术学院在学校整体校园文化氛围的熏陶和启示下，积极引进传统“儒商文化”，充分挖掘现代儒商文化强调的为商以德、诚信为本；获利有度、竞争有义；和善待客、利泽长流；成就精神、担当精神等丰富的文化内涵，结合应用型商科人才文化素质所需的元素，以“正德、致善、勤学、致能”的院训为指导，提出“亦儒亦商致善致能”的文化建设目标，使得专业文化既不失中华传统的灵魂，又兼得经济商贸特色，文化积淀深厚，时代气息浓重，富有渗透力和感染力。

管理技术学院结合传统儒商的智慧，结合现代元素，将“亦儒亦商，打造德、智、情三位一体的应用型商科人才”作为儒商文化融入专业文化内涵的目标。通过儒商文化的熏陶和感染，使学生既充满优秀传统文化的烙印，又有和时代发展相适应的道德水平和文化素质；不仅具备商人的务实和精明，同时兼备文人的历史使命和责任感，体现着儒家理想人格的魅力；懂得市场经济的运行规则，具备驾驭市场变化的能力，具有强烈的创新意识和超前的预见能力，坚定的原则性和灵活的策略性；恪守做人第一、经商第二的准则，养成创新求实、豁达明快，厚重沉稳、精明干练的作风。具体思路主要包括如下几个方面。

正德厚生，臻于至善，以现代儒商的理想人格感染学生。“正德厚生”，即培养学生对自我的最高要求，对自身严格的责任意识。儒家将“格物、致知、诚意、正心、修身、齐家、治国、平天下”作为一个完备的过程，把“立德、立功、立言”看成是一个人不断入世追求和进取的目标。“臻于至善”，是一种永不止息、创新超越的进取状态和对完美境界孜孜不倦的追求精神。“天行健，君子以自强不息。”提倡自强不息的进取精神、勇于探索的开拓精神、务实求真的科学精神，以及锲而不舍的进取精神。这些都是培养应用型商科人才文化道德的重要资源。

启智化能，臻尚至美，以现代儒商的经商智慧启迪学生。儒商之道追求“内圣外王”之道。即企业在经营理念中渗透融会中国传统文化智慧的人文力量，以及圆融高妙的谋略之道、理政之道、用人之道和营销之道。“智”作为现代儒商的要素，主要包括知识、能力和智慧三项。在知识上，要求学生学习现代儒商，不仅具备渊博的现代科学知识，还要具备合理的知识结构；既要精通自己的专业知识，成为专家，具有知识深度，又要尽可能地掌握与本专业有关的其他知识，具有知识广度，成长为应用型人才。在能力上，要求学生学习现代儒商具备的各种社会实践能力，包括培养观察能力、分析判断能力、经营决策能力、组织管理能力、协调人际关系能力，以及创新能力和预测能力等。在智慧上，要求学生学会现代儒商应具备的理性哲学思维方式，树立战略思维、创新思维和辩证思维。

怡情养性，臻于至真，以现代儒商的经商精神陶冶学生。儒商经商追求博学儒雅，淡泊宁静，讲信修睦，亦文亦商，乐在其中，以商养儒，以儒促商。具体体现为稳健求实的办事作风、亦贾亦儒的生活方式、沉迷洒脱的诗心境界和君子商人的人格理想。这种文化重视人际关系经营，倡导以和为贵、和气生财、意见一致、表达含蓄、方式委婉等特点，因而要求人们更细心地关注对自我情绪及他人情绪的认知和管理，避免情绪的失控。这些传统的情绪管理方式有利于培养学生养成互相理解、互相沟通、互相支持的团队合作精神。

（一）合抱之木，生于毫末——阶段过程

儒商文化就是以儒家的道德理想和道德追求为准则去从商、经商，在商业行为中渗透儒家所倡导和躬行的“仁、义、礼、智、信”。具体体现为为商以德、诚信为本、谋利有度、以义取利、竞争有义、以利济世、利泽长流、以仁待客、宽厚圆融、精于核算、生财有道、乐于奉献等。经过十余年的努力和实践，从潜意识的养成到有意识地培养，不断充实儒商文化的内涵，逐步发展成为专业文化的基石。

2000年，工商管理系成立，最初开设文秘专业、酒店管理专业、房地产经营与估价专业，主要面向服务行业，培养一线服务、管理人才。除专业基础课外，各专业中均开设企业管理、现代经济学、商企运作实务等通识课程，利用学校良好的人文氛围，要求学生选修诗词创作欣赏、文学欣赏、书法、中国传统文化与人生智慧等选修课程，尤其是在各个专业中开设商务礼仪课程，注重学生个人形象、谈吐、与人交往能力，专设修身养性的茶艺茶道等课程，为培养学生博学儒

雅的气质奠定了良好的基础。

随着专业的不断完善，2002年前后，学校增加工商企业管理和工商行政管理专业（专业市场管理方向），商科特征更加显现。基于此，学院明确提出培养新一代儒商的目标，各专业结合专业建设聘请在杭有名的企业家开设儒商讲坛，同时通过不断完善专业培养计划，强化学生德、智、情的培养，为培养新一代的儒商打下坚实的基础，也成功培养了一批“准儒商”，即具备儒商发展素质和潜力的优秀毕业生。

在专业相对稳定的基础上，学院更加充分地认识到，现代商科人才培养的目标是兼备技术专长和儒家价值理想，即具有“士魂商才”的一线经营管理者，并最终能够成长为既具备儒家道德观和价值取向，又拥有自强不息和勇于创新精神的高素养职业经理人。因此，结合“正德、致善、勤学、致能”等与儒商文化一脉相传的院训，学院于2009年4月专门成立了儒商研究协会，在儒商文化建设过程中，着手在理念个性、行为个性和视觉个性等几个方面同步推进建设，使之成为全方位、高品位和长效应的专业学会。

（二）路漫漫其修远——过程与经验

为了进一步培养学生的儒商意识，强化学生道德素养，营造独特商科氛围，使学生从走进管理技术学院的第一天起，就立志成为具有现代儒商特质的应用型人才，为地方经济发展服务。管理技术学院从大一新生的专业教育开始，就着眼于现代商科人才的道德素质、文化素质以及现代商业精神和商业伦理的培养。贯彻“先做人，后治学”的主张，建立了以诚信守则为主要内容、励志躬行为主要特征的商科职业道德教育体系。系统地说，一是以现代儒商文化的爱国主义精神与维护国家统一的民族大义精神培育学生的政治价值观；二是以现代儒商文化中“经世济民”的商业理想、“创家立业”的功业意识和“治生裕后”的功利追求培养学生的商业价值观；三是以现代儒商

“以人为本”的管理思想培养学生的从商理念；四是以现代儒商勤勉敬业的工作态度、节俭寡欲的自律准则、百折不挠的奋斗精神和重群克己的合作意识，培养学生的商业精神；五是以现代儒商以义驭利的经营原则、诚信为本的行为规范、买卖公平的交易准则以及和气生财的处事方式，培养学生的商业道德。在具体实施过程中，主要通过启智、化能、怡情等三个阶段逐步实现。

首先，夯实商科理论基础，增强学生的文化素养——启智。学院注重在保证基础理论扎实的前提下，有计划地加强商科特点教育。在文化基础教育中，贯彻“博学”和学科交融的主张，适当拓宽学生知识面，开设了管理心理学、秘书文化论、西方名著选读等加强文化素养、丰富商学内涵的选修课程；在专业基础教育中，贯彻依托商科背景，利用优势资源的原则，各专业均开设经济学、管理学方面的重要基础课程。通过种种措施，夯实学生的现代商科理论基础，培养厚德博学的应用型商科人才。

其次，组织策划专业技能大赛，修炼儒商专业技能——化能。根据各专业学生就业和未来职业发展需要，学院着眼于培养学生的市场意识、风险意识、经营谋略、企业管理、经济核算、贸易流通、营销策划、项目服务等专业技能。通过参与、组织策划各类技能大赛，不断提升学生的专业技能。

第三，拓展商科综合素质，培养学生个性化素养——怡情。商科应用型人才同样需要通用性应用能力。因此，学院十分注重培养学生的计算机、外语、现代办公技术、礼仪交际、应用写作、演讲口才等能力。通过课堂教学及社团文化活动着眼于培养学生的政治理论素质、科学文化素质、专业综合素质、创新创业精神等。通过丰富多彩的社团文化活动，培养儒商必须具备的“勇”和“情”。学院下设儒商研究协会（儒商文化的传播与濡染）、装容礼仪协会（通过职场商务礼仪的熏陶，培养儒商应有的超越身体本身的文化、文明素质）、绿林环保协会（培养现代儒商的担当意识、责任意识）、街舞传说（青春活力与时尚创新的历练）、茶道茶艺表演（以中国传统文化修养，培养儒商应有的儒雅气质）、舞蹈队（朝鲜舞多次在大型活动中展演，提升艺术修养）、“橙色服务队”“党员服务队”“青年志愿者”（培养学生的责任意识、服务意识和奉献精神）等社团，积极举办各种活动，传播社团文化及儒商文化。主要活动包括开设儒商文化讲坛，聘请在杭具有现代儒商风范的企业家来校为学生演讲，介绍他们艰辛创业、坚韧拼搏、不断进取和回报社会的事迹，畅谈他们的经营之道和所信奉的新儒商文化理念，展示他们的工作、学习和生活，展望他们今后的事业和对社会的奉献。儒商协会每年还开展一次“儒商文化周”活动，内容涉及“我心中的儒商”征文及演讲比赛、儒商电影展播、儒商读书会等；组织学生开展关于海内外著名儒商的伦理思想的研讨。此外，在系刊《拓新》上开设“儒商论坛”专栏，介绍儒商知识、历史上的儒商、现代儒商经营之道；在实训室张贴中外企业家的事迹介绍，让学生关注海内外著名的现代儒商活动等。让学生在参与活动或编写材料的过程中，既可感受到儒商的风范，又可了解和学习经贸案例。同时，可以引导更多的学生关心和关注海内外的著名儒商，了解他们的生平和经历、创业和发展以及成就和奉献，使学生对儒商的理解从感性知识向理性知识转变。发挥“准”儒商（优秀毕业生）的作用：历届毕业生中，不少人正处在艰辛创业和坚韧拼搏的阶段，其中不乏志向宏大仁爱谦和富有责任感的“准”儒商，可以让在校学生从他们那里了解社会的需求、了解创业的艰辛、了解道德的重要、了解努力的方向，共同探讨在我国社会主义市场经济条件下完善伦理规范的理论与实践，为培养既有传统文化又有现代意识的应用型商科人才起到引领和示范作用。

（三）长风破浪会有时——育人成效

专业文化是一种文化意识的沉淀和积累，具有特有的隐性教育功能。优秀的传统文化是人类的宝贵精神财富。它具有整合社会价值的强大功能，在培养和提高人的思想、文化、审美和道德素质等方面，具有不可低估的价值。通过多年的努力，儒商文化在全校有效推广，并产生了越来越积极的影响，收获了丰硕的果实，主要体现在以下几个方面。

首先，优秀传统文化深入人心，为学校人文兴学添上浓浓的一笔。学校一直以来积极倡导人文兴学，强调在专业教育中渗透文化素质教育，挖掘专业教育中的育人元素。管理技术学院正是在积极响应学校这一办学理念的基础上，引入儒商文化作为专业文化建设的基石，使中国传统文化的儒家精华通过儒商这一形式，逐渐播撒进青年学子的心田，正德厚生、启智化能、怡情养性、内化自律，提升了学生的人文素养，发挥着其他形式难以替代的重要育人作用。

其次，学生人格全面发展，为培养“和谐职业人”奠定良好基础。长期的儒商文化濡染，德、智、情素质的全面提升，使学校培养的学生努力朝着最佳商科人才的素质指标发展。儒家经典的熏陶、传统儒商和现代儒商的经营智慧启迪，使学生的创新能力、分析思考能力、沟通能力等均有较大提升。近些年来各专业学生获得的校外技能大赛奖项达十几项之多。在学校的各类文体活动，管理技术学院的学生经常占有半壁江山，在校园运动会上更是荣获九连冠。

第三，校企合作进一步加强，为社会输送德才兼备的“准儒商”。为了更好地引进儒商文化，学院着力选择在社会上有一定知名度和良好声誉的企业家和一线专家担任专业指导委员会委员和客座教授。同时通过开设儒商讲坛等活动，进一步加强校企合作的力度和深度。在长期的以儒商文化渗透到专业文化的实践中，学院注重求真务实、开拓创新，全面培养和提高学生的文化素质和职业素养，着力促进学生人格的全面发展。随着学生品格和能力的普遍提高，其职业竞争实力和社会适应能力也相应增强。这些学生离开学校走向社会各个领域时，除了带去所学到的专业知识和技能外，还将带去在校期间所陶冶的道德文化和所信奉的价值观念。不少学生两三年后即成为单位的业务骨干（准儒商），表现出极强的职业发展潜力。不少用人单位反馈，经院学生除专业技能过硬外，道德修养较好，文化素养较高，团队协作能力较佳，职业创新意识较强，持续发展潜力较好。这其中，儒商文化的熏陶和感染功不可没。

“专业文化”是学校文化的核心，是专业建设持续发展的深层次驱动力，也是专业价值和个性特色的表征，无论在显性与隐性上都具有不可忽视的育人功能。它是学校不同专业所形成的文化体系，是处于一定学校文化背景下逐步生成和发展起来的日趋稳定的、独特的价值观，以及以此为核心而形成的行为规范、道德准则、群体意识、风俗习惯等。经院用行业文化和行业标准来培养各行各业所需的“和谐职业人”，构建“全员、全程、全方位”育人的良好格局，从而在校园内形成独特的专业文化品牌，在高职教育中起到了典型示范作用。

第五章

兼藉他山石可攻

——企业文化融化

高职教育的发展与企业有着千丝万缕的联系，两者紧密合作，互惠共赢。作为双方互融的纽带和桥梁，校园文化与企业文化在潜移默化中不断影响与交融，企业文化中的企业核心价值观、企业职业道德理念等有利于人才培养的因素，被有效融化到校园文化中，推动着学校文化育人目标的实现。

建校40年来，我们深刻认识到企业文化融化的重要意义，其对增强高职学生社会适应能力、养成良好职业素养、顺利成才就业等具有较强推动作用。在校园文化融化方面，学校做了诸多可行的尝试与探索，通过与“世界500强”企业的文化融合、人才培养过程中的企业文化熏陶、对接企业活动中的企业文化渗透、创新创业开展中的企业文化影响等多种途径，打造了一条企业文化融化、和谐育人的特色之路。

第一节　企业文化融化的历史脉络

一、企业文化融化是文化育人的有力推手

企业文化是指企业在长期的生存和发展过程中所形成的，为企业多数成员所共同遵循的最高目标、基本信念、价值标准和行为规范。先进的企业文化起着导向、约束、凝聚、激励等作用。

在当前信息化与智能化的时代背景下，企业对高职教育的人才培养提出了更多新的要求。高职教育以培养适应生产、建设、管理、服务第一线需要的创新型技术技能人才为目标，为企业培养所需要的应用型人才。这类人才不仅要具备扎实的专业知识与专业技能，而且要具备责任心、合作精神、创新精神等企业工作价值观。这就决定了高职院校在人才培养过程中，不仅需要注重学生知识与技能的习得，而且应从培养学生独立人格、高尚价值观、职业素养等角度，引入企业工作价值观中有利于高职人才培养的因素。

因此，企业文化融化是高职教育发展的必然趋势，是促进高职院校文化特色化建设的根本途径，也是高职院校提高学生职业素质、培养“和谐职业人”、塑造学生企业工作价值观的重要途径，是文化育人的有力推手。

二、企业文化融化之路的探索

（一）潜移默化——企业文化的不自觉影响

在学校发展的40年里，校园文化不断受到企业文化的滋养与影响。十九世纪七八十年代，我国处于计划经济体制，社会水平较低，在此艰难环境下，学校主办单位——浙江省物资局凝练形成了艰苦创业的文化氛围：白手起家、艰苦奋斗、勤俭办企业，以及走遍千山万水、历尽千辛万苦、想尽千方百计、说尽千言万语、服务千家万户的“五千”精神。为了培养专业人才，1978年浙江省物资局决定成立浙江省物资学校，学校的人才培养紧密围绕省物资局的发展需求展开，企业文化不自觉影响校园文化。针对办学需要，学校提出了“从严治校，艰苦创业，加快学校建设，努力培养合格的中等物资专业人才”的建校方针，在校园营造出一种艰苦奋斗、努力学习、成为又红又专的专业人才的文化氛围，形成了“严谨、勤学、求实、开拓”的校风。

（二）兼容并蓄——校园文化的自觉融化

2002年浙江省物资学校升格为高职院校，更名为浙江经济职业技术学院。为了实现学校的跨越发展，学校决定依托主管单位——物产中大集团强大的产业背景优势，并以此为核心，带动相关产业与企业的产学合作，学校因此建立了多种形式的产学合作基地。

2005年，学校与物产中大集团展开紧密的校企合作，成立了“教育与产业发展委员会”，下设研发中心、培训中心和人才培养中心，分别依托学校科研处（产学研促进中心）、成教学院和教务处、学工部开展工作。

2012年底，物产中大集团与学校合作成立了企业大学——物产中大管理学院，整合学校的专业与师资优势及外部培训资源，为集团提供系统性、全员性的培训服务。学校与企业大学通过“龙头引领、战略融合、体制保障、需求对接、资源共享、目标一流”的运行机制，紧紧围绕集团发展战略规划，以流通产业应用性研究为重点，促进集团和学校的产学研深度结合，进而推动企业文化与校园文化的互融共生，借鉴发展。

在校企合作全方位展开的背景下，企业文化对校园文化的影响从不自觉转变为自觉自发。在市场经济发展的新时期，物产中大集团逐步形成了企业核心文化理念：以人为本、团队精神、绩效理念、追求卓越。参与校企合作的诸多企业集团，其文化大多以竞争与绩效、团队与合作、创新与拼搏等精神为主。

受校企合作企业文化的影响，学校形成了“立德为本、致用为宗、崇尚优化、追求卓越”的办学理念，办学中坚持以学生为主体，以学生和谐发展为目标，以职业道德教育为重点，以职业精神塑造为途径，将职业能力与职业道德培养相结合，积极营造职业人成长的良好氛围。同时，人才培养中突出技能培养和创新创业精神，并通过定期举办大型技能竞赛等活动，将课堂知识生动地再现于各种技能比赛中，有效提高了学生的职场能力。与此同时，学校教师也相继组建各种技术应用型公司，如杭州明星计算机技术开发有限公司、杭州威星电子工程有限公司、杭州伟奥科技有限公司等，这些技术应用型公司吸纳学生参与实践锻炼，提高了学生的实际动手能力，养成了学生的团队合作与竞争意识，文化育人的成效更加凸显。

第二节　全面实现融合载体沟通

长期以来，学校与“世界500强”企业——物产中大集团建立了紧密的产学合作关系。校园文化建设立足本校文化特色，以集团先进企业文化为依托，吸收其他企业文化的积极因素，发挥价值观、体制机制、产学合作“三位一体”合力，将先进企业文化的积极因素融入人才培养全过程，提升学生的职业素养。企业文化的积极因素主要包括：爱岗敬业、诚实守信等职业道德与职业精神，以及企业质量管理、创新意识、效率意识、成本意识等企业管理模式。而从文化形态上看，校园文化包括物质文化、制度文化、行为文化和精神文化四个层面。企业文化与校园文化正是在这四个层面不断交融，促使学校营造积极向上、和谐育人、热衷实践的文化氛围，进而推动高职学生向“和谐职业人”转变。

一、校园建筑文化体现浓郁的企业文化氛围

校园建筑文化又叫载体文化，它是校园文化的物质载体，同时承载着文化育人的功能，是校园文化的基础。如物产中大集团与学校共同投入建设了企业大学培训大楼，大楼内的文化布置是校园文化建设的重要组成部分，是物质文化的体现。

学校对大楼内部设计进行了科学规划，整幢大楼内体现了浓郁的企业文化氛围（图5-2-1）。大楼二楼入口处的企业大学校训“明道 取势 优术”，就是由集团董事长王挺革提出的。“明道”就是拿起罗盘——企业使命、核心价值观的方向引领；“取势”就是拿起望远镜——遵循产业结构、商业模式、区域发展等演变规律；“优术”就是拿起显微镜——挖掘潜在价值，为客户创造价值。大楼二楼的墙面上，清晰展示着集团的企业愿景、使命、核心价值观等，“物通全球、产济天下”的字样引起师生极大的关注，起着传播企业文化的作用。师生走入大楼便可感受到浓郁企业文化氛围的熏陶。大楼墙壁上还悬挂着许多企业员工随手拍摄的优秀摄影作品，如企业钢铁人的生活、企业丰富的体育文化活动等，其映射出的拼搏向上、团结友善的企业文化，常常会吸引师生驻足欣赏，产生共鸣。

由于与世界500强企业的紧密合作，校园内许多物质文化会受企业文化的影响，学生通过耳濡目染的熏陶，会在自身的学习与生活中，以世界500强企业为标杆，增强了解企业、深入企业的愿望，行为上也将按照企业期望的标准锻炼自己、提升能力，争取成为符合企业要求的职场人。

二、学校与企业大学实行体制机制高度融合

体制机制融合，是制度文化的体现，是校园文化中观念层文化的具体化和规范化。学校在体制机制融合方面主要体现为学校与企业大学践行“双轨制”（图5-2-2），即依托两块牌子、一套班子的“双轨制”运作，通过战略、体制、机制、资源、目标的系统化运作，发挥协同创新的优势和效应，创新对接需求、机制灵活、资源优化、成果共享、互动双赢的企业大学和高职院校协同共生的办学模式，实现一流高职院校和一流企业大学的办学目标。

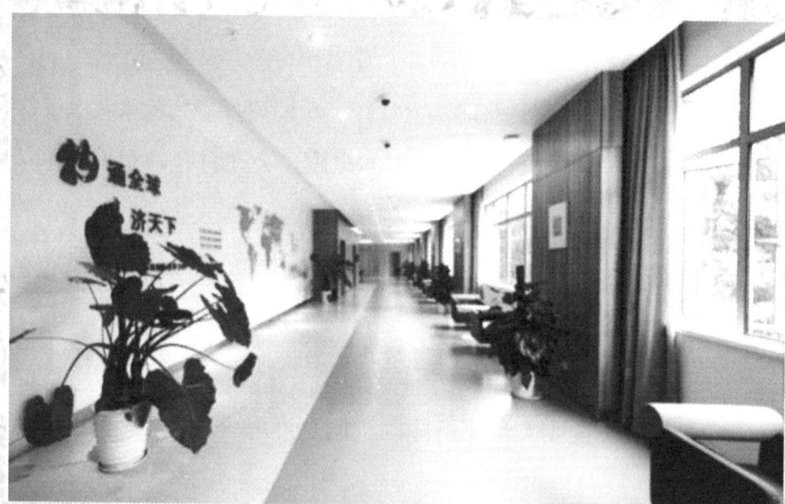

图5-2-1

图5-2-1　学院内部的企业文化氛围

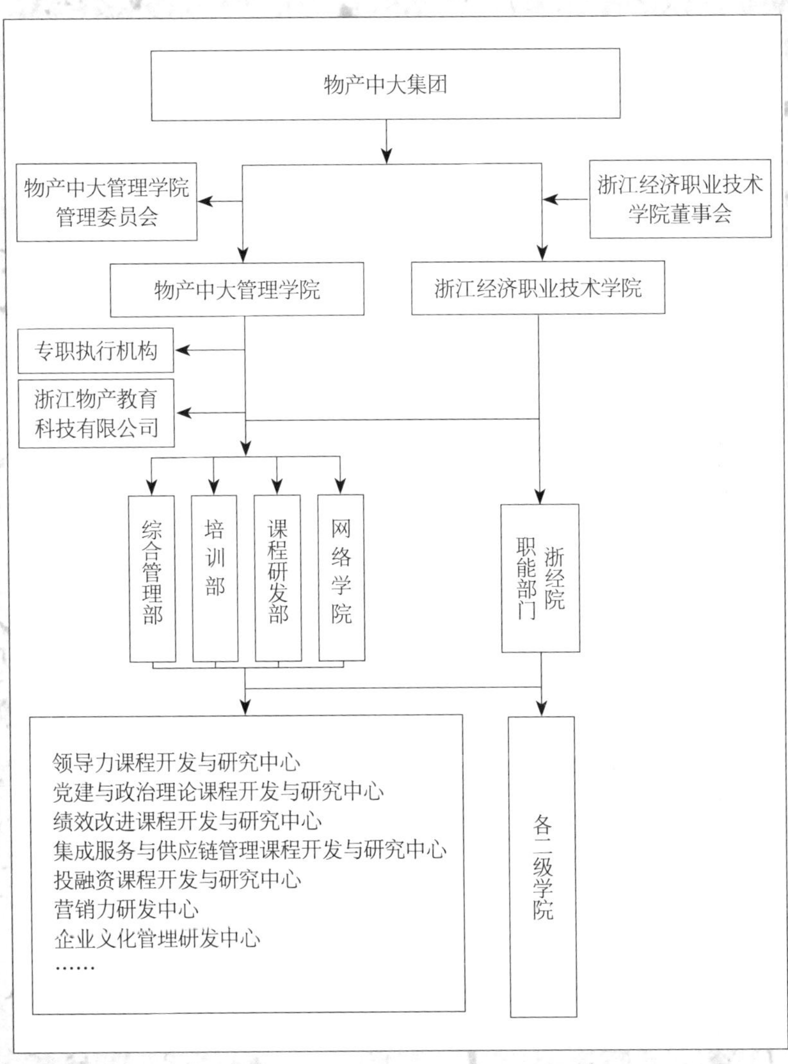

图5-2-2　校企合作“双轨制”运行机制

学校与集团企业大学实行“双轨制”运行机制，也是企业文化融化的重要体现。学校与企业大学两者管理相通，办公区域合一，共享师资、课程、软硬件设施等。在双方良性互动的过程中，集团先进的企业文化对学校师生价值观的形成和行为习惯的养成产生积极影响。学校在“双轨融合、协同共生”理念的指引下，进行了五个方面的开创性尝试，使集团企业文化有效融化到校园文化中，有利于学生顺利成长成才。

首先，是树立“协同共生”的办学理念。学校从可持续发展和形成全国特色品牌的高度，通过大会宣讲、组织专题研讨、媒体宣传、职责细化、制度修订等形式，广泛宣传企业大学和高职院校协同共生的创新理念。通过宣传推介，学校师生对集团及集团企业大学有了更深入的了解，从而更主动、全方位地去知晓并融入集团的发展。

其次，建立高度融合的管理体制和机制。体制机制是将各项工作落实到位的重要保障，也是企业文化融化的重要途径。“双轨制”运行应有相应的组织体制和机制、制度作为配套。

学校在“双轨制”运行方面进行了诸多积极探索。比如，在校级管理层面，从源头出发保障学校与企业大学课程、师资、场地等优质资源共享，确保各项工作责任到人、职责明确、执行顺畅、落实到位，从而为企业文化融化奠定了组织保障；在中层管理层面，物产学院下设综合管理部、课程研发部、培训部、网络学院四个中层专门化执行机构，学校中层担任集团企业大学各职能部门领导，学校二级学院、职能处室承担企业大学的课程与项目研发、内训师培养、培训考核等职责；在实施操作层面，采取基于项目的职能化管理模式，在集团企业大学下面设立若干职能实施、项目管理组织，整合学校教师建立多个课程研发中心，开展企业课程研发与授课。

在“双轨制”运行机制的保障下，学校与企业大学在项目与课程研发、培训师队伍建设、优质资源共享等方面，建立了互动互融机制，“双轨制”为企业文化融化奠定了坚实基础。

再次，构建灵活高效的项目及课程研发体系。项目及课程也势必成为学校与企业大学“双轨制”融合的重要体现，也只有实现高度融合、共享、合作、互补，才能真正提升项目及课程研发的质量和水平。学校在项目与课程研发方面，充分整合学校师资与企业资源，采取组建以企业大学课程研发中心为主、集团各公司业务骨干为辅的项目及课程研发团队，以团队化运作开展各项研发。学校还采取将教师研发课程列为重点课题推荐对象、课程研发业绩列入员工个人及部门年度考核等方式，带动大批优秀教师及企业优秀人员参与到项目及课程研发工作中来。

学校教师与集团骨干组成课题研发小组，共同参与课程研发，促使两者的思维、文化进行交流碰撞。另外，教师研发企业大学的课程与项目、研究企业课题与实际问题，推动教师到集团总部及各成员单位进行需求调研、实地访谈，更深入地了解并研究企业的价值观、产业意识与管理运作模式等，并将这些观念融入学校的课程体系及学生培养中，促使学生企业价值理念与行为准则的形成。

建设一支优良的社会、企业、学校内外兼备的培训师团队是企业大学成长壮大的必然要求。学校整合全校优质人才资源，发掘和推荐具备培训师潜质的优秀教职工，进入企业大学培训师队伍。学校教师作为企业大学培训师，企业的经营理念、价值选择、工作观念等，将会帮助教师形成企业价值观与人才培养观，并将企业价值观传导给学生。

学校还与企业大学共同开展培训师的选聘、任用、培训、激励、考核等事宜，在条件成熟的情况下，将企业培训师转化为全日制教学的兼职教师（图5-2-3），实现教师队伍“教师—培训师”岗位的动态交流机制。企业培训师在为全日制学生授课过程中，会将最前沿的产业理念、先进的企业文化、接地气的企业管理思想传递给学校教师与

图5-2-3

图5-2-3　学校教师与企业培训师交流

学生，帮助学校教师将习得的企业工作价值观运用于全日制教学中，推动学生更主动地了解企业概况、对接企业需求、提升职业素质。

学校优秀教师和企业业务骨干组成的内训师队伍，在不断交流互动的过程中，双方的价值理念与行为准则持续碰撞与融合，学校教师将深入了解企业职业岗位的规格需求，吸纳企业文化的优质要素，融入到人才培养全过程中，使学生更准确地把握企业核心价值观体系的内容，并将其内化为自己的思想和行为准则。

最后，搭建通道流畅的资源共享机制。学校与企业大学共建共享网络学习资源、课程与数字资源、师资资源、场地与设施设备资源等。学校充分利用企业大学的学员优势，整合集团的经营管理资源，建立广泛的工学结合基地和生产性实训基地；充分利用学校的技术和资源优势，将学校图书信息中心改造提升为整个集团的知识库和在线研发平台；学校与集团还共享企业大学开发的课程资源、教学案例、教学成果等。

学校与集团开展优质资源共同研发、有效共享的机制，有利于学校知晓现代企业的管理与业务运作模式，在人才培养中强化学生的质量意识、责任意识、团队意识等，努力打造学校自身的企业文化氛围。

三、学校校训及培养理念与集团价值观高度融合

校训与培养理念是学校在长期发展过程中形成的、被师生所认同的信念与观念体系，是高校校园文化的核心和灵魂。学校与物产中大集团有着紧密的产学合作关系。物产中大集团以“物通全球、产济天下”为使命，以“企业与时代共同前进、企业与客户共创价值、企业与员工共同发展”为核心价值观，以“以人为本、团队精神、绩效理念、追求卓越”为核心文化理念，以“创业、创新、创造”为企业精

神。因此，我们根据学校的校本特色，凝练出“立德为本、致用为宗、崇尚优化、追求卓越”的校训，及“和谐职业人”的育人理念。

校训及“和谐职业人”的育人理念，与集团及优秀企业的核心文化理念和价值观一脉相承，并加以内化提升。学校“立德为本、致用为宗、崇尚优化、追求卓越”的校训，强调道德、致用、优化、卓越的重要品质，要求学生根据时代的发展以及客户、企业的实际需求，优化各项行为与流程，打造卓越绩效。这与集团“绩效理念、追求卓越”的文化理念以及“企业与时代共同前进”等核心价值观含义吻合。

学校强调培养现代“和谐职业人”，使学生具备自主学习、团队合作、创新创业等能力，呼应了集团“以人为本、团队精神”的文化理念以及追求创业、创新、创造的企业精神。学校育人理念中提倡的四质、五德、六能等方面的培养，融入了集团对高职人才发展的需求，体现了企业文化对学校管理理念和人才培养模式的影响，助推学生形成团队意识、创新精神、效率意识等企业工作价值观，帮助学生适应企业需求，提高就业质量。

四、开展学校与企业产学研多层次的文化融合

行为文化是校园中的领导者、管理者及师生在工作学习生活过程中，对社会、学校和自身一切活动的认知、表现而形成的具有特色的行为规范。学校在推进企业文化融化的行为文化层面，主要开展了以下几方面的探索。

首先，是成立企业文化课题组，重点研究集团企业文化。学校创新并实践物产中大集团董事会提出的“校企合作、工学结合”的产业学院模式。2005年集团提出，要发挥学校教师科研力量，发挥集团智库功能，让教师参与到解决集团发展建设中遇到的具体问题中来，

双方以横向委托课题的形式进行合作。

学校召集多位有研发意愿和基础的教师组成集团企业文化培训课题研发小组，开展“物产中大集团企业文化建设研究”，并先后针对集团的宏观企业文化、核心文化理念、全面建设惠及全员的现代企业文化，以及企业发展需求不断进行持续研究，提炼编写了《“世界500强”企业文化读本》及多份企业文化课题研究报告。为了深入宣传弘扬物产中大集团企业文化、推进价值观引领，学校多位教师还担任集团企业文化宣讲团讲师，参与了多场企业文化宣讲与事迹报告会（图5-2-4）。集团企业文化宣讲团还被省委宣传部列为全省50个“优秀宣讲团队”之一。

学校对集团企业文化的研究、提炼，有利于学校教师深入了解、吸收、内化“世界500强”的企业文化；通过在集团及学校层面广泛宣讲企业文化，使企业文化理念不仅在企业员工中，甚至在学校教师与学生中“入耳、入脑、入心”，从而更好地发挥优秀企业文化对学生价值观及行为习惯的积极影响。

其次，校企紧密合作建立三大中心。2005年，物产中大集团在学校成立了“教育与产业发展委员会”，下设研发中心、培训中心和人才培养三大中心，分别依托学校科研处（产学研促进中心）、成教学院和教务处、学工部开展工作。三大中心通过“龙头引领、战略融合、机制保证、需求对接、人员共用、设施共享、信息互通”等途径，紧紧围绕集团发展战略规划，以流通产业应用性研究为重点，促进集团和学校的产学研深度结合，推动企业文化与校园文化互融共生，借鉴发展。

研发中心以项目为载体，围绕集团公司转型发展中所面临的各种问题，积极开展有针对性的应用课题研究，为集团公司战略发展提供决策；培训中心按照培训制度化的要求，制订集团全员培训计划，承担集团战略实施过程中对各类人才培训的任务，为集团战略发展提供

图5-2-4

图5-2-4　面向集团与学校开展企业文化宣讲

强有力的人才支撑；人才培养中心根据集团对高技能应用人才的需求，不断深化人才培养模式的改革和创新，全面启动“以能力为本位”的课程改革，实施物产示范生的“订单式”培养。

学校通过成立三大中心，完成了集团众多重要课题的研究任务，开展了系统性的人才培训，使得学校教师对企业文化有了更深入的了解与研究。双方还合作培养物产示范生，学生进入集团顶岗实习，感受集团“能力、敬业、忠诚”的文化精神内涵，加深对企业核心价值观的理解。三大中心成立并切实开展工作，使学校与企业的结合更为紧密，学校校园文化更多地吸纳企业文化元素，从而形成了校企双赢的合作办学、合作育人、合作就业、合作发展的动力。

再次，形成学校与集团紧密合作的长效机制。为实现建设一流高职院校和一流企业大学的目标，学校进一步推动与企业的校企融合发展，建立和完善常态化的产学研合作机制，在校企双方互利共赢的基础上，出台《关于进一步推进物产中大集团和浙江经济职业技术学院产学研结合的实施意见》，明确指出将围绕“龙头引领、战略合作、需求对接、人才共用、信息互通、设施共享、制度保障、共创一流”的合作原则，校企双方共同开展教学与研发、共建共享产学研实训基地、共同培育高素质应用型人才、共创一流职业示范院校和企业大学，进一步深化和拓展校企合作深度和广度、提升组织化程度，形成校企融合发展的长效机制。

产学研结合实施意见的提出与落实，在学校中形成了一种推动校企合作、实现共同发展的良好氛围，学校教师竞相到集团兼职挂职，学校与集团共建物产知识管理中心、共建一流企业大学等，校企之间的合作更加深化、紧密、持久。在长期的校企合作过程中，学校教师进入集团任职，受到集团企业文化的熏陶；高职师生在校内就能感受到现代优秀企业文化的熏陶，也有利于学生职业素养的养成。

第三节 企业先进文化贯穿人才培养全过程

高职院校人才培养的特征，决定了高职院校在人才培养过程中必须引入企业工作价值观教育。随着以校企合作、工学结合为核心的高职教育人才培养模式改革的不断深入，企业文化尤其是企业工作价值观对高职院校人才培养的影响越来越大，在高职院校中引入企业工作价值观教育也越来越受到各高职院校的重视[1]。学校通过对实训基地营造或体现真实的职业环境与职业氛围，在教学过程中突出学生职业素质训练，以实现在浓厚职业氛围中锻炼和培养学生从事、胜任职业岗位的能力。

一、融入生产（服务）特征的实战型实训基地

学校是一个融自然环境、社会环境、人文环境为一体的生态系统。学校的物质环境既是整体文化的重要组成部分，也是影响其他文化因素的重要内容。相对于教育主体而言，校园的自然环境和建筑物、仿真实训设施、学生创业园区和生产性实训基地均可划入物质环境的范畴。[2]

实训基地作为文化重要的物质环境载体，营造真实的职业环境，强化学生职业的养成教育等为其要务。学校的校内实践教学基地，在环境布置、设备配置、文化氛围、管理模式等方面，着力营造现代生产、建设、服务、管理一线真实的或仿真的职业环境，充分体现规范性、先进性和实效性。依托生产性实训基地建设真实的企业生产经营

[1] 刘洪一.文化育人的理念与实践研究：以深圳职业技术学院为例［M］.北京：高等教育出版社，2014：61-68.

[2] 邵庆祥.基于提升核心竞争力的高职院校文化建设实现途径［J］.辽宁教育研究，2008（6）：64-66.

环境，使实践教学实现实战化、产业化的管理和运作，为学生能够在真实的环境中学习和训练技能创造了良好条件。学院效仿ISO9002认证企业的做法，将实训课程的内容、流程等挂牌公示，利用室内空间展示企业常用的器材、物料等，悬挂的“标语口号”力求贴近企业实际的提法。在实践教学中，注意形成自身的企业文化氛围，重视职业素质训导，强化学生的安全意识、质量意识、程序化意识与标准化意识，借鉴现代企业的管理运作模式，使学生有机会亲身经历和了解现代企业生产组织管理的全过程，真切地感受企业的文化与氛围。

如汽车维修综合实训室、驾驶培训中心、汽车展示厅、物流自动化仓库等按照真实的企业进行建造，汽车维修、驾驶培训均取得了对社会经营的相关许可证件，采用经营—教学—培训一体化的运作方式。英语村是实际生活的一个缩影，集购物、旅游、商务、休闲、娱乐等多项功能于一体，身临其境进行英语会话、观摩、讨论等教学活动，生活场景感很强，教学效果显著。学校还与浙江物产物流投资有限公司合作建设职场化的实训基地，签订了合作管理自动化仓储配送实训室意向书，引进物流企业市场运作经验、营造真实的物流实训环境，由企业和学校对该项业务经营与实践教学服务进行共同管理，让学生在真实的职业环境下，按照未来专业岗位群对基本技术技能的要求，得到实际操作训练和综合素质的培养。

二、在实践教学中渗透企业文化元素

各个专业领域都有严格的专业技术操作要领，要通过教学中让学生清楚并掌握相关的专业技术操作要领，教师必须付出艰辛的劳动。因此，在实践技能训练中，既要训练好职业技能，又要与企业文化相融合，比如举办技能比武、岗位练兵、营销设计、作品展示等丰富的校园文化活动，既具有专业特点，又能有效促进学生技艺和技能的提高。同时，教师在实践教学中，要将各工作岗位上的专业技能与企业文化建设相结合，将企业文化内容相应地渗透到各种职业技能的训练之中，让学生真正感受到企业文化在学习过程中无所不在，进而让企业文化在学生的心中落地生根。

经过多年的探索与实践，学校形成了基于校企合作的全员参与的专业技能竞赛体系。将综合实践项目与专业技能竞赛项目有机融合，实现课证赛相统一，引领专业教学改革与发展。连续7年开展主题技能文化月活动，分专业分项目组织校级技能竞赛，评选“技能之星”。通过“以赛促训、以赛促教、以赛促学、以赛促改”，强化学生职业能力培养，营造良好的实践育人氛围。

总之，将企业文化渗透在实践教学的过程中，是对高职院校教学弱点的改造与创新，有利于促进高职院校办学特色的形成和发展，有利于提高高职院校的竞争力，营造学技术、练技能的学习情境，让学生在潜移默化中养成职业素养，达到培养高技能型专门人才的目的。

第四节 “请进来”“走出去”双结合的企业文化融化活动

“明者因时而变”，学校上下迎难而上，以打造学生就业创业核心竞争力为核心，以构建全程化的服务网络为依托，以激发学生自主就业（创业）为动力，以高质量就业为宗旨，以改革的思路、创新的思维统筹规划各项就业工作，全面提升学生的就业竞争力。通过举办各类就业、创业指导讲座，知名企业家、企业人力资源专家讲坛等一系列的活动和渗透教育，让学生有机会面对面了解企业管理知识和学习企业内涵文化。比如，以培养现代“和谐职业人”为目标的高职文化素质教育平台项目之企业文化融化行动分项目，立足“请进来”，通过“未来企业家实验班”“企业家论坛”“创业者论坛”等载体，感知企业文化，体悟职业精神。坚持“走出去”，通过开展社团对接企业、班级联系企业、学生走进企业等三大活动，精心设计、组织各种学生企业实践、行业调研活动，提升专业能力和职业素养。把握开放性，建设“二廊二墙”。“二廊”为专业文化廊、校友文化廊；“二墙”为教室墙面、办公室墙面。通过“二廊二墙”建设，使学生提前融入职场氛围，引导学生形成正确的职业观、价值观，惠及全体学生，促进学生全面可持续发展。

学校遵循校企资源共享、互利共赢原则，不断深化校企合作。定期邀请行业、企业专家参与制订专业培养计划。参照职业岗位要求，校企共同制订专业人才培养方案。推行毕业证、职业资格等级证“双证书”制度，将国家职业资格标准融入教学内容。校企合作共同开发专业课程和教学资源，把企业的新技术、新工艺引入课堂，将学校的教学活动和企业的生产过程紧密结合，突出了人才培养的针对性和开放性；积极探索推行“订单式”人才培养模式，先后同各知名企业签订定向培养协议，组建定向培养班，共建校内外实训基地；推行工学交替、任务驱动、顶岗实习等教学模式，校企共育技能人才、共组师资队伍、共搭教学平台，实现了学院与行业企业的无缝对接。为推进学校的专业建设，展示亮点、特色和风采，从专业的发展历史、专业文化内涵建设、实训基地建设、就业后的去向和产业发展背景等方面建设专业文化廊。

一、开辟校企共培模式，营造就业创业氛围

目前，高职院校正步入注重内涵质量提升的发展关键期，不断提升校企合作质量是进一步办好高职教育的重要环节。学校突出对学生实践能力和职业能力的培养，通过多种渠道让学生深入企业调研和实

习，秉承“将学生带出校园到企业参观并见习”这一优秀传统，以“走出校园，走向社会，走进企业，关心社会发展趋势”为目标，塑造培养学生的职业道德情怀和竞争协作精神，推进校企文化的深入融合。精准对接合作企业，通过组织学生实行工学交替、顶岗实习的教学模式，每年有100多个班级开展联系企业活动，让学生直接进入到企业中，与企业进行零距离的深度接触，进一步明确职业发展目标和方向。如学生前往物产中大集团及其成员单位、杭州和达科技服务有限公司、北京首都航空有限公司、杭州庄驰汽车销售服务有限公司、浙江保利物业管理有限公司、浙江元通二手车有限公司等实习实训基地考察实习。企业负责人向学生详细介绍企业概况、管理制度、特色文化等，帮助学生构建创业就业思维框架，了解企业的文化以及发展前景。在企业大课堂中，学生了解社会对人才的渴求以及对职场技能的要求，结合社会实践巩固知识和技能，近距离感受企业文化与职场环境，激发学习热情和青春梦想，为今后的专业学习、职业规划以及能力养成奠定坚实的基础。

社会转型带来文化变迁，高职院校应延展人才培养的目标，切实关注学生的可持续竞争力。[1]学校把市场和企业对人才的知识、技能、素质需求作为人才培养的目标和依据，以实习、实训为抓手，通过建立一流的校内外实习就业基地，与多家企业建立长期稳定的合作关系，探索订单型、互动型、服务型、引智型等多种校企合作形式，组织学生到优秀企业、人才市场、产业园区学习参观，开展调查研究，撰写调查报告，充分发挥校企文化融合的作用。同时，采取“专业+公司”的模式，将专业同企业中的具体职业进行巧妙对接，与企业合力打造特色高职教育品牌，实行校企文化互融，为企业培养了众多优秀的专业人才。

［1］ 黄南永.论高职院校校园文化衔接企业文化的路径［J］.教育与职业，2008（5）：35-36.

二、寻访优秀校友足迹，传承创新创业精神

为跟踪调研毕业生人才培养质量及就业情况，进一步学习多元化的创业思维，继承和发扬优秀校友的创业精神，加强优秀校友与母校之间的联系，学校定期组织开展“访优秀校友，聚经院梦想”活动（图5-4-1），深入到校友及其所在行业、企业之中，让学生走近校友，探访实习岗位，在走访中成长，在实习中成才。通过实地采访与问卷调研相结合的形式，学生们在一个个鲜活的创业历程中收获思想、体悟人生，感受校友们在追寻梦想的过程中，用拼搏与努力换得的成功经验。从畅谈在母校的青葱时光，到讲述拼搏道路上的攻坚克难，校友们以自身经历为莘莘学子树立良好的成才榜样。与此同时，在校生也为校友们介绍母校近年的发展新貌，传递母校对校友的关注与期盼。座谈会上，校友们还结合自身创业经历和公司业务发展情况，对母校人才培养、创新创业教育、校企合作发展等方面提出意见与建议。

“青春浩气走千里，万众创新志万里。”学校每年走访校友300余名，参与访问学生1 000余人次，寻访活动实际上就是在寻找“经院故事”、传播“经院精神”。活动本身就是学校精神传递的过程，参与寻访学生的足迹遍布全国各地，这一创新成为学校文化传承的有效途径。通过挖掘各级各类优秀校友的事迹，收集校友发展情况及动态，感受创业校友的生动人生，让优秀校友与在校学生面对面交流，共同探讨人生经验和创业历程，营造浓郁的创业实践氛围。校友们热情接待学生到企业访问，分享择业创业的成功经验和人生经历，分析当前就业形势和创业政策等，尽力帮助学生认识社会，缩短从学校走向社会的距离，向在校生展现砥砺奋进、开拓创新的精彩历程，以及勤学巧学的心得体会和创业实干的经历经验。寻访优秀校友活动增进了学生与校友间的双向交流，架构了校友与母校间的沟通桥梁，拓宽了交

图5-4-1

图5-4-1　访优秀校友，聚经院梦想

流合作的渠道，推进了校友“传帮带”的重要功能，促进大学生更好地就业创业。寻访校友系列活动，教育和实践齐头并进，使在校生汲取校友宝贵的经验，扬起职业生涯的航帆，进一步传播和实践企业文化，在活动中接受教育、增长才干、探索新知，潜移默化地培养在校学生良好的职业品质，增强他们的实践锻炼能力。

三、汇聚知名校友典型，强化榜样示范效应

校友活动是校友会发挥组织功能，整合优质资源，实现校友交流、合作、互助、共赢的重要载体。学校秉承“优化服务，团结凝聚校友；整合资源，服务学校中心工作”的理念，建立紧密的校友联络机制，组织开展系列校友活动。如举行校友返校日、校友企业专场招聘会、校友大讲堂、校友俱乐部、校友创业论坛、优秀校友访谈等，不断浓厚校友文化氛围。精心培育校友活动品牌，通过校庆活动凸显大学文化，努力践行高职文化传承（图5-4-2）。丰富多彩的校友活动，能够最大程度地拉近校友和在校学生的距离。校友特别是优秀知名校友，是在校生心目中的一面旗帜，其人格魅力、事业发展、社会贡献、人生经验等，都能够对在校生产生积极持久的影响，使其进一步明辨是非、笃实干事、踏实为人。深入挖掘校友导师资源，聘请优秀校友担任在校生导师，引导校友深度参与学校的职业教学和指导。其主要形式包括：一是邀请校友走进课堂，鼓励校友结合所在行业、职业特长，积极参与学校教育教学、人才培养模式建立等；二是运用校友的榜样示范作用激发学生的成长动力，开启“梦想与传承”系列校友讲坛活动，以校友讲座、沙龙、座谈会等形式，分享个人追求卓越、永攀高峰的心得和体会，为校友和在校生尽可能创造交流机会，帮助在校生制订职业生涯规划，树立正确的择业观、就业观。

校友是学校的宝贵财富和亮丽名片，是学校发展的一面明镜，在

图5-4-2

图5-4-2 校友系列品牌活动

促进学校建设、发展和改革中发挥着重要作用。“树典型、立标杆、享文化”，通过充分挖掘身边的校友资源，开展寻访最美校友、上墙展示学校知名校友的事迹等，选树优秀典型，发挥榜样引领。优秀校友们顽强拼搏的生动形象和创新创业精神，对教育引导学生热爱专业、刻苦学习、思考个人人生发展具有积极的作用。建校40年来，学校始终坚持“立德树人”的根本任务，源源不断地为社会输送了大批高素质的和谐职业人。广大校友在各自岗位上尽职尽责、勤勉敬业、奋发进取，把个人的梦想同中国梦、经院梦紧密联系在一起，用青春的智慧和力量书写母校发展腾飞的蓝图。校友们在各个领域、行业做出了卓越的成绩，成长为行业各级领导、专家或业务能手，成为国家建设和企业发展的骨干力量。如，涌现出了物产中大集团董事、总裁周冠女，浙江省侨联党组书记岑国荣，浙江物产金属集团有限公司总经理缪雷鸣等一大批知名校友典型。同时，也不断发掘了浙江省首批金牌评估师季龙和王超、荣获公司百万年终奖的马铃、杭州任真贸易有限公司李敏等一大批“新生代”创新创业优秀校友。校友们承载了学校的发展历史，传递了学校的办学理念，由此形成学校独具特色的优秀文化，成为引领学生成长成才的精神动力，对于凝聚力量推动学校发展具有极其重要的意义。今天，学校为有杰出、优秀的校友而自豪，校友亦为母校的发展而骄傲。

四、渗透优秀企业文化，提升校园综合实力

高职教育肩负着为企业和社会培养高素质技术技能型人才的重要职能，助推区域社会经济创新发展。因此，高职院校不仅是职业技术人员的教学场所，更是企业专业职业人才的训练基地。

多年来，学校在不断深化校企合作的实践过程中，更加全面地考虑企业文化对高职学生的内在要求，拓宽企业参与学生培养过程的方

式和途径，将先进的企业文化及时引入校园，广泛传播优秀企业文化和企业家精神，为学生绘就新的愿景与行动路线。在开展教学过程当中，学校与企业进行深度对接，实现文化上的沟通与融合，注重提升学生就业竞争力，打造为企业和社会输送优秀人才的新途径。在“大众创业、万众创新”的时代背景下，学校积极探索企业与校园之间在文化传承、人才储备等方面的合作交流，凝练出了“创新发展高职教育，促进校企全方位合作”的共识，不断强化校园文化与企业文化的有机融合，构建具有鲜明职业特色的校园文化。

学校积极搭建校企文化交流平台，促进校企文化交汇融合，开展既具专业性，又具职业性的高职特色校园文化活动。通过举办企业文化进校园系列活动，引导大学生面向职业需求，拓宽企业文化视野，提升职业创新和高质量就业能力，使毕业生“职业道德优、基础知识宽、专业技能精、动手能力强、上岗适应快、发展后劲足”。具体的举措一是邀请各行业专家、优秀企业家等，走上“经院有约”讲坛（图5-4-3），帮助学校建立健全职业技能培养体系，向学生介绍行业的发展趋势与前景，给在校生带来行业的前沿讯息；二是举行企业文化案例展、企业宣讲进校园，将国内外优秀的企业文化案例进行汇总，提高学生对优秀企业文化的认知度和认同感；三是精准对接职业情境，创设企业文化情境，如开展职业体验行、团队素质训练、职业生涯规划竞赛等渗透企业文化元素的新活动，了解、熟悉、浸润企业文化，感受优秀企业的经营理念和创业历程，促使学生形成正确的职业观和养成良好的职业素养。开展企业文化融入班级建设行动，把企业所追求的创新意识、诚信品质、质量意识、效率意识渗透到班级建设中，探索形成班级核心价值观，极大丰富了校园文化建设的内涵。

通过开展企业文化融化活动，学校人才培养质量显著提升。近十年毕业生一次就业率均在98%以上，毕业生在较短时间内成长为单位的骨干力量。通过企业文化与校园文化的相融共生、精心设计，组

图5-4-3

图5-4-3 “经院有约”讲坛

织各类学生企业实践、行业调研等活动，提升了学生的专业技能、职业素养和创新精神，增强了学生的可持续发展能力。

第五节　依托创业园区的企业文化建设

一、大学生创业园企业文化建设的重要性

企业文化是一个企业的灵魂，是企业经营活动的“统帅”，是企业行动的“指南”，在企业经营活动中具有无法替代的核心作用，体现企业独特的文化氛围和企业的核心价值观。大学生如若缺乏对企业核心价值的认同，则难以形成企业精神和思想，就很有可能影响他们创业的成功率。因此，在“大众创业，万众创新”的背景下，将企业文化真正融入大学生创业园中，实现与高职创业教育融合并无缝对接，对于高职教育实现创业型人才培养目标具有重要的意义。

同时，高职教育对人才的培养应立足在与社会经济发展紧密联系的基础上，满足社会对人才的需求，尤其是面向企业，以企业的需要作为职业教育办学宗旨。这就要求学生具有主动适应企业文化、进入企业就能立足和发展的综合职业素质，这也是高职创业教育发展的必然要求。

首先，大学生创业园企业文化建设，可以较好解决以往创业教育的功能定位不够清晰的问题。以往创业教育过多侧重对技能的训练，忽视对创业行为有根本影响的创业意识与创业精神的培育。企业文化的融入有利于加强对学生的创业精神和创业风险意识的教育，培养大学生的创新精神，激发创业热情，形成推崇创新、尊崇创业、允许失败、重在体验的创业文化环境，对提高高职学生创业竞争力，解决当前大学生自主创业参与者少、旁观者多、成功率低等问题尤为重要。

其次，大学生创业园企业文化建设，有利于学生社会角色转换及职业角色转型。高职院校培养的是高素质技术技能型人才，未来的工作岗位在企业，在职业中能否较快地、顺利地实现角色转换，反映出毕业生的职业素质和就业能力的高低。要让学生在感受企业文化的过程中增强竞争意识和能力，更好地适应社会和企业，从而激发他们的创业欲望和信心，提升和增强他们的创业能力，更好地为社会和企业服务。

再次，大学生创业园企业文化建设，有利于形成独具特色的高职创业教育，实现高职院校创业“教、学、做”一体化，有利于深层次的“产、学、研”结合。成功的创业教育是高校软实力的重要体现。通过企业文化的融入，可以提升高职院校核心竞争力，有效推进学院、企业实现更全面、更深层次的合作。

最后，大学生创业园企业文化建设，也是加强校园文化建设的内在要求。企业文化的渗透能推进高职院校整体文化建设，完善校园文化氛围，更好地熏陶大学生综合素养，有效地带动社会整体文化的发展和建设。校园文化对学生的价值取向、品格作风以及职业道德具有重要的影响。如果对学生的价值取向不能科学引导，就会影响学生正确的创业价值观念的形成。

二、创业园区企业文化建设思路

学校大学生创业园于2008年开始申请，2010年开业成立（图5-5-1），2012年搬迁至创新创业大楼四楼。园区集“杭州经济技术开发区现代物流科技创业园”“浙江经济职业技术学院创业集市”（图5-5-2）和“浙江经济职业技术学院创业园之星俱乐部”于一体。

其中，现代物流科技创业园是学校加速科技成果转化、促进高职学生创新和创业人才培养的共建共享型创业平台，以“孵化创业企业、培育创新人才、创业带动就业”为建设理念，重点支持在校生和

图5-5-1

图5-5-2

图5-5-1　创业园成立挂牌

图5-5-2　创业集市成立

教师创新创业。一期建筑面积达4 910平方米，自2010年7月以来，迄今共培育了29家学生公司和7家教师公司，其中16家学生公司和3家教师公司完成孵化迁出园区。入驻企业经营规模近900万元，可吸纳130名左右员工，长期为在校学生提供45 ~ 80个实习岗位，创业平台承载能力基本形成。学生创业公司发展稳健，三年成活率达50%，已成为园区一大特色与亮点。

（一）推进专业教育与创业教育融合

确定“职业能力+创业能力”的专业人才培养目标，将创业能力作为各专业人才培养的必备能力，要求学生不仅要掌握职业岗位的工作能力，而且要树立正确的创业意识和创业精神，了解社会行业的创业形势，掌握创业的基本知识、基本技能，具备创业本领。

具体实施中，一方面企业文化融入到创业教育课堂中，共同开发课程，同时将企业文化纳入教学计划之中，将人才培养过程融入企业经营活动中。例如，在相关课程中渗透企业文化理念。教师有意识地在课堂教学中融入先进的企业文化，通过鲜活的事例让学生感知和体会现代企业的企业形象，深切感受到企业文化的意义和作用，增强学生的企业意识和社会责任感，加深对企业文化、企业精神的理解。另一方面针对不同专业特色、不同年级的学生特点，采取不同的教学模式，例如创业文化模拟游戏、创业情境表演等，潜移默化地在学生的头脑中植入“以人为本”的企业价值观、“参与、奉献、协作”的企业精神以及“以市场为导向”的企业经营哲学。

充分利用大学生创业园的企业资源，让学生置身于企业生产第一线，强化学生的职业能力，以社会化、企业化、开放性的方式融入企业文化。如将实训实习课安排到大学生创业园的企业进行，在真实的工作环境中训练专项职业技能，参与企业的经营活动；将大学生创业园企业的工作任务（项目）交给学生完成，如网页设计、营销方案、物流配送等，给学生提供实践机会，并在此过程中充分体验企业文化。除此之外，学生也可以到创业园的企业进行顶岗实习，参与经营活动，企业则参与学生实训实习考核，经营业绩就是实训成绩。在教学管理上，借鉴企业的一些管理方法，如采取“打卡上课”的方式，考核学生上课出勤情况；在学生综合成绩考核上，借鉴企业的奖惩和激励措施等。

（二）搭建校园文化与企业文化的对接平台

大力倡导产业文化进学校、行业文化进专业、企业文化进课堂。通过大学生创业园，搭建校园文化与企业文化的对接平台。一方面，邀请知名企业家、行业精英开设企业创业教育方面的讲座，介绍企业的理念、精神、行为规范；同时，聘请一批企业技术人员到校任兼职创业指导教师，通过企业技术人员的指导，规范学生的创业行为，培养良好的职业素养。另一方面，将实训基地“包装”成企业，按照企业环境进行布局装饰，张贴安全生产标语、生产操作流程等，营造企业工作氛围，建设企业物质文化。对入园实训的学生严格按照企业规章制度来进行管理，让学生真正体验到企业管理文化，将创业教育延伸到企业，延伸到社会实际的层面，让学生“在工作中学习，在学习中工作”，激发学生了解企业文化的愿望和热情。

（三）对接教学资源、企业资源与人力资源

教学、企业与人力资源的对接，主要指向两类角色、三个维度。两类角色的对接，是指教学与企业角色的对接。一方面，“教师—经理”对接，学校派教师到入园企业担任管理人员或是指导顾问，入园企业的老总或高管担任学校专业课教师或者实训指导教师。另一方面，“学生—员工”对接，学生到入园企业实习实训，成为企业的员工；企业的员工又接受学校的培训，成为学校的学生。三个维度的对接，则指向技术、环境与设备资源的对接。学校对入园企业进行创业办证、项目论证、经营指导等一条龙技术服务，入园企业以真实的经营案例指导学生实践，并以讲座的形式将成功经验分享给学弟学妹，实现技术资源对接；环境资源对接，是指大学生创业园既是专业教学的教室，也是企业经营的场所；学校将教学设施设备免费提供给入园企业使用，入园企业的设备仪器免费提供给实习生使用，实现设备资源对接。

三、创业园区企业文化建设的主要举措

（一）开设企业文化课程，帮助学生树立正确的创业价值观

学校在大三开设企业文化课程，增设专业教师进行企业文化学习辅导，由老师向学生推荐企业文化方面的优秀书籍、案例等课外阅读资料，要求学生阅读并撰写心得体会。学生定期与教师沟通或者开展专题讨论、专题沙龙。通过案例的讨论，让学生真正了解到企业文化是企业的灵魂。通过对企业文化的深度了解，帮助学生树立起正确的创业价值观。例如：先了解华为“狼性文化”的精神实质，再了解华为之所以走向世界的原因；了解阿里巴巴“让天下没有难做的生意”的企业使命感，也就理解了阿里巴巴取得今天这样辉煌业绩的原因。通过学习企业文化的真实案例，让学生真正领会企业文化的魅力与威力。

（二）引入区域优秀企业文化，开展校企合作

高职院校培养的人才大多服务于区域经济，因此有必要引入区域优秀企业文化，让学生最直接地感受区域优秀企业文化的魅力。学校定期组织学生到相关企业做专项调研，或者邀请企业的管理层进校，进行企业文化方面的专题讲座。同时，学校与具有优秀企业文化的企业进行校企合作，让学生进入企业与员工一起实习工作，或是让企业进校开办企业特训班等，学生与企业员工一起参加培训，可以像在企

业中一样感受企业文化给个人带来的影响。

（三）融入企业文化特色，建设校园文化

作为应用技术型院校，学校在进行校园文化建设时，将企业文化作为其中一部分进行规划。将企业文化中爱岗敬业、团队协作、诚信守约、积极进取、乐观向上等观念引入校园文化建设中，并在校园文化建设中与校风、学风建设相结合，在潜移默化中影响学生的职业观念和职业道德；建立起学校与企业之间进行文化交流的网络平台，开辟企业文化宣传专栏；开展多种社团活动、文化节等活动，有意识地安排有关企业文化方面的内容和活动专题，完成企业文化与校园文化深度融合，使学生在日常的校园生活中就能感受企业文化。

（四）模拟企业文化建设场景，创设企业环境

学校开展与企业文化相关的各类仿真实践活动，创设企业环境，提炼企业文化。一是组建学生社团或者以班为单位模拟企业实际运作，体验企业的真实环境。模拟中对每一位学生进行企业化管理，使学生真正体验到企业管理的现场感，领悟不同企业的文化特色，提高学生的职业素养。或是模拟某一家企业文化建设的情况，学生根据企业的实际情况，确定精神文化方面的企业使命、规划企业愿景、提炼企业的核心价值观等，在制度文化方面模拟制定企业的规章制度，尝试在企业的精神文化、制度文化建设上做出贡献。二是学做企业的领导者。在企业文化的规划、对员工宣讲企业文化时像企业领导者那样思维，感知领导者创办企业之初心及创建之艰辛，为以后“零距离”地适应企业打下基础。模拟过程要求学生根据所学的知识和对企业的理解，有针对性地对创业创新素质加以强化，如敬业爱岗、团队协作、诚实守信等。

（五）优化学校职能，实现学生培养校企双向互动

学校进一步优化和开放管理职能，通过让教师参与企业的文化建设，企业管理层参与学校教学管理，实现校企双方共建企业文化、联合培养学生职业素质的互动局面。一方面改革和创新学校的课程建设和课堂教学。课堂教授的内容可以根据国家经济的发展和区域经济的发展要求适当增减、优化，允许企业的管理层参与课程教学，加强学校与企业的衔接；教师由传授知识为主转向传授知识、培养能力和提供创业创新服务并重，将各科目教学与企业管理、企业文化熏陶相结合，使课堂教学与企业需求相结合；积极组织“双师型”教师队伍和企业参与课程改革，增加创业创新的成功率。另一方面，优化学校师资队伍建设，加强“双师型”师资队伍建设的力度，扩大企业管理层进校授课、指导的力度。

四、园区企业文化引领辐射学生创业

大学生创业园对学校发展起着至关重要的作用，园区企业文化教育不仅提高大学生创业的职业素养，使更多的学生具备创新意识和创业能力，同时能够更好地为学校的发展做出自己的贡献。

（一）增进学生的团队协作意识

随着社会分工的细化和知识更新速度的加快，依靠个人的力量很难完成一项事业，因此企业内部团队协作的力量显得尤为重要。作为创业者，要创业成功就必须与他人合作，创立新公司需要具有说服大多数人一起努力、一起规划并铸就未来的能力。学生在学习企业文化的过程中，可以充分感受到企业文化凝聚人心的力量，学会在团队中尊重自己、尊重他人，抛弃以自我为中心的狭义思维，形成互助协作的良好氛围，掌握未来创业团队团结协作的技巧，建立起对自己、对

他人、对社会的责任感，为未来的创业成功打下良好的基础。

（二）培育学生创业创新的激情

企业文化管理的目标就在于夯实共同的价值观和企业精神。例如，了解员工对企业的使命感、对未来美好愿景的追求、对核心价值观的认同等，并以此来激发员工的积极进取精神，使企业无论外在环境如何变化，员工也能同企业一起跟上时代步伐，不断创新发展。因此，通过对学生开展企业文化教育，让学生了解企业的生存之道，认识到拥有学习的能力、持续创新的能力和健康的企业文化是企业“基业长青”的道理，从而有效激发学生学习的自主性和积极性，让学生保持持续的创业创新激情。

（三）培养创业者的企业家精神

创业者能否成功还取决于创业者是否具有创新思维和企业家精神。企业家精神是创业者创业成功的必备素质。企业家精神既不是“自发的”，也不是“创造的”，而是培养出来的。著名企业家王石也谈到：“对于企业的发展方向，企业究竟要走向何处？我希望可以通过学习，找到方法来解决这个问题。”成功的企业家们都认为可以通过学习提高自己作为企业家的各项素质。所以对于创业者，在大学阶段借助企业文化教育，进行较长阶段的有关企业家精神方面的培养，可以为以后创业过程中出现的问题做好心理准备，减少创业的成本。

（四）帮助学生获得类似企业环境的经验

大学的教育应该是成人在先、成才在后，学校在教会学生必要的专业知识和技能的同时，应该创造更多的学习机会、实践机会，让学生真正了解企业。通过园区企业文化教育，模拟企业文化管理的方法，增加学生的生存能力和应对陌生环境的心理承受能力，让学生将来能用最短的时间融入企业，在未来的创业创新过程中，用较小的机会成本取得较大的成功。

（五）帮助学生学会规划未来

企业文化建设的关键就是确定企业使命、构筑企业未来愿景、制定企业发展战略，企业明确的使命和愿景可以坚定员工的信念，形成具有核心竞争力的企业价值观。通过接受企业文化教育，可以帮助学生在校期间对未来做出人生规划、创业规划，并按照自己的目标去选择最该做的事，且专心去做。

企业文化中的先进因素融入校园文化，是一项长期的工程，学校为此做了诸多有益的探索。通过共建“双轨制”运行的企业大学、贯穿人才培养全过程、开办百家企业论坛、建设大学生创业园、开展职场精英训练营等举措，现已搭建了校企合作、互动互融的良好平台，建立了企业人员深入校园常态化、师生了解企业便捷化的畅通通道，形成了具有浓郁企业文化氛围的独特校园文化，营造了学校、企业、行业共同育人的良好局面，并受到专家学者和社会的广泛认可与好评（图5-5-3）。学校也将不断总结经验，开拓创新，求真务实，持续探索文化育人的创新型模式，力争走出一条具有企校特色、高职特性的文化育人之路。

图5-5-3（1）

光明日报

2013年6月21日 星期五 农历癸巳年五月十四 今日16版

"树立了中国高职教育的新标杆"

——浙江经济职业技术学院特色办学纪实

图5-5-3（2）

图5-5-3（1） 联合国教科文组织参观创业园

图5-5-3（2）《光明日报》报道

收藏 推荐 打印　　版面导航 | 标题导航 | 返回主页

不愿去银行舒服上班
四年折腾了四门生意

历经磨难后，两创业大学生终成正果

本报记者 徐金燕 文/图

下沙大学多，创业大学生也多。一没经验，二没人际关系等资源，许多年轻人在创业这条路上，走得非常艰难。

经历一番磨难后，23岁的曹少坡和吴水平，如今找到了一条有前景的路。两人创办的公司，现在每月能实现超过10万元的利润，业务规模正在快速增长。

图5-5-3（3）

主管：中华人民共和国人力资源和社会保障部

HR视点

25　七点洞悉职业生涯规划发展 / 李贵珍

26　中国劳动关系与企业雇主品牌建设 / 董晨阳

28　别让"空降高管"孤独 / 董晨阳

环球职场

30　世界收入最高的职业：瑜伽大师等五则

32　泰国的就业形势及留学前景 / 徐艳文

职教探索

34　从热点切入解读南京特色的现代职教体系 / 丁　锐
——专访南京市教育局副局长潘东标

37　满怀"护犊"深情 托举"双创"梦想 / 陈　晓
——记杭州职业技术学院创新创业教育

图5-5-3（4）

图5-5-3（3）《钱江晚报》报道

图5-5-3（4）《职业》杂志社报道

第六章

源头活水入时新

——传统文化内化

由积淀文化到和谐育人，这一发展过程中，文化的选择及其内化无疑是至关重要的。中华优秀传统文化凝聚着中华民族数千年来的人文精神，是华夏之魂、民族之根。经院荣誉教授、中国科学院杨叔子院士曾说：“一个国家、一个民族，没有现代科学，没有先进技术，一打就垮；而一个国家、一个民族，没有优秀传统，没有人文精神，不打自垮。”[1]面对新世纪对技术应用型人才的需求，职业教育必须培养具备可持续发展潜能的“和谐职业人”。因此，高等职业教育在突出职业知识传授和职业技能训练的同时，强调全面提升学生的素质内涵，尤其要重视文化素质教育，把人格的塑造、职业精神的培养摆在首位。

中国特色高职文化之根应深扎于优秀传统文化的土壤中，以此为本，切实引导学生珍爱民族文化，弘扬民族精神。学校的文化素质教育始终坚持以传统文化为根，其目的正是要引导学生将“为何而生”的思考与“何以为生”的学习结合起来，促进其全面、和谐、可持续地发展。而文化内化作为一项内涵丰富的系统工程，要想取得实效，必须选择恰当的形式和抓手。多年来，学校依托传统文化，以诗教为特色，兼容诗书画，并蓄文史哲，历寒暑以求成，沐风雨以发展，走出了一条文化育人的特色之路。

[1] 汪青松.杨叔子院士文化素质教育演讲录［M］.合肥：合肥工业大学出版社，2007：8-14.

第一节　开拓探索：中专素质教育衍生校园诗教萌芽

在建校后二十余年的办学过程中，校领导一直高度认可诗教在文化素质教育中的重要地位，努力增强诗教工作的自觉性。在校领导的重视与倡导下，相关教师积极参与，以理论探索带动实际工作的不断深入，紧紧抓住诗教特色，稳步推进各项工作开展。不仅将诗教顺利引进校园，同时全面推进诗教正规化、制度化建设，通过建立诗教团体、完善教学体系、创建交流阵地、改进办学模式等途径，使诗教在校园生根开花，逐步进入稳定发展的轨道。

一、中等职业文化素质教育的发展与文化育人工作的开展

（一）中等职业文化素质教育的发展及思考

我国的中等职业教育早在改革开放之初就呈现出活力。1980年，国家大力发展职业技术教育，许多院校办学特色日益明显，注重操作技能的训练，强调专业技能的培养，学生的实际操作水平和动手能力开始得到显著提升。但同时，也出现了许多值得注意的问题。建筑大师梁思成于1984年在清华大学做过一个演讲，标题是《半个人的时代》，阐述了文理分家导致人的片面性。近代科学强有力地推动了社会和人的发展，但同时也带来了科技和人文的分离。由于受资本主义商品经济的影响，人的商品化现象也很严重，对金钱的追逐使一些人把自己变成了赚钱的商品和机器，凡于赚钱无使用价值的知识一概弃之如弊履。这种价值观渗透到教育思想上就是重理工、轻人文，重做事、轻做人，培养出来的人才就是“半个人”。没有高尚品格，没有崇高的人生追求，没有是非观念，这样的人就是“不打自垮”的典型。

这一时期，加强文化素质教育，是全面贯彻党的教育方针，落实全面发展的根本任务。1985年，针对我国历史和现实中存在的“过

强的功利主义、过窄的专业设置、过弱的文化底蕴”等现象，中共中央发布了《关于教育体制改革的决定》。文件指出：“在整个教育体制改革过程中，必须牢牢记住改革的根本目的是提高民族素质，多出人才，出好人才。”此后，在《中华人民共和国义务教育法》《中共中央关于社会主义精神文明建设指导方针的决议》和中共十三大报告中，都强调“提高整个中华民族的思想道德素质和科学文化素质”的问题，体现出国家对于文化素质教育的高度重视。

加强文化素质教育，也是职业教育自身发展的内在要求。一段时间以来，部分院校致力于传授“何以为生”的知识与本领，即职业技术，弱化了对学生进行“为何而生”的教育，使某些职业院校的课程设置以“实用”为标尺，进行目光短浅的取舍，文、史、哲等人文课程成了名副其实的点缀。对学生进行纯技能化的训练，造成知识与能力上的畸形，“做人”与“做事”的脱离，影响学生的长远发展，同时也制约着职业教育的进一步推进。因此，职业教育必须加强人文教育，用人文精神去培养学生健全的人格，引导学生探究超越现实功利主义的人生态度，从而将“为何而生”的思考与“何以为生”的学习结合起来，构建正确的、足以影响其一生发展的世界观、人生观和价值体系，这是最基本的，也是最重要的。因此，加强人文教育是中专教育的内在要求，是促成职业教育和谐、稳定、全面地向前发展的必要保证。

（二）中专时期的文化育人理念及载体

学校前身是创建于1978年的浙江省物资学校，是一所物流财经类的省部级重点中专。在培养中等职业技术人才的过程中，学校一贯注重文化素质教育，建校之初，即提出培养学生“一手好字、一手好文章、一副好口才”的口号。不仅开设了书法、写作、演讲与口才课程，相关社团活动也空前活跃，有效引领了校园文化的建设与发展

（图6-1-1）。但是，职业教育本身具有学制短、任务重、教育要求高、专业教育与实践环节所占课时比重大等特点，专业知识和专业技能的训练占去了大部分的时间和精力，加上办学的技术性、技能性倾向，文化素质教育的开展，不可能通过开设大量的相关课程，或者组织大量的文化素质活动来实现。

那么，对于中专生这样一个特殊的文化集合体，在开展文化素质教育时，选择一个怎样的切入点成为当时教育者必须思考和应对的问题。1984年，美国全国人文学科教育基金会发表了题为《必须恢复文化遗产应有的地位》的报告，呼吁加强和改进人文社会科学；英国提出了高等工程教育中人文教育的最低时间要求；日本、韩国等国也十分重视在高等教育中人文教育的重要性。就世界范围来看，各国人文教育的内容，多以民族文化为主，重视本国语言的学习，体现本国的历史和文化。

中国是一个“诗的国度”，古典诗词更是浓缩了文、史、哲、艺的通识宝典，是传统文化最重要、最典型、最集中的载体。以民族诗歌为载体的传统文化教育，即所谓“诗教”，更以其老少皆宜、雅俗共赏、资源丰富、准入简易的特点和燃情、启智、养德、育美等作用成为历代开展人文教育、社会教化的重要形式。调查证明，当代青少年对民族优秀传统文化了解最多、最有亲和感的是传统诗词。学校地处文化古都杭州，这里保存着大量的名胜古迹和人文典故，其间的诗词文化积淀尤为丰厚。可以说，杭州的地域文化特质就是诗，充溢在整个城市里的诗人古迹和诗词楹联为传统文化和民族精神教育提供了生动而丰富的资源。

基于此，学校充分认识到以中华诗词教学作为传承中国优秀传统文化的切入点和主抓手的必要性和可行性。在中专生源文化素质相对偏低、课程学时紧缺的条件下，诗教是文化素质教育的绝佳选择。以诗教为龙头，结合书法、美术等广大学生喜闻乐见的文化艺术领域，

图6-1-1（1）

图6-1-1（2）

图6-1-1（3）

图6-1-1（4）

图6-1-1　中专时代的社团文化

创建活动载体、创新活动形式，重点建设核心社团，通过诗词欣赏、创作与经典诵读等，让学生接受并热爱优秀传统文化艺术，不断提升他们的人文素养。

二、以校庆20周年为契机，诗词创作初入校园

（一）师生共创诗词作品，喜迎校庆20周年

1998年7月，在校庆20周年筹备活动中，校领导研究决定试行诗教，在结合经典诗词赏析的基础上，突出创作教学，倡导师生通过创作诗词作品来学习、传承、发展中华诗词。当时，学校退休高级教师孔汝煌首先倡导诗教进校园，并团结语文组广大教师开设了“古典诗词欣赏”等第二课堂活动课。在老师们的生动讲解引导下，同学们纷纷被中华诗词的博大精深所吸引，课堂气氛非常活跃。学生们的热情同样感染了授课老师，在此基础上，同学们也在老师的指导下开始了诗词创作活动的尝试。

是年9月，在杭州钱塘诗社协助下，学校教师制订计划、自编讲义，开办了全省第一个在校中专生的传统诗词习作培训班（图6–1–2），参加学员一百余人。在经过了先后6次、总计20学时有关诗词格律和写作入门知识的讲授教学及练习与辅导之后，多数学员交出了律绝和小令等练习作品。此次培训共收到诗词班同学的129首作品，其中不乏情文兼美的佳作。经过两个多月的培训，首届诗词创作培训班圆满结束，之后从200多首学生习作中挑选出几十首优秀作品，编成了校庆20周年特刊。《钱塘诗讯》等刊物上也辟出专栏，登出在校学生诗作。是年10月，学校辑印了全省第一份校园诗词书画专刊，选登了22位同学、9位教工的56首诗词作品，在教育界引起较大反响。为此，民盟浙江省委机关报《浙江盟讯》在1998年11月发表了《让诗书画丰富素质教育》的专题报道，介绍学校诗教活动的开展情况。

首次习作培训班的开展以及诗词书画专刊的辑印，不仅培养了学生对诗词的浓厚兴趣，而且使同学们初步掌握了诗词的有关知识，为初学入门奠定了基础。同时，培训班学生对于诗词的接触和理解，也由原来单纯的鉴赏分析提升到创作实践的层面。这种崭新尝试对于参加诗词培训班的中专学生来说，不能不说是一个由量变到质变的巨大飞跃，同时也是对传统语文课堂教学的一次新突破。校园诗教的阶段引进工作取得了良好开端。

（二）成立诗社，编印报刊，组织系列活动

首期诗词培训班时间虽短，但特色鲜明，富有成效。1998年11月，学校趁热打铁，以首届诗词班结业的30名优秀学员为成员，组建了全省第一个大中专在校学生的传统诗词创作组织——露曦诗社。诗社积极开展创作交流与辅导活动，举办讲座，定期征稿，出专题黑板报，成为第二课堂中最有活力的社团之一。同学们通过诗社这个平台，相互交流，研习诗艺，创作了大量的诗词习作。有不少诗词编入了校刊开辟的“诗词专栏”和诗社自编的诗词专刊。社团活动的陆续开展有效稳固了诗词创作的阵地。1999年11月至2000年3月，为补充因毕业生离校而形成的诗社缺员，学校又举办了第二届诗词传习班，列为选修课，结业学员40名，学校参与诗词创作的诗词爱好者人数日益增多。校园诗教进入了良性循环的扎根阶段。

2000年5月，露曦诗社正式更名为兴华诗社（图6-1-3），当时已有近20名教工和200多名学生社员；校党委副书记、副校长和校办主任担任了诗社的名誉社长和社长。诗社的成立，对学校诗教活动的深入开展产生了极大的推动作用。当时学校在校人数2 000多人，而诗社社员就超过300人，社员们对学诗写诗的热情都比较高。兴华诗社的成立，获得了省内外诗词组织、诗人及相关人士的褒扬和勉励，不少诗人题诗、书字、作画相赠，以示鼓励。王斯琴、袁第锐、张学

图6-1-2

图6-1-3

图6-1-2　迎校庆传统诗词习作培训班
图6-1-3　兴华诗社成立大会

理、周明道、高立刚、徐弘道等诗词专家纷纷来信来函，给予建议，指点经验，对社员习作进行认真评改，甚至针对某个作品集中展开讨论，使广大师生深受启发。

诗社更名伊始，即创办了社刊（《兴华诗教》报）并对外发行。报纸开辟社员作品发表阵地，激发学生的主动性与创造性，促使其不断吸收、积淀、发扬、发展中华优秀传统文化。在省诗词学会的支持下，学校充分利用《兴华诗教》报与校外诸多诗词社团和刊物进行着广泛、密切的交流。同时，学生社员还成立分社，规范、充实了组织机构，便于在相关教师指导下，有序开展丰富多彩的诗词活动。2000年10月，学校举办第三期诗词培训班，报名学员达到120多人。同时，校图书馆还特设了诗词阅览角，让诗词进一步深入到广大学生的日常学习生活中。学校以兴华诗社为平台，一手抓老社员的创作辅导，一手抓新社员的普及培训，使诗教工作进入了稳步提高的阶段。

（三）推进诗教正规化、制度化建设

为了进一步加强文化素质教育，强化新时期人文科学建设，学校于2001年年初成立人文科学部，每年拨款一万元用于《兴华诗教》的出刊。该部的工作重心之一就是以诗教为龙头，兼容书画，并蓄史哲，锐意探求新形势下文化素质教育的新途径。它的成立也标志着校园诗教跃上了一个新的台阶。经过几年的探索与实践，校园诗教工作已逐步走向正规化和制度化，并形成了一个稳定的诗教团体、一套完整的教学体系和一个活跃的交流阵地，逐步实现了组织有章程、领导有班子、经费有保证、活动有计划、交流有阵地。

首先，是建立了一个稳定的诗教团体。兴华诗社的师生骨干成员不仅思想素质好、热心诗教、乐于奉献，且具备了一定的诗词写作能力。三年多时间里，有近百人写了上千首作品，经修改后不仅发表在社刊《兴华诗教》上，还被推荐到《钱塘诗讯（刊）》《新时代诗词》

等校外专业诗刊上发表。2000年9月，中专部学生社员中有47名同学的102首作品入选全国《跨世纪中学生诗词选》，占入选作者数的7.5%和作品总数的12%。有两位老师因组织推荐成绩显著而名列编委。3位老师共有4篇诗教论文入选全国第十二届、第十三届以“诗词进入大中小学校园”为主题的中华诗词研讨会。论文入选及与会规格之高、人数之多，在全国职业院校中也不多见。

其次，是形成了一套较为完善的教学体系。每届诗词班都有相应的教学计划、相对稳定的师资；有自编讲义；有逐步完善、行之有效的诗词教学模式；有相对合理的考核标准；有大体稳定的教学秩序。新社员的格律和写作两个层次的入门培训被列为第一课堂选修课；老社员的创作辅导被列为第二课堂；教职工社员的培训、交流被列入诗社和工会的文化活动。

最后，是营建好一块活跃的交流阵地。《兴华诗教》以校领导确定的诗教工作“两个坚持”为办报指导思想，以刊发本校学生及教工的诗词习作为主要内容，同时选录当代诗词名家、诗人的优秀作品作为习作者的典范。在校师生基本上人手一份，成为素质教育的补充读物和诗社创作课的辅助教材。《兴华诗教》报有稳定的编辑班子，有固定的出版日期和发行渠道，有充裕的稿源，既是学校诗教工作的成果展示，也是诗教经验和作品内外交流的窗口。在校园诗教的巩固、发展中发挥着重要的推动作用，也赢得了一定的社会声誉。

三、有关诗教经验的交流及深入思考

（一）诗教经验交流与诗教先进单位的确立

除了持续推进校园诗教的正规化、制度化建设，学校传统文化内化工作的开展还摸索到了一些课堂教学模式以外的新路子，建成了一种灵活的办学模式，即坚持校社联办诗教。1999年8月，《中华诗词通讯》即报道了学校与钱塘诗社联办诗教的经验。学校先后聘请了袁第锐、蔡厚示、刘庆云、毛大风、戴盟等全国或省内著名的诗词名家或热心于诗教的工作者担任诗教名誉顾问（图6-1-4），邀其讲学或授课、写稿。2000年5月，学校与浙江省诗词学会、新时代诗社联办中华诗词沙龙首次活动。有30多位诗人和文艺界人士与本校200余名师生济济一堂，诗词吟诵，歌乐助兴，翰墨添香，交流承传，逸兴遄飞，雅音绕梁。师生普遍反映这是一次现代和传统文化相融汇的精神文明盛会。联办诗教活动，协调了校园诗教的周边环境，展示出学校对于校园诗教外部营养的不断吸取和充分利用。《浙江日报》《钱江晚报》《联谊报》等多家媒体作了报导。

2000年10月，学校与浙江省诗词学会联合筹建浙江省诗词培训中心，以弘扬诗教为宗旨，以培养各级各类学校诗教的初级师资为工作重点，兼及有条件学校的诗教试点工作，亦面向社会、企事业单位的诗词爱好者，积极探索多层次、多形式的诗教活动模式。

2002年4月，在中华诗词学会的充分信任和大力支持下，学校成功举办了中华诗词学会首届“诗词之乡”和“诗教先进单位”经验交流会。中国作家协会副主席张锲，教育部素质教育指导委员会主任杨叔子院士，中华诗词学会会长孙轶青，副会长梁东，著名专家学者刘征、蔡厚示、袁第锐等社会名流和诗坛前辈，以及全国33家诗教先进单位的同行和省市有关领导莅临指导工作。因诗社开展的系列活动以及所取得的成果，学校在本次会议上被授予“全国诗教先进单位”的荣誉称号（图6-1-5，图6-1-6）。全国诗教会议的成功举办，受到了上级领导、与会代表及新闻媒体的充分肯定和高度评价，不仅提高了文化品位，同时增加了学校在全省乃至全国的知名度，实现了人文品牌建设的重大突破。学校诗教初创四载，首获殊荣。

图6-1-4

图6-1-5

荣誉证书

浙江经济职业技术学院

诗教先进单位

中华诗词学会

图6-1-6

图6-1-4　老诗人秦天孙先生指点兴华诗社社员创作

图6-1-5　学校获颁全国“诗教先进单位”证书

图6-1-6　中华诗词学会授予学校全国“诗教先进单位”称号

（二）传统文化育人的新思考

当然，校园诗教是一项既传统又现代的育人事业。以上的工作仅仅是个开端，仍有许多问题有待理论和实践上的进一步探索思考。

首先，是进一步解决现代科技与传统文化的融合问题，在理论上应进一步明确当代诗教对传统诗教的继承发展关系。对于“诗言志”“诗无邪”“温柔敦厚”“兴观群怨”等传统命题在新时期仍有待从“诗”和“教”的辩证关系上加以深入探讨，以期避免认识误区，给诗教以正确定位，更好地发挥其在文化素质教育中的特殊作用。

其次，是如何以诗教为龙头，综合其他艺术门类，开创生动活泼、丰富多彩的素质教育新局面。学校长期坚持书法、美术、摄影、声乐、演讲等多种社团的第二课堂活动，但开展力度和协调统筹都还不足。2000年9月，学校与全国硬笔书法家协会及硬笔书法等级考核办公室达成协议，在经院建立硬笔书法实验教学基地和全国硬笔书法等级考核培训中心，给学校素质教育增加新的增长点和突破口。学校人文科学部的成立，同时也可以进一步协调诗教、书教和其他人文教育门类的关系，在确保重点的同时平衡发展。

最后，是诗教师资队伍的建设问题。诗教必须教诗，诗教易讲难做，尤难于改。学校同样面临诗教师资不足和后继乏人的问题。可喜的是，在校园诗教的持续发展过程中，也有一批诗教骨干逐渐成长，教职工参与诗教的积极性进一步提高，全校上下形成了浓厚的学习传统文化的氛围。诗教活动具体、实际，有大量的社务工作要做。时任党委委员、党办主任、人文科学部部长邵庆祥兼任诗社社长，人文科学部部长助理潘军兼任副社长，其他工作人员无不热心奉献，积极做好诗教组织及协调工作，成为义务的兼职社务骨干。诗教工作又具有很强的专业性，在校语文教师不仅努力提高自己的诗词创作水平，还积极探索课堂教学与诗教相结合的路子，在指导学生诗社和组织推荐学生作品对外发稿方面做了许多工作；孔汝煌等诗教顾问全身心地投入到诗教工作的策划、组织和实施中，执着追求、热诚奉献，还承担了诗教、编刊、对外联络等重要业务工作。诗教工作的蓬勃发展，感染了大批教职工，他们关注诗教工作，热心参与到传统文化的传播中来。

自1998年开始试办诗教，至2002年已有四载。四载其间，学校始终坚持校园诗教必须兼顾读和写的基本要求，写作为主，鉴赏为辅。从诗词创作入手，不求速达，不急功近利，逐步推进，经历了引进、扎实和提高三个阶段，使得古典诗词的培育作用逐步生根、开花、枝繁叶茂。

第二节　与时俱进：高职办学进程中确立的文化育人特色

2000年学校开始筹建高等职业技术学院，2002年1月正式升格为浙江经济职业技术学院。高职院校的成立，迎来了职业教育的崭新阶段。较之于中专时期，高等职业教育对于人才培育的基本任务有所不同，对于职业道德的强化和素质教育的加强提出了新的要求。因此，学校特别提出了“立德树人”的基本理念，坚持育人为本、德育为先，在继续发挥诗教理论与实践优势的同时，逐渐形成了鲜明的文化育人办学特色和诗教品牌。

一、“立德为本、致用为宗”办学理念的提出与诗教育人的定位

（一）新时期高职办学与文化育人的新思考

随着我国高等教育改革的逐步深化，高职教育开始从以规模发展逐步向以提高质量为核心的内涵式发展模式转型。就外部而言，高新

技术的飞跃式发展以及职业岗位在全球范围内流动性的增强，对技能人才的岗位迁移能力提出了新的要求；知识经济时代的到来促使产业结构调整升级渐趋频繁，智力技能型人才成为市场的主要需求；对于职业人才的需要，从以往强调专业技能、岗位适应性、职业规范性的外在标准，开始向职业态度、发展潜力、创新能力等内在层面转化。而从内部来说，对于职业能力的要求，也由原本的单一技能型培养，逐步转向强调综合素质和发展潜能的培养。这种新型培养模式不仅对参与职业实践的个体状态制定了新的标准，更在知识、才能、技能以及态度等综合素质方面对职业院校学生的主体能力培养提出更高要求。

基于以上诉求，学校在二十余年中等职业院校办学经验的基础上，进一步结合高职教育的特点和规律，坚持“立德致用”的人才培养理念，始终将品德塑造放在首位，以树立良好的道德情操作为文化育人的根本要务，注重职业素质和人格素质的高度融合，在强化学生职业岗位应用能力培养的同时，注重文化素质教育。使高职学生既具备科学精神，又具备人文精神；既学会做人，又学会做事；既学会坚持，又学会创新；既有较强的实践能力，又有较强的可持续发展能力。并通过对文化素质教育体系的大胆探索，不断开拓，逐步确立了以“诗教”为特色的传统文化内化体系。西泠印社副社长，中国美术学院、浙江大学双博导陈振濂先生为学校题写了校训（图6-2-1）。

（二）诗教在高职育人中的定位与思考

在职业院校开展以“诗教”为特色的传统文化教育，与普通高校、中小学显著不同。职业院校文化素质教育具有独特的实践主体、对象和过程。职业院校的学生以工作领域中的某一职业岗位、工种作为实践对象，他们往往注重实践能力培养，相对缺少理论知识的学习。而以“诗教”为特色的传统文化内化，则是指以诗教为载体，以诗性文化资源为依托，以培育完美的人格素质为旨归，集诗词育美、

立德為本

致用為宗

陳振濂題

图6-2-1

图6-2-1　陈振濂先生为浙经院题写的校训

诗性化美、诗化人生为一体的综合性文化素质培育工程。具体到职业院校人才的培养，则是以职业院校学生为对象，以“诗教”为主要切入点，来提升职业院校学生的文化修养和道德情操。

所以，选择以诗教为突破口开展职业院校传统文化内化实践，应当充分结合中国文化的本质、古典诗词的艺术特征、职业院校学生的接受能力和学校所在地地域文化资源开发等问题有效开展。以“诗教”为特色实现传统文化的内化，实际上是一个极其复杂的系统工程，它的内容和教育过程都具有逻辑性。“诗教”存在于主客体之间“物”与“我”的对照中，从而实现“物我两忘”“主客体交融”的精神境界的还原，其内容是一个由诗性环境、诗性主体、诗性精神组成的系统，并通过教育过程逐步实现。同时，当代诗教培育的实施必须借助各种优秀的文化资源。中国地域广阔，又诗情弥漫，不同地域的诗性文化资源共同组成了诗国的灿烂星空。所在地的本土人文资源是一种颇堪挖掘、可资创新的当代诗教素材。此外，怎样让现代的读者以现代的方式接受和解释古典作品应成为开展文化素质教育、设计诗教相关活动时的主旨。诗教活动的创新包括思路创新、主题创新、模式创新、资源获取方式创新等途径。

（三）“依托传统文化，以诗教为切入点，兼容诗书画，并蓄文史哲”文化素质教育体系的确立

首先，是在结合经典诗词赏析的基础上，始终突出创作教学，倡导师生通过创作诗词作品来学习、传承、发展中华诗词。通过创办诗社，凝聚校内核心诗词创作力量；通过公共选修课诗词创作普及诗词创作基础；通过与大学语文、思想道德修养等课程改革相结合，实现诗教走进必修课；通过开发课程诗性文化遗产人文之旅，借用杭州地域文化资源，延伸诗教社会课堂；通过创办《兴华诗教》报来交流诗教工作经验，辐射诗教社会影响。事实证明，以诗教作为传统文化内

化的切入点，具有提纲挈领的独特作用。学生通过诗词习作，不仅传承了中华诗词经典表现形式和创作技法，更从深层次上体悟了传统文化和民族精神的内涵精髓；学校通过诗教工作，营建了浓郁的文化氛围，扩大了社会交流和社会影响，并最终形成了办学特色。

其次，以“诗性文化”的视野关照，将中国书法、绘画等与中华诗词有机组合，相辅相成，形成一种既有诗词传承发展的主导特色，又可以结合学生个性爱好，在多样传统文化艺术门类里自由选择，具有更广普及面和适应性的“综合型”传统文化教育模式。在秉承自中专办学数十年来的书法教学传统的基础上，学校凭借杭州传统书画人文地域的特色和优势（如宋元以来的江南书画之盛，中国美术学院、西泠印社引领书画篆刻艺术的文化辐射力等），不仅开设了书法等级考试工作站，在国画、篆刻等美术教育方面也创新途径，成果丰硕，得到了浙江省美术家协会的肯定与支持。同时挖掘地方民俗剪纸艺术的传承育人价值，开设选修课“民俗剪纸”。此外，依托艺术品经营与管理特色专业，传承中国书画装裱工艺和古陶瓷修复技术，并获得了浙江省首届高职高专院校“挑战杯”创新创业竞赛特等奖、最佳表现奖等殊荣。

诗性的智慧、诗意的情怀在“兼容诗书画、并蓄文史哲”的理念倡导与践行中慢慢地融进经院的角角落落，流淌在每个学子的心灵深处，也日渐创成了学校“校园诗教，和谐育人”的文化品牌。

二、诗教理论研究与育人品牌的确立

（一）编印《校园诗教理论与实践探索集》，出版《中华诗词曲联简明教程》

随着诗教工作的全面展开，学校的传统文化内化理论研究与建设工作也取得了一定进展。从2001年7月起编印《校园诗教理论与实践探索集》，已集12卷，一定意义上反映了学校对于诗教理论与实践问题的一些基本认识和反思，也从侧面反映了学校在诗教及文化育人建设方面所取得的成果，成为校园诗教历史与经验总结的原始档案。从诗词创作教学和培训的实际需要出发，在校教师还在诗教经验的基础上，编著并公开出版了一系列教材，如《中华诗词曲联简明教程》（孔汝煌主编，浙江古籍出版社，2002年）、浙江省首批高职院校人文素质教育规划教材《中华诗教与人文素养》（孔汝煌主编，浙江大学出版社，2004年）、“十一五”浙江省重点教材建设项目《人文素养与中华诗教》（邵庆祥主编，浙江大学出版社，2011年）等（图6-2-2）。2007年10月，“以诗教为突破口的高职院校美育实践研究”被立项为教育部“十一五”规划课题；2010年6月，“以本土诗性文化为依托的高职院校诗性艺术教育实践研究”被立项为教育部“十一五”重点规划课题。

（二）诗教系列活动的推进与“五大品牌”的确立

在理论研究的成果基础上，学校以诗教为特色开展传统文化内化实践工作，举办了一系列的诗教活动，如诗词培训和讲座、诗词创作大赛、诗词文化沙龙等。对于一些内涵丰富的诗教主题活动，不断加以提炼和完善，使之常规化、优势化，逐渐被全体师生接受和认同，进一步形成五大系列品牌（图6-2-3）。

其一，是“西湖梦寻”人文之旅。早在1999年，兴华诗社就组织过两次诗词文化之旅试点活动，挖掘杭州的诗性文化资源，将西湖周边秀美的自然景观和深厚的文化底蕴作为诗教的活教材，由骨干师生事先实地考察并结合典籍历史资料精心备课，再将课堂搬到大自然中。活动特别邀请老师讲解有关名人轶事、锦篇佳联，在徜徉灵山秀水、游览名胜古迹的同时，开阔眼界，陶冶情操，不仅有效激发了学生的艺术感悟力与创造力，增强学生的民族情怀，同时也为诗词创作

图6-2-2

图6-2-2　诗教教材

图6-2-3（1）

图6-2-3（2）

图6-2-3（3）

图6-2-3（4）

图6-2-3（5）

图6-2-3 “五大品牌”系列活动

积累文化素材，极大地提高了出游的文化品位。该活动至今已开展40余次，开发出孤山景区、宝山石山景区、北山街景区、杭州花圃景区、苏堤——吴山景区等5条人文旅游路线，并编印有《西湖周边景观及人文历史知识简编》系列指导手册。

其二，是“爱我中华”诗词吟诵晚会。学校高度重视历代诗词中那些高扬民族情怀，鼓舞爱国热情，激励奋发进取的作品。在重视诗词创作的同时，倡导经典名篇佳句的吟咏诵读。学校定期举办以“爱我中华”为主题的诗词吟诵晚会，通过雅诗阙词、歌声舞姿等多种活动形式，将诗词古韵与青年大学生的蓬勃朝气融为一体，丰富了学生的文化生活，给学生更多展示自我的舞台，同时将高尚的爱国情怀和人文情操撒播到青年学子中去，为他们的成长成才打下良好的精神基础，受到广大师生的一致好评。

其三，是“诗国青春”诗词楹联灯谜会。活动以灯谜为载体，以传统诗词为主，成语、字谜、歇后语、篆刻、文学、历史常识等内容为辅，谜题数量多达2 000 ~ 3 000条，充分调动了学生对传统诗词文化的兴趣。夜幕降临时分，校园广场挂满灯谜，流光溢彩，在丝竹背景音乐中，莘莘学子徜徉于诗林词海，人头攒动，兴致勃勃，构成了一道别具特色的风景线。该活动寓教于乐，形式活泼，活动规模不断扩大，参与的人数持续上升，不仅增进了学生之间的交流互动，对弘扬传统文化，提升校园文化品位也多有裨益。此项互动活动已成为校园诗教品牌系列活动中影响最广、最获赞誉的活动之一。

其四，是“江南毓秀”名家书画笔会。学校与中国美术学院、西泠印社等文化部门保持长期合作关系，定期邀请书画名家到校举办诗书画笔会。笔会现场，不仅能见到书画名家激扬翰墨，挥洒丹青，还能看到他们对兰竹轩书画协会学生会员的作品进行当场指教和点评；并对兴华诗社社员及其他学生的诗词作品进行书画艺术加工，妙趣天成，相得益彰，进一步提高了学生对于诗词创作的积极性。该活动画意诗情，别具雅韵，大受师生欢迎。使广大师生充分领略到传统文化经久不息的魅力，同时也体现着学校“兼容诗书画，并蓄文史哲”的文化素质教育理念。

其五，是“明德励志”文化讲堂。针对高职院校相对较弱的人文教育现状，有计划地推出文化讲堂系列活动。杨叔子教授作为校园诗教的积极倡导者，曾亲临校园，为师生作了三场有关诗词的讲座。此外，中华诗词学会会长孙轶青，原常务副会长梁东，顾问袁第锐、蔡厚示、林从龙，副会长杨逸明，理事刘庆云、毛大风，中国韵文学会会长钟振振，知名学者刘士林、甘筱青，青年诗人萧瑶等知名人士都曾做客讲堂，并组织了“中华诗词的历史沿革”“文学家谈诗与人生”“企业家与人文素养”“诗说延安精神”“人文精神与中华诗词”等讲座60余次，为广大师生带来了一场场的精神盛宴，并在全校形成了浓郁的高品位文化氛围。

（三）学生诗词作品结集出版与“兴华诗社”获省优社团称号

诗教社团的建立及相关活动的持续开展，使在校学生古典诗词的创作能力得到了很大提高。兴华诗社建社十余年，仅社员即已创作诗词万余首，在《中华诗教》报上发表诗词逾4 000首，在《中华诗词》《诗词》《当代诗词》等各类诗词刊物上发表逾1 500首，在其他各类诗词刊物上发表超过4 000首；并有十余名学生加入了省级诗词学会，收到了积极的育人成效，获得了良好的社会反响。其中的优秀作品经整理，汇编成学生诗词作品集，首集《新蘖集》编录诗词300余首，于2002年由天马图书有限公司正式出版发行；《新蘖二集》《新蘖三集》亦分别于2006年、2008年编辑出版。

早在2002年，兴华诗社即被中华诗词学会和省诗词学会吸纳为团体会员，6位诗教骨干教师加入了中华诗词学会，有5人成为省诗词学会个人会员。不仅如此，还有10余名学生也加入了省诗词学会。

诗社成员以个人身份加入学术社团，使诗社在国内诗词界和诗教领域具有一定影响力，同时也获得了良好的社会反响。“兴华诗社”还设立学生分社，在教师指导下，组织学生有序开展丰富多彩的诗词活动。2002年曾被浙江省团委、省教育厅评为“浙江省高校优秀社团”，2008年又再次获此荣誉；2006年，从下沙14所高校的特色社团中脱颖而出，被下沙高教园区管委会评为“十佳社团”；2014年又被评为在杭高校十佳“读书社”。以兴华诗社为依托，中华古典诗词创作活动已成为校园文化建设的重头戏。

三、文化育人办学特色的确立

（一）高职建设合格评估首度确立文化育人办学特色

2002年以来，学校锐意推进专业教育与文化素质教育相融的“绿韵”工程，将文化素质教育内容融入各专业人才培养计划中，并通过师资培训和课程优化建设，让学生在课堂上逐渐培育人文精神，然后再借助于课堂外的隐性教育，促进学生进一步提升文化素质。基于此，学校积极加强传统文化教育的正规化课程建设，形成以诗词创作、诗词欣赏、中国诗词与文化为核心，书法、国画临摹、碑帖临摹、篆刻、书画装裱、艺术欣赏、国学导读、中国传统文化等十多门选修课为框架的传统文化课程体系，以适应多样化需求为目标，不断深化文化素质教育的新内涵。

同时，为实现诗教从第二课堂向第一课堂转化，进一步扩大诗词教育的普及面，学校重新修订了大学语文教学大纲，在有限的课时中增加四节课的诗词创作内容，并列入期末考核，使诗教得到广泛的普及，也为诗词选修班和提高班的生源质量奠定了良好的基础。思想道德修养与法律基础课是教育部规定的必修课，为了充分发挥传统道德资源在现代道德教育中的作用，学校编写了教学参考资料《古典诗词与道德》，把道德教育和诗词教育相结合，以古往今来仁人志士坚贞不屈的民族气节引导学生塑造完善人格，树立正确的人生观、价值观，将爱国之情、报国之志融入刻苦学习、勤奋工作之中。

2003年下半年，浙江省教育厅高职高专人才培养合格评估专家组对全省的高职院校进行了人才培养水平的评估，鉴于浙经院在诗教及文化育人方面取得的成绩，“以诗教为切入点，以传统文化为依托的人文素质教育”被浙江省省教育厅高职高专人才培养合格评估专家组确认为学校办学特色。

（二）高职办学优秀评估再次肯定文化育人办学特色

诗教作为传承中国诗性文化遗产的切入点，具有较好的引导作用。为了将传统文化内化工程由诗教进一步扩大到诗性文化的范畴，学校在诗教的载体上进行了卓有成效的探索，结合青年学生的个性特点，创建新载体、拓展新渠道，开展了多层次、多形式的诗性文化活动体系，不仅确立了诗教“五大品牌”系列活动，更进一步丰富交流形式，并取得了良好的效果。

比如，学校与浙江省诗词学会、新时代诗社联办中华诗词沙龙活动，有30多位诗人和文艺界人士与本校200余名师生济济一堂，诗词吟唱，歌乐助兴，翰墨添香，交流承传。一时间，学生中涌现了要求参加诗社的热潮；诗社每学期还举办诗词创作大赛。每次大赛都有相关主题，如“壬午金秋诗词大奖赛”“知荣辱、创和谐”梅月诗词创作大赛等，以提高社员诗词创作的积极性、提高社员创作水平；还有校团委与兴华诗社联办“党在我心中”诗词朗诵比赛，有13所在杭高职院校参赛，雅诗阙词、歌声舞姿，将诗词古韵与青年的朝气融为一体，受到各界的好评。

2006年11月，“以诗教为切入点，以传统文化为依托的人文素质教育”被教育部高职高专人才培养优秀评估专家组确认为学校创新项目。《浙江日报》《钱江晚报》《联谊报》《中华诗词》《高校思想政治工作》《政工月谈》《教育与职业》等报纸杂志先后予以报道。文化素质特色教育逐步引起省内、外教育界的关注并得到了诸多领导、专家、教授的一致肯定。

（三）全国首届高职文化素质教育研讨会的召开

2007年4月，全国首届高职高专院校文化素质教育工作研讨会在浙经院召开（图6-2-4），来自全国各地近70所高职高专院校的代表们参加了此次会议。会议提出要正确理解和全面把握人的全面发展内涵，促进职业教育与人文教育相结合。同时要加强各高职高专院校之间在文化素质教育方面的交流与合作，积极开展文化素质教育工作的探索。会议现场展示的诗教工作成果和经验获得了教育部高校文化素质教育指导委员会领导和与会代表的普遍认同，被肯定为浙江省高校文化素质教育工作中较有代表性的一所。会议决定成立教育部高等学校文化素质教育指导委员会高职分会（筹）协作组，以加强对全国高职高专院校文化素质教育的统筹、规划与指导，推动全国高职高专文化素质教育，努力开创高职高专文化素质教育的新局面，学校党委书记俞步松出任副组长。

四、中华诗教促进中心的设立与全国校园文化品牌特等奖的获得

（一）中华诗教促进中心设立及对文化育人的催化、推进作用

2005年4月，中华诗词学会“中华诗教促进中心”在经院挂牌成立（图6-2-5），同时设立“中华诗教文化研究所”和“校园诗教传习中心”，集中开展诗教基础理论和当代诗教实践规律的研究，总结实现校园诗教的最佳途径，为全国各地的校园诗教提供交流平台，

图6-2-4

图6-2-5

图6-2-4　全国首届高职高专院校文化素质教育工作研讨会召开

图6-2-5　诗教促进中心揭牌仪式

促进当代校园诗教的发展和振兴。《兴华诗教》报同时更名为《中华诗教》报，每两月编印一期，每期3 000份，面向全国发行。报刊开辟《新蘖集》栏目，刊发在校学生诗作，设置《诗教理论》《诗坛动态》等专栏，是汇集当下国内诗坛和诗教领域最新动态和前沿理论的园地，便于校园诗教理论、实践经验与创作交流的进一步开展。2009年起，还增刊以诗性文化为引领的《高职高专文化素质教育动态》，并编辑出版《中华诗教年鉴》。在创办报刊的同时，学校积极探索传统文化和现代信息技术的有机结合，于2004年9月创办了兴华诗社网站。网站主页设立多个版块，既可发表自己的作品，也可以评点他人的作品，是诗词创作的重要学习园地。当时平均日发帖量超过100帖，交流踊跃。2006年9月，"兴华诗社"网站改版为"中华诗教"网，其中增设"兴华诗社"二级网站，进一步扩大了校园诗教育人的网络阵地。此外，以兴华诗社为阵地，还建立有"诗词在线"公众微信订阅号等新媒体，全方位拓展诗教互动与实践窗口。

受中华诗词学会、中华诗教委员会的指导和委托，中华诗教促进中心每年还有计划地到省内外各级各类学校、教育主管部门及市、县（区），指导社会、社区诗教工作及培训事务。如2005年5～6月，以问卷调查、座谈会及个别采访的形式，对全国大中小学诗教工作进行调研；同年8月，协办第四次全国创建诗词之乡暨诗教先进单位（望奎现场）经验交流会；2007年5月，对江苏全省的诗教工作进行调研；2009年6月与浙江省诗词学会联办全省首届校园诗教经验交流观摩会（浦江）；同年8月，发起联办浙江省首届中小学教师（浦江）诗教培训班；2010年4月，与浙江省诗词楹联学会联办浙江校园诗教函授培训班，面向浙江中小学特别是诗教创先学校语文教师，培养诗教骨干教师；2010年11月；协办全国高校诗教工作暨当代中华诗教理论研讨会等大型诗教活动。中华诗教促进中心成为宣传、促进全国校园诗教事业的引领角色，担负面向社会推广、辐射、服务的重任。

（二）全国校园文化优秀成果评比特等奖获得的新动力、新思考

2007年2月6日，教育部以《浙江经济职业技术学院弘扬优秀传统文化，大力提升学生人文素质》为题专门刊发《加强和改进大学生思想政治教育工作简报》（第396期）（图6-2-6），强调学校在重视专业知识传授和职业技能训练的同时，积极探索和创新以弘扬优秀传统文化为核心的文化素质教育新模式，构建“以诗词教育教学为特色，兼容诗书画，并蓄文史哲”的文化素质教育体系，高度肯定了学校在文化素质教育实践探索领域所取得的成果经验；同年4月3日，《浙江日报》头版头条报道“传统文化深入人心，吟诗作词蔚然成风”，进一步肯定学校文化素质教育工作取得的成果。

2007年7月，“校园诗教，和谐育人”被浙江省教育厅评为首届“浙江省高校校园文化品牌”（图6-2-7）；同年9月，“校园诗教，和谐育人”被教育部评为“全国高校校园文化品牌及成果”评比特等奖（图6-2-8）；2009年5月，“当代诗教增进高职生人文素养的探索”被浙江省人民政府评定为浙江省第六届教学成果二等奖。同年10月，因以诗教为特色的校园文化取得的成果，经院成为高职唯一的教育部全国高校校园文化教育指导委员会委员单位。

校园文化优秀成果评比特等奖的获得，为校园诗教工作的进一步深入提供了新动力、新思考。长期的诗教实践证明，加强文化素质教育是高职教育自身发展的内在要求。学生接受诗教，在智力和情感两方面同时受到激发，进而内化为人的素质的组成部分和人生道德规范的自律，可以起到强中固本的作用。特别是在职业变动十分频繁的“新经济”时代，通过依托良好的文化素质，塑造职业人格和培养职业精神是职业教育健康可持续发展的重要保证。同时，开辟当代校园文化建设的新格局，可以有效促进民族精神回归校园。通过诗教内化民族精神，使之植入青年学生的灵魂，融入广大学子的血液，是实现民族精神教育的良好途径。中华诗词中丰富的人文内涵完全可以成为

教育部加强和改进大学生思想政治教育

工 作 简 报

第396期

教育部　　　　二〇〇七年二月六日

浙江经济职业技术学院弘扬优秀传统文化
大力提升学生人文素质

浙江经济职业技术学院在重视专业知识传授和职业技能训练的同时，积极探索和创新以弘扬优秀传统文化为核心的人文素质教育新模式，构建“以诗词教育教学为特色，兼容诗书画，并蓄文史哲”的人文素质教育体系，取得明显效果。

以诗词教育教学为切入点，积极探索人文素质教育的新途径。学院开展诗词教育教学活动坚持创作与欣赏并重的方针，将诗词创作列为全校性人文选修课，继而成立了学生社团组织“兴华诗社”。“兴华诗社”因组织有序、活动丰富、成果丰硕，被浙江省教育厅和省团委授予浙江省高校优秀社团称号。该院诗词教育教学特色鲜明，覆盖面广，得到广大同学的支持，引起了省内外教育界的一致好评，中华诗词学会“中华诗教促进中心”也在学院正式挂牌成立。

以适应多样化需求为目标，不断深化人文素质教育的新内涵。学院根据不同学生的身心特点，开展多样化的人文素质教育和校园

- 1 -

文化活动。学院在人文选修课中相继开设《诗书综合创作》、《艺术欣赏》、《中国文化史》、《应用心理学》等课程，在继续开展诗词教育教学活动的同时，积极向书画、工艺品欣赏、传统武术、中国戏曲等方向拓展，极大地丰富了人文素质教育的内涵，满足了学生多样化的文化需求。

以提高教育效果为宗旨，不断创新人文素质教育的形式和载体。学院为丰富校园文化内涵，不断增强学生的人文素质，先后开展了“西湖梦寻”人文之旅、“爱我中华”诗词吟诵晚会、“诗国青春”诗词楹联灯谜会等系列文化活动，使广大师生充分领略了传统文化的魅力。学院还积极组织学生开展社团活动，先后组建了兴华诗社、影视文化俱乐部、滕园文学社、艺燃戏剧社、德原学社等，邀请了中科院院士杨叔子等知名专家学者作专题讲座，为多种形式的人文素质教育活动提供了坚实载体。

以学分制为保障，建立和完善人文素质教育的长效机制。为保障人文素质教育的深入开展和有效实施，学院积极推行课余素质拓展学分制，使人文素质教育与一般课程同样具有标准化的素质学分和素质证书。学院出台文件规定，素质学分为奖学金评定和优秀学生评选的必要标准之一，与选修学分在一定范围内实行互通，并且明确要求学生只有达到一定的素质分才能被准予毕业。为提高教育效果，学院专门建立了大学生素质教育评价体系和监督办法，力求使大学生人文素质教育融入到日常教学、校园活动、社会实践中，为各项措施的实施提供制度保障。

报：长春、云山、至立同志

中央宣传思想工作领导小组、中共中央办公厅、国务院办公厅

送：中宣部、教育部、共青团中央领导

抄送：中宣部、教育部、共青团中央有关部门

印发：各省、自治区、直辖市教育工作部门，教育部直属高校

- 2 -

图6-2-6

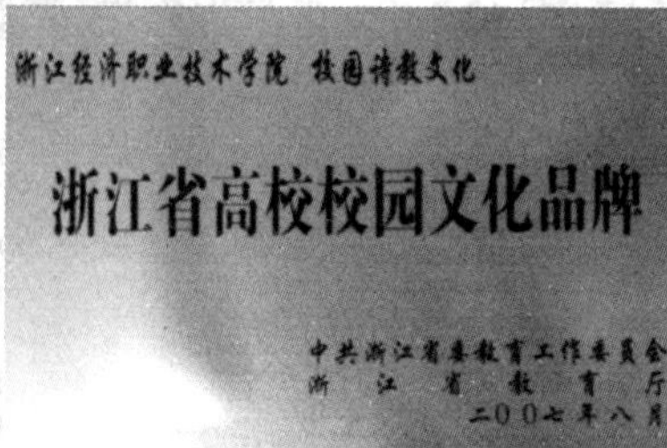

图6-2-7

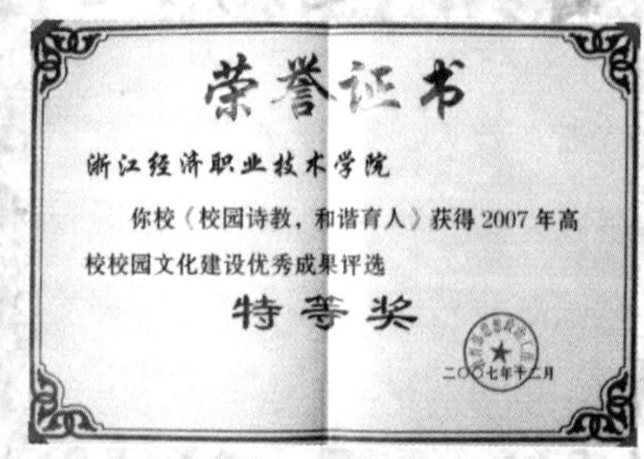

图6-2-8

图6-2-6　教育部工作简报专题刊登学校人文素质教育经验

图6-2-7　学校获称“浙江省高校校园文化品牌”

图6-2-8　学校获颁“全国高校校园文化建设优秀成果评比特等奖”

当代人文教育的重要来源，以古典诗词为突破口开展文化素质教育切实可行。

五、传统文化育人、推广的新阵地

（一）浙江省高校非物质文化遗产传承教学基地的设立

2010年6月，学校被浙江省文化厅、浙江省教育厅联合确立为“浙江省高校非物质文化遗产（传统诗词艺术）传承教学基地”，在校园诗教进一步拓宽途径、多元辐射、服务社会的发展道路上具有里程碑意义。参与申报省级非物质文化遗产传承教学基地，是为了贯彻国家有关“重视文物和非物质文化遗产保护”“加强中华优秀文化传统教育”的精神，推进非物质文化遗产进课堂、进教材、进校园，促进素质教育，丰富学生校园和校外活动，弘扬民族优秀文化传统。参与此次申报的共有包括大、中、小学和部分校外教育单位在内的85个单位，经过资格审核、评估，并向社会公示，最终16所本科和高职院校申报成功，经院榜上有名。在浙江省非物质文化遗产传承教学基地有关建设目标、要求指引下，学校不断推进传统诗词艺术在当代的创新发展和服务社会功能，为非物质文化遗产传承教学锐意创新作出新的探索。

（二）依托“非遗”基地，推进文化育人的新思考

“非遗”基地的设立，是人文教育与中国诗性文化优秀传统相结合的重要成果，其建设必须纳入学校教育工作的全局和中心工作中，才会获得可持续发展的生命力。围绕校园诗教工作的实际情况，中国诗性文化遗产传承教学基地的建设，主要围绕着几个方面展开。其一是加强中国诗性文化遗产的保护、传承、发展理论研究，提高基地建设的文化自觉。围绕着“中华诗教史”“当代诗教文化教育学”“诗教

美育”“诗词创作学”“诗教功能学”“艺术辩证法”“应用美学”“书法美育”“绘画美育”“诗书画印合一的传统与发展”等方向开展理论研究；其二是加强基地文化遗产的传承与培育开发，加强诗性文化相关考级、考证业务建设，以书法、美术、诗词为重点，以证书等级等量化形式，提升学生传承非物质文化遗产的主动性和积极性。同时组织学生参与省级以上诗词、书法、国画、篆刻等竞赛，以组织、参与竞赛来进一步提升学生的创作水平。

此外，学校还于2010年成立了优秀传统文化传承与文化素质教育创新平台——明德书院。书院以“明德励志，人文日新”为立社理念，以“博学审问，求实笃行”为宗旨，努力为在校学生打造国学经典阅读、学业基础强化和创新创业的一流平台，发掘优秀学生干部，建设具有实力的导师团队，不断优化校园文化特别是营造学生自主学习的氛围，全面提升在校学生的传统文化素养、通用知识水平和创新创业能力。书院在全校范围内开设国学经典讲读会，每周讲授国学经典，每学期累计举行不少于10期。以四书五经等国学经典为主要内容，由易入难，循序渐进，通过逐篇逐章的诵读、讲解、讨论，加深同学们对先哲人生智慧的感悟和理解。明德书院还与兴华诗社、国学社、“兰竹轩”书画协会等学生社团协同发展，共同促进中华民族优秀文化传承教育和学生人文素养、通用能力的持续提升。

第三节　继往开来:“和谐职业人”培养体系中以文化人的新征程

2009年，学校针对高职教育重专业技能、轻文化素质的现状，基于对企业用人需求的科学调研，依据杨叔子院士倡导的科技与人文相融的绿色教育理念，倡导和实施专业教育与人文教育相融的高职文化素质教育新途径，原创性地构建并实施推进了现代“和谐职业人”的培养体系（图6–3–1）。开展绿色教育理念与中国诗性文化优秀传统相结合的高职文化素质教育实践探索，对于学校以诗教为特色的传统文化内化建设，无疑具有固本培根的积极作用。校园诗性文化培育工作同时也进入了全新的发展阶段。

一、“和谐职业人”培养语境中的文化育人

（一）“和谐职业人”与高职文化育人

“和谐职业人”的培养体系是基于中华优秀传统文化的视角，结合“立德致用，和谐育人”等当代大学精神建构而提出的。它立足于全球化、信息化时代对“高素质技能型专门人才”的培养要求，遵循科技与人文相融合的绿色教育理念，以培养大批知识、技能与素质相协调，做人与做事相统一的现代和谐职业人为目标。“和谐职业人”培养是一种具有中国特色的系统化高职文化素质教育实践教育新模式。其相关实践能够在教育目的、教育手段、教育载体上具有明确的体系建构；同时，依据价值观引领、系统构建、有序递进、立体展开的基本原则逐层确立实践路径，最终具备严谨的考察及评价机制，真正能够形成有理论依据、有实践路径、有操作可行性、有评价机制的多维度立体交叉理论与实践系统。2014年，“以培养现代‘和谐职业人’为目标的高职文化素质教育创新实践”课题荣获教育部国家级教学成果一等奖（图6–3–2）。

（二）传统文化回归的时代召唤和传统文化内化的当下选择

“和谐职业人”的培养，要求职业院校培养的职业人才不仅具有良好的专业技能，更要有优秀的专业品质和职业人生素养。优秀传统文化内含丰富的人生哲理与意蕴，是提升学生职业文化素质的重要思

图6-3-1

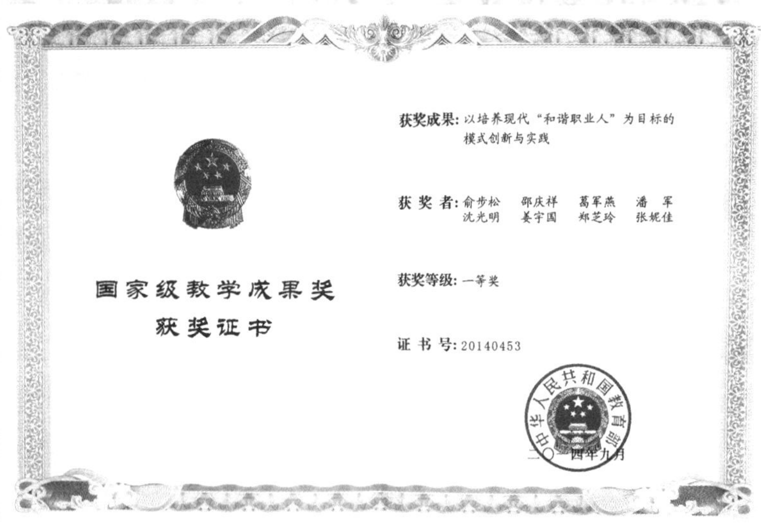

国家级教学成果奖

获奖证书

获奖成果：以培养现代“和谐职业人”为目标的模式创新与实践

获 奖 者：俞步松 邵庆祥 葛军燕 潘 军 沈光明 姜宇国 郑芝玲 张妮佳

获奖等级：一等奖

证 书 号：20140453

中华人民共和国教育部

二〇一四年九月

图6-3-2

图6-3-1　杨叔子院士受聘担任浙经院荣誉教授、名誉院长

图6-3-2　学校“和谐职业人”教育创新实践课题荣获2014年国家级教学成果奖一等奖

想来源。在职业院校中开展以传统文化内化为核心的诗教培育，不仅要依托诗教活动和本土诗性文化资源提升学生文化素质，使学生具备诗词欣赏与创作的能力，更为重要的是如何积极探索和实践以专业教育和诗性文化相融合的诗教培育模式，使传统文化真正在专业教育中加以渗透，在第一课堂中加以深化，使学生在专业技能学习的同时提升自我诗性文化修养。融诗性文化与专业文化于一体，融理性教育与感性教育于一体，既着力于提升学生专业品质和专业素养，更突出对职业价值观和诗性人生的追求，使学生在接受教育中获得主体美的统一，走向自我成长。

以“诗教”为特色的传统文化内化育人体系是文化素质教育理念、原则、策略在职业院校的具体展开，是文化素质教育的共性规律和职业院校人才培养等个性特征的有机结合。新时期对于中华诗词培育作用的挖掘，需要理解当代诗教的特质，也需要把握符合其自身的传播、接受规律。一般而言，文化素质教育的各要素之间是互动的，层级是递进的。“诗教”培育无疑也遵循着这样的基本规律，并相应地表现为一种“诗词育美、诗性化美、诗化人生”的“三态互动递进”特殊体系。所谓诗词育美，是强调中华诗词中所蕴含的诸如风格美、内容美、情感美、形式美、语言美、意境美等美学特征；而诗性化美，则是要实现“从发现诗词外在美到体悟内在诗性精神”这一主体状态的升华。诗的境界最接近灵性与自由，是最个性化的艺术，最适宜灵性自由地驰骋。就人才培育而言，以诗词文化为主体内容，通过体验、鉴赏、思考与实践，挖掘传统诗词中沉积的中国诗性精神，以实现诗词启悟人生、砥砺人格的文化素质培育功能。以“诗教”为特色的传统文化内化理论与实践最终要引导主体完成“人生诗化、诗化人生”审美情态的终极追求。即在诗性的熏陶下，使心灵重返生活，从而将人生提升到诗的境界。通过发掘传统文化中的诗性资源而展开系统的诗教活动，用以化解当前的社会危机，促进人类日常生活和职业生存的“美”化和“诗”化，达到海德格尔倡导的“诗意的栖居”[1]这一存在的至高境界。

二、当好传统文化的校园普及推广者

（一）拓展载体，丰富形式，进一步推广、普及传统文化

为继续巩固、打造校园文化品牌系列活动，融汇先进企业文化与优秀传统文化，学校继续巩固、创新活动载体和活动形式，营造浓郁校园文化，提高环境育人新成效。不仅依托中华诗教促进中心和浙江省高校非遗传承教学基地推广传统文化，还依托拥有企业高管、职教专家、知名学者参与指导的“职业精英训练营”和“千名学子访创业校友”“千名学子入农村社区”“千名学子进百家企业”“千名学子做百项课题”的“四千工程”，建立了联合400家企业、社区、村镇的社会实践教育基地。

同时，依托“世界500强”企业物产中大集团公司，建立了一个汇集百余家企业参加的企业文化教育推广基地。开办“职场精英修炼营”及“未来企业家实验班”和全球模拟公司创业培训，举行“企业家论坛”“创业者论坛”，活跃学生思维，开拓学生视野；将世界500强企业员工培训品牌课程（“青年领导力”“4D打造高绩效团队”“有效沟通”“金字塔思考力”“EQ情商养成”“职场问题解决力”）化用为学生培训，有针对性地提高学生的领导力、协作力、沟通力、表达力、共情力和解决力。将企业先进文化引入校园和人才培养全过程，提升学生的职业综合素养。此外，还要充分发挥环境育人作用，将企业文化因子融入学校环境建设之中，建设“一墙”（美化学生公寓墙）、“二廊”（专业文化廊、校友文化廊）、“二室”（教室、实训室）

[1]（德）海德格尔.荷尔德林诗的阐释［M］.孙周兴，译.北京：商务印书馆，2000：35.

的职场化，使学生提前融入职场文化氛围。

在诗教“五大品牌”系列活动的基础上，学校近年来持续开展了以传统节日为主题的校园文化活动，以元宵、花朝、上巳、端午、中秋、冬至等传统节日为主题，以书画或展板的形式介绍传统节日的起源、发展、传说、典故等，分别撷取以节日为主题的历代经典诗词名篇、古今书信名帖以及师生作品进行展示，展板内容图文并茂，内容涵盖了诗词、书画、民俗、神话等传统文化和艺术等多个方面；并配合与传统节日相关的活动形式，如传承花朝节“赏红”风俗，张挂诗词谜题彩纸；端午节赠送手工缝制的艾草香囊、发送青春健康手册；中秋节倡导学生手写一封家书，由校方统一邮寄；冬至画年画、包饺子、送窗花等等，让师生们在“润物细无声”中了解传统文化内涵，感受中华文化代代相传、历久弥新的强大生命力和独特魅力。活动得到了广大师生的认可，并形成了第六大诗教活动品牌。

（二）浙江省传统文化普及教育先进单位的获得

学校持续开展传统文化校园普及工作，在课堂上逐渐培育人文精神，再借助课堂外的隐性教育，促进学生进一步提升文化素质。深入挖掘各专业人文精神内涵，培育打造了以“一院一品”为主体的七个专业文化品牌，并编印有专业文化手册。其中，“车以载道，志在千里”汽车专业文化于2008年被浙江省教育厅评为“浙江省高校校园文化品牌”；“含英咀华，由技入道”教师专业收藏文化则于2012年被评为“浙江省高校校园文化品牌”。

同时，学校还系统整合校园优质资源，构建立体化校园文化素质教育活动体系，形成课内课余一体联动的教育格局，并编印有《“八荣八耻”的中华文化之根》（2006年）、《“和谐理念”的中华文化之根》（2007年）、《“大爱精神”的中华文化之根》（2008年）、《“科学发展观”的中华文化之根》（2009年）、《创新创业的中华文化之根》

（2010年）等系列口袋书。2011年12月，《传统文化之根》系列读本被浙江省委宣传部评为“优秀通俗读物奖”（图6-3-3），系全省高校唯一获奖单位。2012年6月，学校被浙江省文化厅、浙江省教育厅、共青团浙江省委联合评选并授予“浙江省优秀传统文化普及教育先进单位”。

三、做好传统文化的社会辐射服务者

（一）中华诗词文化学院的设立

2014年5月，学校与中华诗词学会优势互补，精诚合作，共同建立了中华诗词文化学院（图6-3-4），并列入浙经院机构建制。学院在中华诗词促进中心建设的基础上，聘请中华诗词学会郑欣淼会长、华中科技大学杨叔子院士担任名誉院长，数十位在诗词界富有名望的学者、教授作为顾问、学术委员和指导教师。学院院长由中华诗词学会常务副会长李文朝、浙江经济职业技术学院党委书记俞步松担任，执行院长为中华诗词学会副会长宣奉华、浙江经济职业技术学院副院长邵庆祥。学院下设学术委员会和面授部、函授部、编辑部等执行机构，并设教学培训部、理论研究部、交流活动部和文献编辑部四个部门，重点开展基础教育“诗教”师资专业培训工作，兼及各界诗词爱好者。

学院功能定位于传承、发展和交流。依托中华诗词学会浓厚的学术底蕴和浙江经济职业技术学院成功的案例，持续推进诗教进校园，特别是进高等职业技术学院校园，构建传承中华优秀文化的平台；大力倡导以诗育人，提升师生的创作能力。通过各类培训、活动、竞赛等形式，厚实基础，创新诗教，多出精品；做好对内对外交流，形成诗教工作区域品牌，扩大影响力。目前主要采取短期面授和后续函授相结合的教学方式；培训内容以诗词创作、诗教文化理念与实务为核

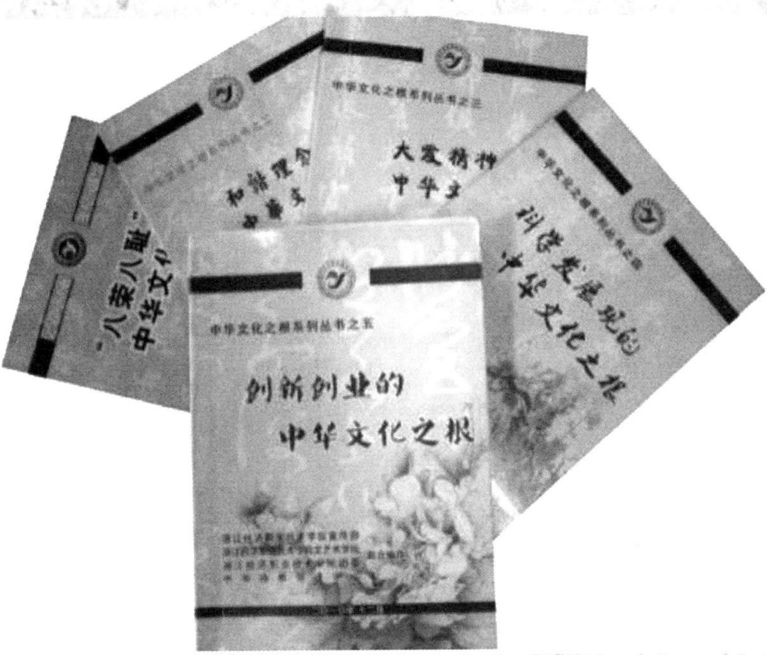

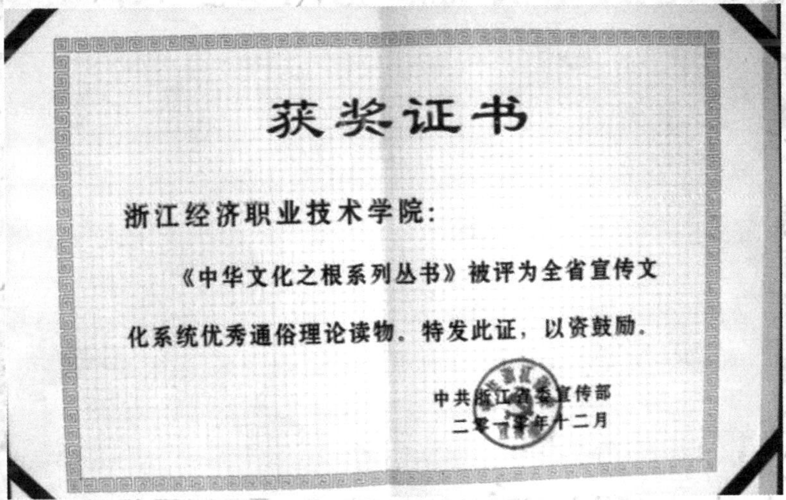
获奖证书

浙江经济职业技术学院：

《中华文化之根系列丛书》被评为全省宣传文化系统优秀通俗理论读物。特发此证，以资鼓励。

中共浙江省委宣传部
二零一一年十二月

图6-3-3

图6-3-3　中华文化之根系列手册及获奖证书

图6-3-4

图6-3-4　中华诗词文化学院成立揭牌仪式

心，为培育、弘扬社会主义核心价值观，践行中华优秀传统文化服务、奉献。

（二）传统文化与诗教的社会辐射与服务

中华诗词文化学院成立伊始，即得到了社会各界的广泛关注。《钱江晚报》曾以《浙经职院成立中华诗词文化学院，培养诗词界的精英教师》为题，对学院成立进行了报道。此外，《浙江教育报》《杭州日报》等媒体也纷纷发文，肯定了浙经院在诗教辐射与服务社会方面所做的工作。学院培育校园诗教师资力量、推动校园诗教纵深发展服务，共开设两届诗教骨干培训班，共有100余名学员参加了培训。后采用新媒体和网络教学平台，扩大学院的办学规模和频次，力争将中华诗词文化学院建设成为融诗词教学、创作及诗教文化研究、推广为一体的传统诗词传承教学基地，努力培养出更多的优秀诗词创作人才、诗教师资力量，以更好地传播诗词文化、推进诗教事业的可持续发展。

中华诗词文化学院的成立也更有效地推进了中华诗教促进中心工作的进一步展开。近年来，校园诗教工作者赴物产中大集团、浙江建设集团、温州、衢州、嘉兴、金华、上海、安徽、四川、湖南等单位和地区开展诗教普及活动，举办诗词讲座，受到了广泛好评。在此基础上，学校秉持、延续、深化多年来探索实践所积累、形成的特色理念、有效举措、活动载体、品牌项目，面对时代发展新趋势、新挑战，响应现代“绿色教育”理念，以开放式的姿态，依托“世界500强”企业、区域合作单位及优秀校友，优化整合文化素质教育资源。不仅从社会发掘、借用诗教文化资源，也辐射社会，营造氛围，扩大影响，争作弘扬民族文化、倡导素质教育的表率。

四、当好职业院校文化育人排头兵

（一）全国首批“职业院校文化素质教育基地”的获得

2015年9月，经教育部高校文化素质教育指导委员会批准，学校校园诗教工作成为全国首批“职业院校文化素质教育基地”建设项目。项目以“一体、二翼、三阶、四质、五德、六能”的现代“和谐职业人”为培养目标，构建一个集专业渗透细化、课程建设深化、师资队伍强化、社会实践悟化、企业文化融化、传统文化内化、校园文化优化、社区生活默化、评价考核硬化等“九化”为路径的系统化高职文化素质育人实践体系；建立并完善以素质分、素质学分、素质拓展证书为载体的量化评价考核体系，使文化素质教育从软化走向硬化；整合企业文化与传统文化两大资源；组建以文化素质教育专职教师、学校各专业教师及企业、社会兼职师资构成的三支文化育人队伍；创建企业文化教育推广基地、传统文化推广基地、社会实践教育基地和师德教育基地；推进“爱、学、诚、敬、新”为核心的价值观主题活动，最终建成有自身科学理论体系，有鲜明地域文化及行业职业特色，在国内职业院校具有示范引领和榜样辐射作用的高职院校文化素质教育基地。

基地工作遵循系统整合与重点突出相结合、立足本土与放眼国际相结合、服务本校与社会辐射相结合、传统特色与现代科技相结合的基本原则，根据“价值观引领，系统构建，有序递进，立体展开”的思路来稳步建设，按序推进。重点强化价值引领，紧密围绕立德树人根本任务，推进全员参与文化育人工作；在资源上重视传统文化和企业文化、本土文化和世界文化的融合；途径上通过时间和空间维度的整合，充分发挥课堂主渠道、教师主导性、环境潜在性、专业渗透性等作用；紧密围绕现代“和谐职业人”培养目标，落实抓手，创建载体，切实全面地推进本校的文化素质教育工作。同时，高度重视发挥职业院校在区域经济文化建设中的作用，积极将本校在多年探索实践中的成功经验及优秀举措服务区域，辐射社会，在相互交流中提升发展。

（二）关于传统文化内化职业院校推广模式的可行性思考

职业院校文化素质教育基地项目的顺利实施，有赖于学校十余年来一直坚持有系统、有计划地推进“校园诗教，和谐育人”传统文化教育工作，在结合高职院校特点的基础上，凝练校园文化精神，大力营造氛围，深入挖掘内涵，探索创新形式，优化提升品质，积极开展以校园诗教为特色的系列活动。

不仅如此，学校还完善了相关保障机制，以确保基地工作的正常展开和有序推进。其一，是组织机构健全。早在2001年，学校就成立了由党委书记、校长挂帅，各系部主任和有关职能部门负责人组成的“素质教育领导小组”；2005年，又在此基础上成立了“文化素质教育委员会”，负责整体商议、指导文化素质教育重大事项；2014年，学校又特设“文化素质教育中心”（专职4人编制）负责牵头组织实施文化素质教育日常事务，并开展职业院校文化素质教育理论研究与实践探索。其二，是管理制度完善。坚持贯彻落实中央和省委省政府相关文件，在制度层面持续推进，制订了一系列发展规划及实施方案，主要包括《浙江经济职业技术学院文化素质教育发展纲要》《浙江经济职业技术学院“十二五”发展规划（文化素质教育发展子规划）》《浙江经济职业技术学院学生课余素质教育实施方案》《浙江经济职业技术学院学生课余素质教育评价方案》《浙江经济职业技术学院人才培养改革实施方案》《浙江经济职业技术学院课程综合实践改革实施方案》等，确保相关工作的顺利开展。其三，是专项经费保障，学校每年投入50万左右专项经费，并保证逐年递增，用以开展全校文化素质教育工作。

文化素质教育基地项目的实施，在实践层面可以通过构建育人体系、完善考核机制、整合多方资源、组建育人队伍、创建推广基地、推进主题活动等系列举措有序开展；同时，基地的建设还依靠科学的思路与理念、明确的建设任务和目标、充分的保障机制，才能保证预期成果切实可行。

五、传统文化内化的测量、评价与反馈

（一）素质教育测评体系的优化实施

面对“大数据”时代新趋势，为保障文化素质教育的深入开展和有效实施，要积极利用现代数字化、信息化和网络平台，强化过程管理和定量评价。为此，学校完善了一套考核机制，建立以素质分、素质学分、素质拓展证书为载体的量化评价体系，使文化素质教育从软化走向硬化。

学校积极推进课余素质拓展学分制，使文化素质教育具有与一般课程同样的标准化素质学分和素质证书。学校出台文件规定，素质学分为奖学金评定和优秀学生评选的必要标准之一，与选修学分在一定范围内实行互通，并且明确要求学生只有达到一定的素质分才能被准予毕业。为提高教育效果，学校专门建立了大学生素质教育评价体系和监督办法，深入建设并着力优化了“素质教育课余实践”系统工程，科学搭建学校、分院、班级三大平台和各项目实施模块，在学校层面设立思政教育、文化艺术、体育教育、人文素质、社团文化、心理健康、招生就业、实践技能、勤工助学、社会实践、图书信息及创新创业十二大类活动平台；二级学院层面设置职业素质、专业技能、专业社团和专业文化四大类活动模块；班级层面则开设暑期社会实践、百本名著阅读、班级主题班会以及个人阶段目标等模块，每个层面均设有赋分基础及上限，确保学生均衡全面发展。每学期活动按计划、有秩序执行，并运用信息检录系统全面、有效地对学生参与素质教育活动进行动态赋分，形成了较为科学完善的学生职业素质评价组

织体系，力求使大学生文化素质教育融入日常教学、校园活动、社会实践中，以实现成果可测量、可评价。

（二）社会用人单位反馈

20年来，学校积极开展以诗教为特色的文化素质教育，倡导职业人生和谐进取，促进学生人格全面发展，成效显著，影响广泛，为社会培养了一批批高素质、高技能和谐职业人。毕业生就业率连年攀高。经过对1 700多家用人单位的调查，学生的职业道德和创新能力评价优良比率由2005届的86.2%、80.2%上升到2012届的99.82%、93.54%；就业率从2005年的97.02%上升为2014年的98.95%。物产中大集团（世界500强）创利千万以上的部门负责人中有38%为经院毕业生，学校连续3年被集团授予人才培养特殊贡献奖。2009年被评为“全国普通高校毕业生就业工作先进集体”。学生文明素养也不断得到提升，2013年10月，获得教育部首届全国平安校园建设成果评比三等奖（省内高职唯一）；同年12月，学校被省文明办、团省委、省教育厅、省学联联合评为“浙江省文明寝室创建先进单位”。截至2018年，浙经院文化素质教育实践在全国“高教国际论坛”等各类会议上作经验交流86场，在全国436所大学和中高职院校推广应用，受益学生达45.25万人。

第四节　别样风景：传统文化内化典型案例

多年来，学校坚持“以传统文化为依托，以诗教为切入点”，持续深化文化素质教育内涵建设。在结合当代大学精神和高职院校特点的基础上，开展了一系列丰富多彩的传统文化内化活动。本节以优秀传统文化育人典型活动为案例，介绍活动的基本流程、核心内容、方案设计及策略、教学实施效果等，对文化育人活动的开展进行总结和审视，以期对高等职业院校文化素质教育相关理论和实践的进一步实施提供借鉴。

一、诗在湖光山色中：一堂走动的诗词课

融融四月，恰逢西子初妆时；浩浩湖水，正是幽湖梦寻处。这个时候，一场梦寻西湖的人文之旅，一次诗景交融的国学课堂，为这如画的山色湖光更添了诗意。

文化素质教育中心教师、兴华诗社指导老师沈利斌带领近50名学生徜徉于曲苑风荷、孤山和浙江省博物馆，为同学们讲解诗词楹联，介绍西湖的人文历史。大自然里的山山水水就是人文教室，授课方式也是流动性的，边走边讲，停停走走，即兴创作。“世无遗草真能隐，山有名花转不孤。”放鹤亭的对联是沈老师的教材：“这是林则徐所撰的楹联，借林散之的如椽巨笔挥毫书写，别具古意。”湖光山色里，学生们学起了诗词格律的押韵知识。一路寻诗、听诗、品诗，沾染满身花香诗香。出放鹤亭右转，便是鲁迅广场，过鲁迅广场，即是三面环水的白堤。同学们吟过“横眉冷对千夫指，俯首甘为孺子牛”，随即念起了“最爱湖东行不足，绿杨阴里白沙堤”。

兴华诗社的孙婉菲同学是古诗词的忠实爱好者，她说：“诗词是需要灵感的，没有意境，就写不出佳句，在西湖边上诗词课特别能激发灵感。”行至芳菲处，她当即做《忆秦娥》一首，聊以寄情：“春波满，迎堤翠柳轻拂岸。轻拂岸，行人经止，随风低唤。孤山何处当年畔，梅消鹤去情如幻。情如幻，芳心再入，梦魂一段。”自东向西，漫步白堤，过平湖秋月，“穿牖而来夏日清风冬日日，卷帘相见前山明月后山山”的绝世佳对又成了现成的教材，在沈老师的指导下，同为兴华诗社的学生刘梦梦现场创作了一首七言绝句《孤山西湖》：

"浓抹淡妆比西子，桥次妙句赋新诗。白堤绿水迎来客，孤山名士谁不知？"

"流动的课堂"行至中山公园"西湖天下景"亭前，沈老师指着那副绝妙楹联"水水山山处处明明秀秀，晴晴雨雨时时好好奇奇"细细道来——这是一副叠字联，属于装饰联的一种，而装饰联是对联的一种类型。"根据功能不同，对联可以分为装饰联、春联、喜联、挽联等，而叠字联又是一种特殊的装饰联，同样特殊的还有顶针联、回文联等。"沈老师的授课吸引来了周边不少游客，"这副对联有着多种不同的读法，被称作'连珠对''踩花格'，不但顺读、倒读皆可，还能如脚踩花步，循环往复，可读作'水处明，山处秀，水山处处明秀；晴时好，雨时奇，晴雨时时好奇。'上联着笔空间，写西湖山水，明丽秀美；下联着笔时间，写西湖四时，晴雨皆奇。"

听着听着，不少同学触景生情，现场作诗：

"吟句对青山，梅妻鹤子缘。高眠留隐者，遗韵在人间。"

"烟雨江南似图画，香泉最好煮香茶。向夕古刹鸣钟晚，惊散林中一片鸦。"

"六和塔北望江南，日落钱塘一指间。碧水游龙辉映照，涟漪荡漾数重天。"

"对酒堪豪心曲颂，音传空谷遏飞鸿。填得万壑征胸臆，一片江山在目中。"

……

一个个看似独立的汉字，经过巧妙的拼合，或为巍巍，或为潺潺，轻吟之，若珠落玉盘，回味悠长。沈老师讲道："我们之所以读诗赏诗，大而言之，是为了传承中华传统，弘扬优秀文化；小而言之，是因为诗词能带给我们收获和启迪——立德，燃情，启智，创新。"游走西湖，诗歌在山水里，文化在风景中。此时此刻，那山，就是一支曲；那水，就是一首歌；镌刻的、流淌的，都是层层叠叠、斑斑驳驳的历史和文化。

旅行时间虽不长，但参与学生在曲苑风荷的御酒坊感受到杭州自古以来的富庶，从岳湖广场“碧血丹心”牌坊体会到岳飞的爱国情怀，从风雨亭的对联中读到秋瑾的革命精神，从慕才亭的字句中了解苏小小的才情与故事。无论是憩息于放鹤亭，还是远望于四照阁，或者是瞩目于西泠印社，西湖的历史与人文总是令人惊叹。而参观浙江省博物馆，则在文物与艺术品方面开阔了视野，同学们纷纷觉得不虚此行，获益良多。

一堂课，虽微不足道，但我们希望，诗词文化这连绵数千年的中华文明结晶和其中蕴含的人文精神，可以通过这种方式，在滔滔历史长河中，永远延续。

二、传统诗词艺术与时代精神相结合：“核心价值观与精神家园”诗词文化沙龙

如何运用诗词来解读、诠释社会主义核心价值观，将传统诗词艺术与时代精神相结合，这是我们在开展以诗教为核心的传统文化内化培育实践过程中一直在思考的。中国传统诗词是中华优秀传统文化的重要组成部分，为一代又一代的学子陶冶情操、净化灵魂、培养爱国主义精神发挥了重要的作用。引导和鼓励学生创作以核心价值观为主题的诗篇，既是对时代精神的弘扬，更是传统艺术在当代的继承和创新。

为此，文化素质教育中心特别策划了“核心价值观与精神家园”诗词沙龙活动，以现代视角、典型案例对核心价值观诗意地加以呈现。活动现场琴音绕梁，书香四溢，内容分为三个环节逐步展开：

第一，经典诗词吟咏与解读。中国传统诗词浩如烟海，其中大量经典作品所蕴含的情感、精神历久弥新，在当代社会依然发挥着积极

的感召力，传递着正能量。此次活动，同学们诵读了文天祥的《过零丁洋》、毛泽东的《沁园春·长沙》等经典诗篇，并用当代视角加以分析，解读传统诗词中的时代精神。

第二，原创诗词朗诵与分享。活动前夕，向师生征集了以“社会主义核心价值观”为主题的原创传统诗词，并为学生社团——兴华诗社作了专题的创作培训，收到了近百首以此为主题的作品。在当天活动中，6名学生代表为大家朗诵了自己创作的诗词，并分享了创作过程和心得体会，诠释了作品中所表达的思想情感。

如李晓丹同学在《学社会主义核心价值观有感》中写道：“远眺山巅霞正绯，东来红日耀红旗。莫轻友善与诚信，俱是和谐盛世期。”刘梦梦同学则以“万事重一诺，千金未若诚。真言行必果，壮志九霄鹏。”来传达诚信的重要性。孙婉菲同学的词作《思佳客·悼吴斌》“高速车行欲返乡，何堪一瞬竟成殇。祸来残铁忘生死，心系乘员忍断肠。　人未远，事流芳，一如瞩我有担当。而今亦染英雄气，敬业勤学即自强。”缅怀了身边的平民英雄，传递了正能量。

几位省内的诗词名家和学校教师代表也登台朗诵了自己创作的传统诗词。浙江省诗词与楹联学会祁茗田会长对自己的作品进行了解读，用诗词诠释了和谐、友善的意义；浙江省诗词与楹联学会顾问徐弘道老师就自作的《人生》一诗，结合社会主义核心价值观个人层面的爱国、敬业、诚信、友善的涵义，阐明人生的意义在于具备正确的人生观和价值观；浙建集团党委副书记王骏先生就自作的《赞浙建盾构司机应超》，阐释了普通人爱岗敬业的职业精神，用自己的行动来践行核心价值观；郭星明老师以《社会主义价值观学后有感》为题，借助于形象，从整体宏观角度理解了社会主义核心价值观。

第三，诗词创作点评与交流。孔汝煌老师以两首当代诗词为例，围绕“核心价值观诗词表达艺术中的传承与创新”议题进行了阐述，向大家讲解了如何运用传统诗词的形式来抒写时代精神。之后，6名学生代表创作的诗词作品，得到了嘉宾的悉心点评，在座的同学纷纷借此机会向嘉宾虚心请教，经过专业的点拨，同学们均表示“深入体会到了诗歌创作的技巧”“懂得了在创作中如何继承和创新”（图6-4-1）。

活动得到参与人员及在校师生广泛好评。中科院院士、中华诗词学会名誉会长杨叔子来电表示，活动主题鲜明、形式新颖，很有教育意义。此外，活动收到了师生原创的富有时代特色的诗词作品近百篇，其中有十余首作品发表于《中华诗教》杂志，《浙江教育报》也作了相关专题报道。

传统诗词创作的传承与创新不可偏废，当代诗词必须反映当代的时代精神。以传统诗词表现时代精神，应该创作什么内容、如何创作，这对初学诗词创作的青年学子而言，具有一定的难度。形式多样的诗词沙龙活动既培育了学生们的创作兴趣，又拓宽了他们的创作视野，为传统诗词艺术的传承教学开拓了一条富有新意的路径。

三、诗韵佳节，书画端阳：浙经院里的端午节

萌动着初夏意趣的明德路上，师生们被涵韵流美的书法、生动清新的小品画、悠扬雅致的诗篇所吸引，不禁停下脚步来细细品味。在现场，伴随着清越悠扬的古琴声，还有身着汉服的学生为路过的师生佩上香袋、系上彩线（图6-4-2）。

中国传统节日端午节来临前夕，学校开展以“诗庆佳节，书写端阳”为主题的传统节日师生诗词书画展（图6-4-3）。活动所展出的诗词书画均为在校师生特意创作，介绍或描绘了端午的历史、文化与风俗，内容丰富，生动活泼。同时，传统民俗纷纷以更加生动形象的方式展现，悬艾叶、挂菖蒲、佩香袋、系彩线……充分彰显了端午节所蕴含的深邃的文化意蕴，传承了世界非物质文化遗产。

图6-4-1（1）

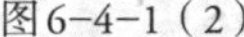

图6-4-1（2）

图6-4-1（3）

图6-4-1　诗词文化沙龙活动现场

图6-4-2（1）

图6-4-2（2）

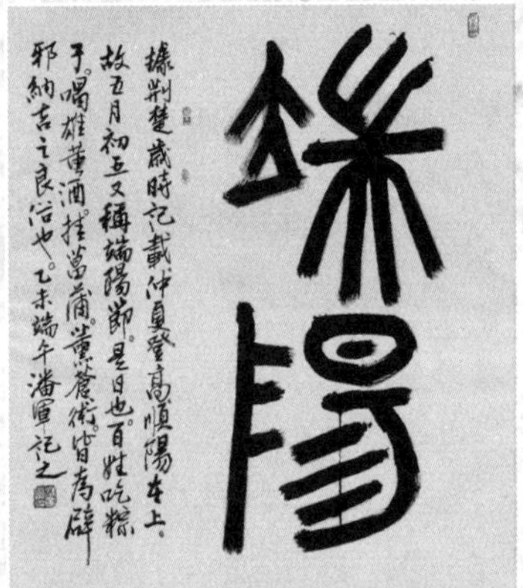

图6-4-3（1）

图6-4-3（2）

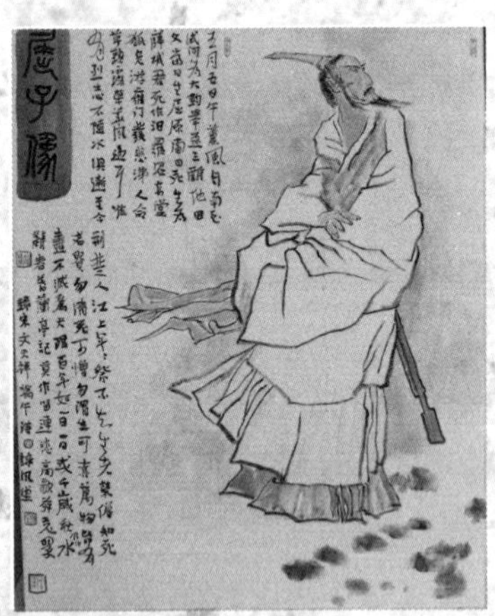

图6-4-3（3）

图6-4-3（4）

图6-4-2 “书画端阳”活动现场

图6-4-3 “书画端阳”部分诗词书画作品

活动现场，前来参观诗词书画、体验传统民俗的师生们不时交谈，回忆童年时端午节的那些趣事，谈论家乡端午的民风习俗，在感受端午魅力之时，也为中华文化的代代相传而感动。他们纷纷提笔写下心中寄语，表达了对国家、对学校、对家人的美好祝愿。

传统节日满蕴着中华民族的优秀文化。学校通过丰富多彩的活动，以广大师生喜闻乐见的形式，将传统节日文化融入大学生活，不断提升校园文化品位，提高师生民族文化情怀。

事实证明，以诗教作为传承中国诗性文化遗产的切入点，具有提纲挈领的独特作用。20年来，学校“以传统文化为依托，以诗教为切入点”，探索文化素质教育新途径，构建了以诗教为特色，兼容诗书画，并蓄文史哲的文化素质教育体系，创建了《中华诗教》杂志、“中华诗教网”两个窗口，兴华诗社、明德书院两个社团，搭建了中华诗教促进中心、浙江省高校非物质文化遗产传承教学基地、中华诗词文化学院等三个平台，形成了“西湖梦寻”人文之旅等六大校园文化品牌，营建了浓郁的文化氛围，扩大了社会交流和影响，并最终形成了鲜明的办学特色，收获了传统文化内化育人的良好成效。有理由相信，随着高等职业院校文化素质教育的持续健康发展，传统文化内化工作的开展也将进入新的阶段。学校将以民族优秀传统文化提升现代职业素养，锐意进取，追求卓越，努力开创传承、普及优秀传统文化的崭新篇章。

第七章

德高身正萃群才

——师资提升强化

国将兴，必贵师而重傅；贵师而重傅，则法度存。自古以来，中华民族就有尊师重教、尊师重道、崇智尚学的优良传统，古代流传下子贡尊师、魏照尊师、李世民教子尊师、张良拜师等故事，生动形象地记叙了莘莘学子不辞劳苦、虔诚拜师的经历，也展示了师者德高望重、悉心育人、“传道、授业、解惑”的崇高思想境界。教师作为高校知识、文化和真理的传播者、执行者与实践者，加强师资队伍建设，特别是加强师资能力建设，是学校文化素质教育顺利开展的根本保证，也只有建设一支优秀的文化素质教育师资队伍，校园文化才会开出文明和谐之花，结出人才辈出之果。

第一节　提升师资素质是推进文化素质教育的必由之路

文化素质是关乎人生、教育、政治的大问题。高职院校文化素质教育是高职院校人才培养中的重要一环，是涉及根本、事关全局的系统工程，需要得到院校及社会各界力量的共同关注和支持。经过多年的努力，学校文化素质教育师资团队在教学实践和科研上取得丰硕成果，形成独具特色的高职院校文化素质教育范本；以课堂学习为主渠道的校园精神文化已获得全校师生的认同；以文化讲坛为主渠道的校园活动所散发出来的文化气息，已成为广大师生浸润心灵、凝聚力量的平台和载体；学校将进一步以文化素质平台建设为契机，继续探索高职院校文化素质教育的新思路、新机制，努力开创高职文化素质教育新局面。

一、加强高职院校文化素质教育师资建设的理论思考

要全面推进素质教育，首先要有先进的教育思想和观念。先进的教育思想和观念，是做一个合格教师所必须具备的重要素质。观念是行动的导向，教师不了解教育的现代性、先进性、开放性、超前性，就无法高瞻远瞩地适应现代化的教育。目前，教育理论学科已经形成多种流派、多种体系，教师的教育思想、教育观念必须跟上时代发展的步伐。

在高职院校加强文化素质教育的过程中，教师同样起着举足轻重的作用。教师不仅要注重对学生技术技能的培养，更要重视对学生文化素质的培养。加强高职院校文化素质教育的关键是全面提升教师自身的文化素养，特别是专业课教师的文化素养。因此，建设一支高技能、高素养的师资队伍对于高职院校文化素质教育工作至关重要。

二、推进文化素质教育师资建设的途径及载体

学校加强文化素质教育师资队伍建设，始终遵循“素质高、能力强、结构优”的基本要求，以师德师风建设和骨干教师队伍建设为重点，采取内培外引，实施“双师工程”“教授工程”，构建企业与学校的人才共享互动机制等一系列有效措施，使学校师资队伍建设能较好地适应学校教学、科研的现实与发展要求。

学校充分认识到文化素质教育与专业教育的同等重要性，并把教师文化素质教育工作纳入个人综合教育工作业绩考核中。在建设方向上，一是以师德师风建设为抓手，制订创新型高水平教师培训计划和

管理办法；开展师德师风培训；坚持依法治教，坚持价值引领，坚持长效管理，构建树立典型、教育引导、考核激励“三位一体”的建设机制，营造崇尚先进与学习典型的氛围；二是强化教师培训，推动教师专业发展。制订领军人物和中青年拔尖人才培育方案；建设双师培训基地；选派教师参加创新型师资培训；三是开展系列教师文化活动，加强正面引导；四是优化考核与激励机制，系统推进教师队伍建设，切实提高教师师德水平，为校园文化持续发展注入活力。

第二节　师资队伍强化的具体思路

无论是教书还是育人，师资队伍的专业素质与综合能力都是决定学校能在多大程度上实现自身使命并不断发展的重要因素。因此，学校需长期致力于师资队伍的强化工作，而这一工作既需要通过长期的机制建设与脚踏实地运转，更需要先一步的规划安排，确定理念思路与发展重点，并围绕这些重点与安排展开工作。学校师资队伍强化的思路，包含信念培养、专业素质提升和教师文化建设三个层面。

一、确立师资队伍理想信念

2014年第9月，正值三十个教师节前夕，习近平总书记在考察北京师范大学时，勉励广大师生做有理想信念、有道德情操、有扎实学识、有仁爱之心的“四有好老师”。理想信念是指路明灯，作为一名教师，于个人，是职业；于国家，是使命。在新时代，党和国家事业的发展对教师群体提出新的期待。一名优秀的教师，要助力学生健康成长，做好学生锤炼品格、学习知识、创新思维、奉献祖国的引路人。因此，在师资队伍建设中，学校尤其注重师资队伍理想信念的确立，通过加强师德建设，提高教师职业道德层次。

师德建设是一项长期的系统工程，需要进行大量深入细致的工作。学校一是抓党员教师的师德建设。以党风带教风，以党性铸师魂，循序渐进，推动师德建设的深入开展。二是抓好典型示范。持续实施“德艺双馨”教师评比，挖掘、提炼师德建设中的真人真事，使他们感染教师、引导教师，进而带动师德的全面建设。三是抓好机制建设。首先，建立和完善激励机制，对教书育人成绩突出者予以表彰和奖励，并在教师职务评聘晋升、确定待遇和选聘等方面加以体现；其次，建立和完善考核机制，把师德建设作为各部门精神文明建设及教育教学工作考核的重要内容，落实到师资管理的政策导向中去；最后，建立和完善监控机制，制定规范的教学管理制度，防范违背师德规范行为的情况发生。

二、提升师资队伍专业素养

教师的专业素养直接关系到人才培养的质量。加强师资队伍建设，要以提高师资队伍专业素养和整体素质为根本出发点。学校以深化师资队伍改革为动力，坚持优化结构、强化激励、提高质量、发展内涵的方针，建设了一支素质良好、富有活力、具有创新能力高水平的师资团队，并通过一系列措施，持续提升师资队伍专业素养。

（一）加强组织领导，完善师资建设工作机制

学校党委把师资队伍建设工作摆在重要议事日程，定期研究和确定师资队伍建设重点，听取各部门的汇报，检查规划落实情况；人事处负责全校师资队伍的规划，并对各系部的师资队伍建设工作做好指导和协调工作；各系部具体制订和实施本部门的师资队伍建设规划，建立合理的师资队伍结构。在校内形成党委统一领导，人事处总抓牵

头，有关部门和各系部各尽其职、密切配合的工作局面。

（二）校企协同、引育并举，打造高素质教师队伍

学校以“四有好老师”为标准，致力于打造一支师德师风和专业能力过硬的高素质教师队伍。有效整合企业大学、技能大师工作室等载体，协同共建高水平教师发展中心，构建涵盖职前培养、入职培训和在职研修的培养体系，全面打造供应链集成服务领域“双师”培养和成长高地；以教师个性化发展和可持续发展为核心，以业绩贡献和能力水平为导向，建立一套分类评聘、分类管理、分类考核的教师评价激励机制；最终建成一支以教学名师、技能大师领军，以中青年拔尖人才为骨干，师德师风过硬、专兼结合、分工协作、结构合理的高水平高素质教师队伍。

学校陆续出台《关于“教授工程”的实施办法》《关于“教授工程”的实施细则》，实施开展“教授工程”，加快专业与学科带头人的培养。首批选拔确定15名副高级职称人员作为“教授工程”培养对象，通过搭建平台、经费资助，使他们在预定时间达到教授级水平。对具有讲师及以上职称的教师，在申报课题、论文论著发表、进修培训、学术活动等方面给予重点推荐倾斜，为他们晋升副教授提供支持。实践证明，被确定为“教授工程”的老师的科研成果数量尤其是质量有了大幅度的提高，大大地促进了学校骨干教师的培养。在2013—2017年的5年间，共晋升教授17人。

以企业挂职实践为主要抓手，加大培养双师型教师的力度。一是实施双师工程。学校规定具有讲师及以上职称的教师均要成为双师型教师，在培养措施、培养途径、培养经费等方面给予支持；二是企业挂职实践。根据物产中大集团《关于同意建立集团与学院人才共享互动机制的批复》《关于同意选派教师参加集团公司挂职实践的批复》等文件精神，学校为每一位教师制订挂职实践的计划，利用寒暑假或

课务较少的时段，分期分批地到集团公司及成员单位进行挂职实践，首期115名轮训计划已经实施；三是开展科研联盟。与集团公司及成员企业开展科研联盟。学校针对企业遇到的实际问题，承担应用性课题研究，为他们解决难题提供咨询服务，目前承担集团公司的8个课题均在研究之中；四是成立技术应用性公司。结合部分教师专业专长，鼓励教师自己创办公司，为企业开展技术开发与推广应用服务，为教师、学生提供校外实习场所和就业岗位，同时提升教师自身的实践水平。

培养一支中青年教师骨干力量是学校可持续发展的动力所在。一方面，由学校制订中青年骨干教师培养计划，加大青年骨干教师的培养力度。鼓励和支持中青年教师承担科研课题，深入钻研学术，参加学术交流活动，深入企业一线进行业务实践，提高实践能力，为他们的成长搭建台阶。另一方面，开展以强带弱的名师示范活动和推行以精品课程引领的示范带动活动，建设一支既能胜任教学，又能开展科研，具有良好师德的青年教师队伍。

强化教师学习培训，不断提高队伍素质。认真贯彻教育部《高等学校教师工作规程》，进一步完善教师培训机制，从思想道德和业务水平两方面提出总体培养目标，分专业制定和落实阶段性师资培养计划，促进教师培训工作规范化，制度化。第一，把青年教师的培养作为师资队伍建设的重点，认真落实青年教师的岗前培训和青年教师导师制；第二，选派教师参加国内外先进高职教育培训机构开展的学习活动；第三，通过国际合作培训教师；第四，通过现代教育技术培训，提高教师运用现代教学技术手段的能力；第五，通过国内访问学者、骨干教师进修、在职攻读硕、博士学位等形式提高教师的技术应用与推广研究能力、教育教学技术水平和学历层次。学校先后出台了《教职工学历教育和继续教育暂行规定》(2000年)和《关于选派访问学者的暂行办法》(2002年)，凡攻读对口专业并获得硕士或博士学位，其费用由学校全额报销。2014—2018年，全校共有5位教师取得博士学位，34位教师取得硕士学位。截至2018年年底，全校硕士及以上的教师200余人，占教师总数的50.38%。

（三）根据发展目标，重点做好师资引进工作

加大引进符合学校教学需求的高层次紧缺型师资的力度，是快速改善教师队伍质量的有效途径。近年来学校制订相关政策和措施，有计划地做好师资的引进工作。重点做好高层次、紧缺型人才的引进，尤其是引进有丰富实践经验的“双师型”人才。学校落实高层次人才引进措施，在住房、科研资金等方面做出具体规定，提供许多优惠条件。学校还充分利用社会资源，建立全职教授队伍。聘请省内外院校和相关企业刚退休的高级技术人员、能工巧匠加盟学校工作，发挥他们专业知识面宽、专业技术功底扎实的优势，承担教学、专业建设与青年教师指导工作，有力地支撑了学校办学规模扩大与内涵发展对高层次师资的需求。与此同时，大批中青年教师在不断实施课程改革中成长为高素质、高层次并体现高职特色的教师。

（四）利用社会资源，建立稳定兼职师资队伍

兼职教师是学校教师队伍的重要组成部分。建立一支稳定的兼职师资队伍，对稳定教学秩序、加强校企合作、理论联系实际、提高教学质量、培养高素质技术技能型人才都具有重要的意义。第一，建立基于集团及各成员单位的兼职教师库。浙江省物产集团公司专门发文《关于同意建立兼职教师信息库与聘用兼职教师的批复》，对兼职教师的管理做出部署，选聘集团公司及成员企业200余位具有丰富实践经验的中高级职称的业务骨干、专家和高管人员，作为学校兼职教师信息库成员，承担学校示范性教学、教师与学生实践指导、毕业论文指导、专业讲座、参与学校课程能力标准的制定与评价等教学任务，建

立了丰富稳定的兼职实践教师人才库。第二，固定聘用社会企业，特别是现代服务企业中具有实践与教学经验的专业技术人才与能工巧匠，来校担任专职实践指导教师。第三，进一步完善兼职教师的聘用与管理制度并有效实施。

三、师资队伍文化建设有序开展

习近平总书记在第三十个教师节与北京师范大学师生们座谈时讲道：“一个人遇到好老师是人生的幸运，一个学校拥有好老师是学校的光荣，一个民族源源不断涌现出一批又一批好老师则是民族的希望。百年大计，教育为本。教育大计，教师为本。”教师承担着塑造灵魂、塑造生命、塑造人的工作，是教育行为的实际解读者，是课堂教学的直接实施者，是学校文化创建的首席执行者。教师文化则是教师这一特殊人群所特有的文化，它是学校教师共同的价值体系与行为规范的综合，具体说来，它包括教师的教育观、教学观、学生观、课程观、质量观，教师的教学方法、教学质量、教学风格，教师的师德、师能、师智、师魂等内容。因此，学校通过研究教师文化，剖析教师文化组成和精神内核，寻找实践路径，既积极响应21世纪全球“教育第一”的倡议，又进一步推动学校浓厚文化育人、尊师重教氛围的形成。

（一）教师文化的认知与解读

何谓文化？郑金洲教授在《教育文化学》中收集了众多文化定义，人们大致从两个维度——动态、静态来界定文化概念。所谓“动态”的文化是把文化看做一个动词，指“文治和教化”，称为以文化之，就是用文明的东西来教化人，使人变成一个文明的人。所谓“静态”的文化就是把文化视为名词，广义层面指人类社会历史实践过程中所创造的物质财富和精神财富的总和；狭义层面指社会的意识形态以及与之相适应的制度和组织结构。

教师文化作为文化形态中的一个类别，亦可以从动、静两个维度来理解。动态维度是指教师在教育教学活动中表现出来的习性、习惯、思维与行为方式，其核心是行为方式。静态维度是指教师群体在长期的教育教学实践中形成的教育思想、教育信念、教学观念以及教师角色认同等精神因素的总称，其核心是教育教学价值观。李伟胜副教授在《试探教师文化的自主更新之路》中指出，教师文化需要自主更新，包括静态的“文本资料”和动态的“教育活动”，即教师通过群体合作共同探索教育活动及相关资料的创造、使用和改进，更新教师教育理念和工作方式的过程。

（二）高校倡导自觉、积极、自信的教师文化

文化哲学将文化的存在形态分为自在的文化和自觉的文化。自在的文化是日常生活中自发形成的人的存在方式，包括传统、经验、常识、天然情感等要素，具有自发性、不系统的特点，是文化的较低层次。自觉的文化则是指以日常生活为基础，又超越日常生活的人的自觉自为的存在方式，包括思想、道德、宗教、艺术等要素，属于文化的较高层次。从这一角度审视我们当下的高校教师文化，呈现自在文化向自觉文化转型发展的趋势。

著名的社会学、人类学、民族学家费孝通先生首次提出“文化自觉”的重要命题，指出文化自觉就是“生活在既定文化中的人对其文化有‘自知之明’，明白它的来历、形成的过程、所具有的特色和它发展的趋向。自知之明是为了加强对文化转型的自主能力，取得决定适应新环境、新时代文化选择的自主地位”[1]。在全球化的进程中，每

[1] 费孝通.中国文化的重建［M］.上海：华东师范大学出版社，2014：160.

个民族都要通过文化自觉来重新审视自己的文化和他人的文化，唯如此才能在世界文化格局中找到本民族文化地位，并最终达到多元文明和价值体系间的包容和共存。高校教师作为现代大学的办学主体，是教书育人、管理育人、服务育人的承载者、示范者、践行者。文化自觉自然成为高校教师文化发展的内生动力，高校教师应自觉以其先进的文化思想和先进的科学成果引领并参与、支持时代的进步。培养和提升高校教师文化自觉意识，建设一支高质量、高品质的高校教师队伍，对于推动高等教育事业的改革与发展，提高高校人才培养质量，具有十分重要的意义。

学校围绕文化育人发展的总体要求，坚持贯彻“立德为本，致用为宗”的校训精神，努力倡导自信、自觉、自强的教师文化。包括“三个自信”，即理想信念、职业身份、文化育人；“三个自觉”，即健康养生、尚德乐业、和谐群体；“三个自强”，即教学科研、管理服务、技术创新。

（三）以花样教师文化节为核心的教师文化实践路径

校工会以“尚德乐业、健康、和谐、幸福”的教师职业精神为思想内核与指导，结合社会主义核心价值观开展花样教师文化节（图7-2-1），达到“花样教师”强，则“学生强、校园兴”的效果。其具体实践路径包括“崇尚师德——最美教师系列评选活动”“提升技能——青年教师教学技能比武”“健身养生——教职工健步走定向活动”“凝心聚力——教师集体生日庆祝活动“幸福和谐——新年教职工音乐会活动”“兴趣分享——花样教师大学分享课”“关心妇女——花样女人节系列活动”“关爱家人——亲子携手共成长庆六一”在内的八个主题系列活动。

1. 崇尚师德——最美教师系列评选活动

为大力弘扬社会主义核心价值观，宣传爱岗敬业、严谨治学、无

花样教师

VERSATILE TEACHERS

设计说明

1/ LOGO采用形似桃花与李花的5瓣花为主体形状来代表花样教师，寓意着桃李满天下。

桃花

李花

2/ 花瓣形状由祥云演变而来，寓意着吉祥、幸福。

3/ 采用丰富的色彩搭配，体现花样教师的多姿多彩。

紫色	红色	黄色	绿色	蓝色
高贵	激情	正能量	生机	睿智

图7-2-1

图7-2-1　花样教师形象标识及内涵

私奉献的高尚师德和团结奋进、积极向上的团队精神，发挥正面典型的激励教育作用，学校发动全校教职工寻找身边“最美的你”即开展“最美教师”“最美教工”“最美家长”“和谐小家”评选活动，寻找优秀人物，挖掘精彩故事，传递正能量。从教书育人的典范、管理服务的典范到教工的“娘家人”、职工之家的表率，评选活动如火如荼地开展，典型的“最美代表”案例展现了教师职工的文化素养和精神。

“最美教师”系列评选活动得到广大师生的关注，学校制作了相关微信公众号，关注量达5 000多。通过学校评选和推荐，援疆教师崔玉江2014年荣登浙江省教育厅、教育工会主办的首届十佳“最美教师”，他三次援疆经历，凝练了《全心任教，甘当绿叶；倾情援疆，愿做红柳》的先进事迹，成为浙江省32万人民教师学习的楷模。2016年，汽车技术学院任献忠进入第二届“最美教师”前30强，他精益求精、追求卓越，一心扑在教学一线，视汽车职教为信仰，传递出技艺匠者的美丽情怀，感动了无数老师和学生，荣获了浙江省“三育人”先进个人。

2．提升技能——青年教师教学技能比武

为进一步贯彻落实全国职业教育工作会议精神和推进课堂教学创新行动，充分发挥教学竞赛在提高教师队伍素质中的引领示范作用，推动高等教育事业的科学发展，学校工会、教务处、人事处、图书信息中心等部门围绕浙江省教育厅、浙江省教育工会主办的省高校青年教师教学技能竞赛“两年一赛”制，配合开展校内选拔赛，各二级学院组织初赛选拔，学校开展赛前专题培训、赛中系列比赛、赛后经验分享（图7-2-2）。包括赛前邀请国内教育教学专家来校为教师们开设关于课堂教学创新和教学技能相关的讲座。2014年邀请国内知名教育学专家、浙江大学教育学院课程与教学研究所教授、博士生导师盛群力作“大学课程与教学设计导论”专题培训；2016年邀请浙江省高教学会教学管理专业委员会副主任、教材建设专业委员会主任、

图7-2-2

图7-2-2　花样课堂现场精彩瞬间

浙江大学原教务处处长楼程富教授作“课堂教学创新与教学设计”专题培训，以培训交流方式，进一步拓展教学新思路。赛中开展花样课堂：参赛教师按照比赛要求，参加教学设计、课堂教学和教学反思系列比赛，根据3个项目的综合排名决出胜负，选拔推荐老师参加省级决赛；赛后进行分享交流：邀请参赛老师或者省里参加该类比赛的老师分享教学心得，如在2014年邀请第二届全国高校青年教师教学竞赛人文社科组第一名、浙江省青年教师教学技能竞赛人文社科组特等奖第一名、浙江大学年轻的80后法学教授、博士生导师郑春燕来校分享“什么是好的大学课程”。

青年教师教学技能竞赛已经成为学校常态化的竞赛，形成微课、教学设计等单项赛和综合赛的连环赛事，得到校领导和老师们的重视，在校教师参与度达50%以上。2014年以来连续三届蝉联优秀组织奖，并荣获3个一等奖，1个二等奖和2个优秀奖。

3. 健身养生——教职工健步走定向活动

为引导教职工在业余时间参与强身健体活动，不断增强教师阳光向上、团结互助的氛围，以更饱满的激情投入教育教学工作，学校持续开展系列健身比赛活动。比赛包括挑战组和公开组两个类别，全程5公里。每个挑战组的选手由2位中老年、2位壮年和2位青年教师组成，需要完成如“浣熊圈”“极速追击”“群龙推杆”等定向运动项目，考验选手的体力、脑力和合作力。公开组的老师们按照自己的体能水平在规定时间内完成比赛路程并获得积分。比赛采用了信息化手段，给每位参赛者佩戴了“指环计时器”进行计时排序。

学校的教师健步走活动自举办以来，获得了社会各界的普遍关注，被《钱江晚报》《中国教育在线》《浙江物产集团报》等浙江知名媒体的多次报道，更受到了广大教职工大力支持和深度喜爱，教职工参与率达100%，老师在各类座谈会上都谈到希望每年坚持开展健步走活动。

4. 凝心聚力——教师集体生日庆祝活动

学校通过创设“今天，是我们的生日”教师集体生日会，来凝聚教师职业梦想，愉悦教师身心、分享教师故事、营造学校浓浓“家”氛围，建设团结向上、互帮互助、幸福和谐的良好工作环境，搭建一个聚焦教师精神领域与价值分享的平台（图7-2-3）。活动主要通过每年编制一个专题VCR献礼全体教职工，让本年度新入职的教职工全体亮相并发表感言，全体教职工共唱生日歌、同许生日心愿，结合学校特色、专业特色和教师特色设计互动节目，体现教师创意，挖掘教师集体智慧。

5. 幸福和谐——新年教职工音乐会活动

为丰富教职工的业余文化生活，营造健康向上的教职工文化氛围，促进和谐校园建设，凝心聚力推动学校发展，学校借鉴“中国好声音”模式，开展共享共唱高雅艺术歌曲活动。教职工自编自导节目，可以跨部门合作，也可以本部门联动，创新思维和表演形式，展示教师的艺术情怀。

学校曾在文一路校区组建教师模特队，搬迁至下沙后，音乐会让教师们又走到一起，重建教师模特队。模特队的人员变了，但是模特队的精神还在，年轻的汽车技术学院教师张野南说：“老师们在训练时很用心，一起琢磨研究如何排练节目，尝试用民族风展现时装秀，展示了老师们的独特风采，让我们找到了更多的自信。”新年音乐会是为教师们在新年前奉送的一道精美的视听盛宴，老师参与率高达100%。活动体现创新创意，在老师们心目中这就是一台“浙经院的春晚”。

6. 兴趣分享——花样教师大学分享课

分享课以“本土性、应用性、多元性、趣味性”为视角，采用突破传统教授模式的互动体验式课堂，并融入专业文化内涵，从他人的爱好、故事、人生中汲取正能量，积极推动教职工文化创新发展，在

图7-2-3（1）

图7-2-3（2）

图7-2-3（3）

图7-2-3（4）

图7-2-3（5）

图7-2-3　教师集体生日活动剪影

校园内形成了全员育人、全方位育人的浓厚氛围。分享课主要分为两个部分，一是邀请本校既会生活又会工作，生活工作都很棒的教师代表，结合自己丰富的人生阅历，分享他们的兴趣爱好和特色经验，运用各类多媒体元素，充分调动学校的教学资源、专业资源、校友资源等，发挥教师们的积极性，鼓励学校师生参与互动分享。二是邀请社会精英或专业人士来校与老师分享时代话题。

“花样教师”分享课将解说、问答、演示、实践操作、视频互动融为一体。自2014年创办“花样教师”大分享课以来，已邀请了校内18位既会工作又会生活的老师发挥专长，他们有的结合专业、有的结合兴趣、有的讲自己的爱好，内容丰富，涉及玉石收藏、习茶、骑行、海淘等方方面面，全校师生慕名前来听课。活动也得到社会的关注，多次被《钱江晚报》《浙江工人日报》“省部属企事业工会官网”等知名纸媒、官网、官博报道和转载。

7．关心妇女——花样女人节系列活动

围绕“服务教育教学：我们能为教师做什么？”的工作主旨，为女教职工们送上三八妇女节特殊的礼物，倡导一起学习思考，一起养生保健，一起建言献策（图7-2-4）。学校每年创新活动方式，2014年开展了“每个女神都要悦身心、会保健、亲自然”活动；2015年开展了“送健康、送美丽、送快乐”活动；2016年开展了“珍视健康、珍惜事业、珍爱生活”活动，举办妇科保健养生讲座，邀请浙江大学医学院附属妇产科医院肿瘤党支部冯素文、李幸霞、吕宏英3位资深护士长一行为师生传授女性疾病预防知识，手把手教大家掌握单人心肺复苏术（CPR）技巧；2017年开展了“花样教师”文化节启动仪式暨寻访“五四宪法”陈列馆和健步走活动；2018年开展了“健康塑形、美丽重生”活动。

花样女人节活动每年的三八节前后开展，成为关爱女性师生的一项经典活动，深受师生们的欢迎，大家每每在三八节前就对活动充满

图7-2-4

图7-2-4　花样女人节现场剪影

期待。有的老师在年度征求意见中反馈道：花样女人节活动形式越来越有新意，给女教工们送去了细致周到的服务，让大家感觉到家的温馨和温暖。

8. 关爱家人——庆六一亲子携手共成长

为加强教师亲子教育的交流，增强学校归属感和获得感，学校持续开展亲子携手共成长活动，为教职工家庭送去关爱。学校不断创新活动形式，融“体验式、学习式、沉浸式、互动式、开放式”为一体，开展阅读、艺术展演、科普探究、陶艺学习、感受企业文化等活动，让学校教职工子女既玩得开心，又学到本领。活动自2009年开展以来，已走过了7个年头，受到广大青年教师和孩子们的热烈欢迎。亲子活动伴随着孩子的成长，为老师们的亲子教育装点了美丽色彩。

第三节　文化素质教育带头人及职业指导师培养

文化素质教育与职业指导是当代高职教育工作和人才培养中的重要“双翼”，相辅相成，共同构成高职人才要素的核心组成部分。2012年1月，习近平总书记在第二十次全国高等学校党的建设工作会议上指出：“教师是人类灵魂的工程师，是青年学生成长的引路人和指导者。他们的思想政治素质和道德情操，对青年学生具有很强的影响力和感染力，在思想传播方面起着十分重要的作用。这就要求我们的高校教师以高度的社会责任感坚持教书育人、为人师表，以良好的思想道德品质给大学生以潜移默化的影响。”充分强调了高校教师在对青年学生进行思想品德塑造和价值观引导方面的重要责任。学校在长期人才培养的实践过程中总结出了“学生主体、就业导向、校企结合、能力本位、素质同步”的培养思路，坚持文化素质教育带头人和职业指导师培养两头并重，进行了许多前瞻性探索，努力将学生培养成社会所需的高技能高素质人才。

一、文化素质教育带头人的培养

近年来，学校在《中共中央国务院关于深化教育改革，全面推进素质教育的决定》、教育部《关于加强大学生文化素质教育的若干意见》等文件精神指引下，构建了“以传统文化为依托，以诗教为特色，兼容诗书画，并蓄文史哲”的文化素质教育体系，推进了人文教育与专业教育相融合的“绿韵工程”，形成了一系列国家级、省级文化品牌，创新了高职特色的文化素质教育理念和模式。为深入开展文化素质教育理论研究和实践创新，总结和推广学校文化素质教育经验，充分发挥高质量师资在文化素质教育中的引领作用，大力培育现代“和谐职业人”，学校于2010年10月特别聘请了俞步松、邵庆祥、孔汝煌、潘军、葛军燕、朱利萍、郑芝玲、斯静亚、张妮佳、沈利斌等10位同志为文化素质教育专业带头人，在课程改革、科研创新、团队建设、文化素质教育实践创新等方面起到示范作用，为推动学校和全国职业院校文化素质教育作出积极贡献。其实践成果主要体现在以下几个方面。

（一）提升教师的职业素质，开展师德师风调研

根据学校实际制订师德建设规划，将师德师风建设融入教育教学进行规范管理，健全学校师德师风建设工作的长效机制。开展“德艺双馨教师”“十佳青年教师”评选活动，挖掘师德典型，通过校园网、校报、广播电视、宣传橱窗等宣传先进事迹，营造学先进、树新风的浓厚氛围。

（二）着力打造师资团队，提升专业课教师的文化素质

从师德师风、文化素质、科学精神等方面加强对教师的培训，选聘10名文化素质教育带头人；组建文化素质教育师资团队，由学校主要领导牵头，选拔在教学一线最富有经验的教师组成，包括研究员1名，副研究员1名，教授2名，副教授7名，讲师7名，助教1名，构成学校各项文化素质教育工作的排头兵；建设了一支近200人的由企业专家、优秀校友组成的职业指导师队伍；建成8个校、院两级职业指导工作室。骨干教师队伍经过业务培训、挂职锻炼等方式，独立开发课程。文化素质教育学科带头人和骨干教师在一级核心刊物发表文章7篇，二级核心刊物28篇，三级核心刊物8篇。其中《“做强高等职业教育”视野下高职院校文化素质教育的哲学审视》（俞步松）获浙江经济职业技术学院第五届优秀科研成果一等奖；《基于高职生专业与岗位需求的应用写作能力培养模式研究》（方梅）获中国高等教育学会、秘书学专业委员会学术年会三等奖；2009年，赵效萍、斯静亚、张锦、沈小勇、潘军等入选2009省新世纪151人才工程第三层次培养人员。

（三）展教师风采，创优秀群体，树教育新风

通过定期开展师德师风建设，树立典型，表彰先进，进一步弘扬教书育人、敬业奉献的高尚品德，充分调动全校教师工作的积极性、主动性和创造性，打造了一支师德高尚、与时俱进、开拓创新的教职工队伍。同时，积极参与教师职业技能竞赛，展示教师风采。财会金融学院王云玲老师在2013年浙江省高校辅导员职业技能竞赛中表现突出，获得三等奖。此外，组织开展向省级和国家级模范教师学习活动，用先进典型感染广大教师，发挥榜样示范作用。

（四）素质教育成果凸显，扩大学校影响力

目前，学校有教育部文化素质教育教指委的副主任委员、委员3个，近10位同志担任全国及省级文化素质教育学会的相关职务；承担教育部重点课题、全国教育科学“十一五”规划、浙江省哲学社会科学规划等课题10余项，在《中国高教研究》《中国职业技术教育》《学校党建与思想教育》等核心刊物发表论文10余篇，出版文化素质教育研究成果多本，开发企业文化培训课程4门，提交研究报告3份。3年来，主持或参与全国文化素质教育活动、专题报告30余次；文化素质教育建设成果被《人民日报》《光明日报》、中央电视台等多家媒体广泛报道。

先进的文化素质教育离不开对教学规律的思考、总结和学习提升，离不开师资团队的互相交流、砥砺和共同进步。学校文化素质教育师资团队负责文化素质教育改革和规划，加强专业教师职业素质培训，在教学实践的基础上认真总结，对高职院校文化素质教育的课程设置、教学环节、方式方法等各个领域开展实证性研究，充分发挥高质量师资在文化素质教育中的引领作用，科学引领高职文化素质教育发展，在省内乃至全国具有较强影响力。

二、职业指导师的专业化培养

学校倡导“以服务为宗旨、以就业为导向”的办学宗旨，这其中职业指导工作至关重要。推进职业指导师队伍的专业化建设，是提高学校职业指导工作针对性和实效性的关键。为加强针对学生专业化的职业发展指导，学校专门聘任姜宇国等9位教师担任职业指导教师，成立校级职业指导室，包括负责人1名、招生就业处职业指导师3名；7个二级学院均分设职业指导处，包括负责人及成员各1名。所属部门横跨学工部、学生处、招生就业处以及二级学院等，进行职业指导

教学和研究工作，并于2010年成立大学生就业创业指导工作站，与二级学院职业指导处形成联动，整合校内及学校合作企业的资源，在大学生就业、创业等方面提供全方位的支持与服务，共同推动学校就业指导工作顺利开展。

职业指导师通过多方面参与学生的就业创业指导工作，一是宣传和贯彻国家、省、市有关大学生的就业创业法律法规、规章和政策；二是开展学生就业创业理念教育，组织学生参加创业培训、模拟创业实训、技能培训、见习训练和企业实训；三是协调组织就业招聘活动，为学生提供就业信息和就业推荐服务；四是配合有关部门开展学生创业项目孵化、贫困家庭毕业生就业帮扶等工作。

第四节　最美教师崔玉江——师资队伍强化典型案例

在办学过程中，经过我校领导和老师的共同努力，学校师资的提升和强化取得了丰硕的成果。师资队伍专业素养不断提高，校园文化素质学习氛围不断增强，校园中不断涌现出最美老师和十佳教师，他们自信、自觉、自强，给予了广大师生积极向上的正面力量，树立了优秀的榜样。

崔玉江，1978年5月出生。中共党员，中央财经大学保险专业本科、浙江大学金融学专业硕士，浙江经济职业技术学院副教授，教育厅计划外选派援疆教师、浙江省第七批第二期、第八批第一期援疆专业技术人才代表，挂职阿克苏职业技术学院副院长。曾获“浙江经济职业技术学院首届最受学生欢迎优秀青年教师”（2008）、“浙江省援疆工作先进个人”（2012）、“第七批省市优秀援疆干部人才”（2013）、“阿克苏地区优秀援疆教师”（2014）、首届浙江省“最美教师”（2014）、“浙江省援疆指挥部系统优秀党务工作者”（2014）、“全国对口支援新疆先进个人”（2017）等荣誉称号。

一、全心任教，刻苦钻研的青年教师

2001年7月，崔老师从中央财经大学毕业，凭着对教育事业的满腔热情，他只身来到浙江经济职业技术学院财会金融学院任教，开始在职教园地默默耕耘。短短几年，他以年轻人的干劲和拼劲，全身心投入教育事业，先后主讲了财政与金融、保险基础、保险理论与实务、国际金融、人身与财产保险实务、房地产金融、金融产品营销、个人理财实务等8门课程。他刻苦钻研教学业务，一方面根据课程特点和学生实际情况，讲课中力求做到通俗简练、生动活泼，将孤立的枯燥的专业术语和原理渗透到热点问题的分析中去；另一方面关心学生成长，积极与学生沟通交流，及时发现和解决学生面临的各种困惑和难题，特别是发挥作为专业教师的优势，引导学生树立正确的人生观、价值观，培养良好的学习习惯、生活习惯，将人文素养和专业能力、素养的培养融合贯穿到日常教学过程中，逐渐形成了一套受学生欢迎的独特的教学方法，在历次的学生评教和督导听课中获得了好评，成为最受学生欢迎的优秀青年教师之一（图7–4–1）。先后获得财会金融分院青年教师说课比赛一等奖，浙江经济职业技术学院首届青年教师说课比赛二等奖，首届最受学生欢迎的优秀青年教师，2008年校级优秀班主任等荣誉。

二、默默奉献，边疆谱写人生多彩篇章

2010年11月，浙江省第七批援疆专业技术人才选派报名开始，学校被确定为浙江对口支援阿克苏职业教育发展的牵头单位（图7–4–2），将选派一名教师挂职阿克苏职业技术学院副院长。生于新

疆喀什，并在新疆生活了19年的崔玉江老师，对促进新疆的稳定发展，责任感尤为强烈。作为一名普通教师，挂职阿克苏职业技术学院副院长，显然是有差距的。但凭着强烈的责任感和使命感，在家人鼓励支持下，崔老师主动提交了申请表。学校最终将崔老师作为第七批援疆专业技术人才后备人选上报。崔老师深知，作为一名普通教师，自己是称职的，但要作为一名教学管理者，自己还差得很多，于是他开始大量阅读教学管理方面的书籍，向管理经验丰富的老师讨教，参加各种管理培训班，到浙江物产国际贸易有限公司战略投资部挂职锻炼半年，默默准备着，迎接机遇的到来。

2012年4月2日，崔老师突然接到学校通知，要求在4月11日赴阿克苏支教。原来根据阿克苏职业技术学院示范专业建设支援要求，在浙江省教育厅协调下，包括我校在内的五所高职院校，将派出骨干教师组成示范专业援疆专家团队对口支援阿职院示范专业建设（图7-4-3，图7-4-4）。就这样，崔老师作为浙江援疆专家团队的一员，到达了阿克苏。由于此次援疆未纳入浙江省委组织部援疆计划，无法由省委组织部统一管理，援疆人员均居住在学校宿舍，工作生活面临极大困难，但是崔老师心中仍很激动，总算圆了援疆梦。他一方面努力克服地域、环境、文化和工作跨度所带来的各种困难，另一方面还要做好其他几位老师的思想工作，发挥熟悉新疆自然和社会环境的优势，帮助他们尽快适应，带领好浙江援疆教师团队，全力推进自治区示范院校建设。作为浙江职教援疆团队领队，他运用精湛的专业教学技能和丰富的教学科研经验，帮带提升本地教师的教学科研水平；逐步完善自治区示范院校建设4个重点专业和3个自建专业的人才培养方案；根据职业岗位（群）的任职要求，各专业参照相关的职业资格标准，在与行业企业合作开发课程的基础上，改革课程体系和教学内容，全面完成141门课程标准的修订，进一步提升学院的课程建设、师资队伍建设和实训基地建设水平。

图7-4-1

图7-4-2

图7-4-1　援疆教师崔玉江

图7-4-2　赴疆捐赠仪式（左2为崔玉江）

图7-4-3

图7-4-4

图7-4-3　崔玉江老师投入阿克苏职业技术学院自治区示范院校建设

图7-4-4　崔玉江参加第七批援疆专业技术人才培训并接受记者采访

2013年11月21日，崔老师接到学校组织部电话：第八批援疆干部人才报名开始，受援单位考虑到崔老师突出的表现和工作的延续性，强烈要求崔老师继续援疆。组织上征询崔老师个人意见，崔老师有些不知所措，他想到了万里之外的妻子和女儿：因为援疆，女儿两次转学；在银行上班的妻子为了更好地照顾女儿学习和生活，辞去了工作。对妻子和女儿的亏欠已经太多太多。但是，想到未完成的工作和领导的信任期盼，心中的援疆情结始终难以释怀。晚上，崔老师与妻子通了一个多小时的电话，妻子说："等你回来女儿都上四年级了，她最重要的时光你都错过了，但你别想太多，我永远都是支持你的……"第二天，崔老师再次递交了援疆申请书。

三、成绩斐然，默默耕耘下的收获

2013年12月26日上午，新疆维吾尔自治区党委、政府召开电视电话会议，表彰第七批省市援疆工作先进集体和优秀个人，崔老师被自治区党委、政府授予"第七批省市优秀援疆干部人才"称号，这是援疆干部人才的最高荣誉，是对崔老师扎实工作、默默奉献的最好褒奖。这项荣誉背后是崔老师和其带领的浙江援疆教师团队取得的一系列成绩：为阿职院教师举办了60余次专题辅导讲座，结成了10对帮扶对子，协助阿职院成功申报新专业5个，申报建设了2个自治区级特色专业，3门自治区级精品课程和2个自治区教学团队；争取各类援疆项目总资金近1 000万元；努力实践和探索出浙江对口支援阿克苏职业技术学院"组团对接，多层次、全方位对口支援"教育援疆新模式。在提升阿克苏职业技术学院办学理念和办学定位，改善办学条件，提高教师的教学、科研能力，扩大社会影响力等方面发挥了积极的作用，形成了职教援疆工作的新亮点。

2014年3月3日，第八批浙江省援疆干部人才培训班在阿克苏地区宾馆举行结业仪式，崔老师代表援疆专业技术人才上台发言（图7-4-5，图7-4-6）。他说："一年半前，我也曾作为第七批第二期援疆专业技术人才代表站在这里发言，同样的场景，不同的心情，很多援友问我为什么会选择继续援疆，在很多人眼里援疆就意味着远离亲人、忍受寂寞和无私奉献。但对我而言，一年半的援疆工作经历，更多的却是收获和感动。援疆是任务更是责任，援疆是付出更是收获，援疆是经历更是财富，援疆无悔，无悔援疆！"崔老师用实际行动践行着一名普通教师忠诚党的教育事业的神圣使命和责任。恪尽职守，勤奋工作，充分发挥自身专业优势，为阿克苏职业教育发展和阿克苏地区的长治久安和社会稳定默默奉献，正如新疆戈壁、荒漠地带最常见而又最富诗意的红柳一样，顽强而坚韧地散发出独特魅力。

图7-4-5

图7-4-6

图7-4-5　阿克苏职业技术学院领导班子（左2为崔玉江）

图7-4-6　崔玉江参加第八批援疆专业技术人才培训结业仪式并发言

第八章

嫣红姹紫竞芳菲

——校园活动优化

筚路蓝缕，育人为先，从行业中专学校到全国高职骨干示范校，学校走过了稳扎稳打的初创期，迎来了蔚为大观的新发展。期间，催生了卓有成效的校园活动，建构了“和谐育人”校园活动体系和品牌。同时，校园活动的历史发展也为学校全面提升办学水平、培养全面发展的人才、繁荣校园文化做出了强有力的贡献。

有学者指出，“校园活动文化是校园物质文化、精神文化和制度文化依托于师生的生动表现。它以校园活动为载体，具体表现为各类丰富多彩的学生活动。”[1]这里的活动强调学生主体性、育人性要与文化性、体系性相结合。活动文化作为校园文化的外在表现，能够全方位体现一所学校文化育人的层次和水准。浙经院校园活动以“和谐育人”文化素质教育为宗旨和特色，对校园活动进行资源整合和整体优化，在校园文化育人建设过程中，逐渐形成有机分布、层次清晰、系统完整的架构路径。

第一节　先声夺人——中专时期校园活动基础夯实

中专时期，浙江省物资学校对校园活动的建设逐渐强化、拓宽和升级。随着职业教育对人才素质的全面要求和全省物资系统对人才的

[1] 贺继明，蒋家胜.高职校园文化建设的探索与实践[M].成都：电子科技大学出版社，2009：46.

需要，当时的物资学校对校园活动的认识和投入逐渐加大，从最初的培养物资专业人才到重点中专再向高职升级，启发式教学和实际能力的培养贯穿成为课外活动的指导理念。物资学校从面向本行业办学转为面向全社会办学，育人目标从物资专业人才转向高素质中等贸易人才。由此，校园活动的建设内容也从第二课堂和专题讲座转向全方位的素质教育，较早地成为学校人才素质培养的重要阵地。

一、中等职业学校校园活动的发展与浙江省物资学校校园活动的开展

（一）中等职业学校校园活动发展的历史作用

党的十一届三中全会以来，特别是《中共中央关于教育体制改革的决定》公布后，我国的中等职业技术教育有了很大的发展，招生规模与普通高中平分秋色，对于人才培养的目标要求和办学水平有了全面的提高，从最初的单一技能培训发展到多方面素质发展。1991年，《国务院关于大力发展职业技术教育的决定》将职业技术教育等同于“提高劳动者思想道德和科学文化素质”“提高劳动者素质”的基本手段，这里“劳动者素质”已经有了多元、综合、面向社会的内涵。培养这种适应社会的高素质人才就不能仅局限于课堂教学和技能训练，而是要辅以课外活动作为第二课堂教育手段。

素质教育对中专生的素质做出了新的要求——掌握适应职业变化的能力以及一定的创新精神和实践能力，这对校园活动育人提出了更有针对性、更明确也更独立的目标任务。1998年，教育部出台的《关于加强大学生文化素质教育的若干意见》提出要“采取多种途径与方式，加强文化素质教育”“第一课堂与第二课堂相结合”“第二课堂主要是组织开展专题讲座、名著导读、名曲名画欣赏、影视评论、文艺汇演、课外阅读、体育活动等丰富多彩的文化活动，以丰富学生的课

余文化生活，陶冶情操，提高文化修养”。1999年，中共中央、国务院做出《关于深化教育改革全面推进素质教育的决定》，提出实施素质教育以提高国民素质为根本宗旨，以培养学生的创新精神和实践能力为重点，造就有理想、有道德、有文化、有纪律，德智体美全面发展的社会主义事业建设者和接班人；应当贯穿于包括职业技术教育在内的各级各类教育；必须把德育、智育、体育、美育等有机地统一在教育活动的各个环节中；进一步改进德育工作的方式方法，加强学校德育与学生生活和社会实践的联系，讲究实际效果；智育工作要转变教育观念，改革人才培养模式；在体育、美育和生产劳动教育中强调课外活动的时间、形式多样和群体性。同时指出，高等院校应从教育观念、教育体制、教育结构、人才培养模式、教育内容和教学方法全面深化改革。可见，实践活动成为改进传统教育方式、培养学生的活动能力和创新能力、实施素质教育的重要环节、形式、载体和途径。

从人的素质能力全面发展和职业教育的发展趋势来看，人的社会交往能力、审美需求和心理健康有赖于学校教育的发展和健全，教育效果和育人成果的飞跃有赖于多种教育教学手段的综合实施和第二课堂育人的自觉性。但是，在我国职业教育发展的起步阶段，中专学校普遍注重学历、知识，而轻能力、素质，缺乏课外教育层面、职业素质培养和人文素质教育，校园活动也局限于课外读书、劳动扫除和体育项目等简单的形式。同时，由于没有建设校园文化的自觉意识，作为其基本载体的校园活动也只是课堂智育、体育的附属，而缺乏独立性、多样性，德育、美育活动的组织开展也较少，势必影响学生的动手能力、学习能力和健康的人格。对中专教育来说，为了在招生体制改革的激烈生源竞争中胜出，实现培养各行各业建设所需的实用型人才这一目标，更为了教育是培养大写的、完整的“人”这一根本宗旨，就必须推行素质教育，培养素质全面发展从而更符合社会需求的人才。在这种现实和使命兼具的双重召唤下，中专学校的校园活动应当尽早纳入专业教育和素质教育中，并与专业教育相配合、贯穿于各个教育环节中，成为推动专业教育、课堂教学、技能训练的有力助手和实施素质教育的重要环节。

（二）中专时期校园活动的育人理念和建设情况

建校初期，浙江省物资学校是一所培养物资专业人才的中专学校，但为了使学生适当地加厚基础、拓宽知识面、发展能力，更加符合培养目标的知识结构和能力结构的要求。根据实际情况，学校对国家物资总局颁发的《教学计划》做了相应修改，调整了各类课程的设置和比例。不仅在教学上采用启发式原则，注重对学生实际能力的训练和培养；而且开设第二课堂和专题讲座，引导学生独立思考，拓宽知识视野；还建构了团委、学生会、学生自治自理委员会“三足鼎立”的学生自我管理组织格局。智育以外的教育工作和活动开始显露成效。

中专时期，学校校园活动随着校园物质空间的升级和教育理念的发展而转变为素质教育活动，并为升格为高职后的“和谐育人”文化素质教育活动奠定了基础框架。回顾中专时期的20多年，从最初运动场所的不完善和图书资料的奇缺，到后来体育活动、第二课堂和专题讲座兼顾、三大学生组织并存，再到拥有室内外运动场、文体大礼堂和藏书近10万册的图书馆，校园活动有了专门的场地和设施，具备了基本的物质载体和空间。素质教育大部分都由校园活动组成，德育、智育、体育活动在素质教育中占据了大半壁江山，美育活动也崭露头角。

20世纪90年代，学校提出全方位的素质教育，旨在发展中专生的综合素质和能力，并形成日后校园活动体系的雏形。此时正逢国家素质教育方兴未艾之时，教育改革要求全面推进素质教育，职业教育也在其中，尤其要以培养学生的创新精神和实践能力为重点，尊重学生身心发展特点和教育规律，使学生生动活泼、积极主动地得到发展。校园活动成为课外教育的主要实施形式，也是物资学校开展素质教育的最主要形式。与此同时，学生组织是实施校园活动的基本力量，学校于1987年成立学生自治自理委员会，成为教育改革和素质教育的一大亮点。当时学校提出“全方位的素质教育”，包括政治思想、知识结构、能力素质、个性和特长四个要素，有效地锻炼了学生的多方面能力、并发展了个性特长，取得了可喜的成绩（图8-1-1）。1996年，学校被评为省部级重点中专、国内贸易部重点中专。

在国家还未全面推行素质教育之时，中专学校当中存在着对于素质教育的忽视和对于校园文化认识的误区。当时，大学文化素质教育刚刚起步，浙江省物资学校“探得早春二月花”，紧跟潮流，积极贯彻党的十五大科教兴国战略，较早推行了素质教育活动，在立足行业办学转型的过程中走在了中专学校的前列。

二、全方位的素质教育和诗教带动下的校园活动

1998年，在20周年校庆之际，学校领导决定，开始在校园中试行“诗教”。通过开设活动课、培训班、成立诗社、编印报刊和校社联办等方式，活跃校园诗教氛围，带动校园文化活动的热潮，突显文化素质教育含量，为日后的“和谐育人”文化素质教育创新实践奠定了初步基础。

针对当时中专重教书轻育人、重智育轻美育的问题，物资学校注重发掘学生的多元素质和能力，并有针对性地进行培养发展，提出全方位的素质教育。其中，政治思想素质类以青年志愿者活动（图8-1-2）、业余党团校活动、入党宣誓和军训等形式开展；知识结构素质类以成立读书会为主；能力素质结构类是素质教育中最重要的一块内容，包括动手能力、语言表达能力、审美能力、组织能力、计算

图8-1-1

图8-1-2

图8-1-1　青春收获演讲赛

图8-1-2　学生参加公益劳动

机操作能力、外语会话能力、写作能力、独立生活能力、独立思考和解决问题的能力等。学校成立注重个性和特长发展的专有素质类兴趣小组，如书法班、合唱团、舞蹈队等，让同学们有更多发挥个性特长的空间。学校还经常开展手工制作比赛，让学生负责打字机维修等；成立演讲协会，举办各种形式、内容的演讲赛、辩论赛；开设美育课、礼仪课，举办各种知识讲座；团委、学生会和学生自治自理委员会三大组织可以锻炼同学们的组织能力、独立性、纪律性、积极性等各方面的综合能力。1988年20周年校庆，学校举办了全校师生书画展、卡拉OK大奖赛即第五届艺术周开幕式，形成师生共同参与校庆和艺术周文艺活动的浓郁氛围。

当然，中专时期校园活动的开展，也存在着不可避免的历史局限。校园活动作为学校教育的组成部分，还缺乏应有的独立性；或者说，还没有把校园活动当作教育的必要手段和模式，而是作为对课堂教育的补充、对课余生活的满足。因此，该时期的校园活动种类不多，层次不够丰富；三大学生组织更多涉及管理工作很少采用活动形式；兴趣小组满足的兴趣种类较少，对于学生群体的需求缺乏了解；未充分调动学生自主设计和开展校园活动的积极性；较少配备专门指导校园活动的老师等，这些都是影响发展的瓶颈。

中专时期的校园活动完成了从无到有的历史任务，并开始自觉融入教育教学和人才素质培养中，虽无自身明确独立的定位和发展，但为向高职转变和“和谐育人”创新阶段奠定了文化素质教育活动的扎实基础和传统特色。全方位素质教育的目标能力结构和重视文化素质教育的倾向，不仅表明了中专时期对人才培养的全面认识，也契合了普通高等学校开展文化素质教育的潮流，成为浙经院高职阶段校园活动飞跃的先声。

第二节　继往开来——高职办学初期校园活动品牌意识的确立

2001年起，学校开始申办高职，2002年正式升级为浙江经济职业技术学院，在下沙高教园区拥有了576.5亩校园，校园活动也有了宽阔、独立、多样的空间场所，以文化素质教育为特色的校园活动也迈出新步伐，形成了依托“诗教”开展红色文化、典礼文化、校园文化节等校园活动的新气象。

一、“立德为本、致用为宗”办学理念的提出与文化活动育人的定位

我国对高职院校文化素质教育和校园活动的重视起步比较晚，相关领域建设既落后于高职的专业教育，又落后于本科院校的文化素质教育。但是，随着高职教育的全面发展和对国外职业技术教育的学习借鉴，技能与人文并重的教育理念被逐步引入，成为职业院校素质教育的指导思想。在此背景下，部分职业院校认识到，校园活动应当实现全面化、多样化、层次化，强调课余与专业结合、人文与技术并重，并开始提出“理论与实践并重，技术与人文融通”的理念，从重视文化素质教育入手，逐渐推动校园活动，为人才培养的全面发展服务。2000年前后，教育部分别在武汉大学和东南大学召开研讨会，研讨文化素质教育的难点、对策。2003年，教育部将加强文化素质教育工作纳入《2003—2007年振兴教育行动计划》，通过加大经费投入等方式促进文化素质教育发展。2005年，教育部召开“纪念文化素质教育开展十周年暨高等学校第四次文化素质教育工作会议”。该时期，学校依托校园诗教，组织开展多种类型的校园文化活动，丰富了校园活动的种类，也扩充了校园活动的层次和高度，使物资学校校

园活动的层次类型逐步转型升级，与高职教育相匹配。

二、文化育人活动品牌的确立

2001年4月18日，林丽萍副校长参加华东物校后勤思想政治教育工作年会，在会上做了《针对新情况做好德育工作》及《以诗教为龙头深入开展人文素质教育》的交流发言。2002年5月，林丽萍副校长参加全省高职院校思想政治工作会议，在大会上做了《以传统文化为依托 以诗教为特色 全面开展人文素质教育》的交流发言。2001年5月20日，中华诗词学会孙轶青会长、梁东副会长一行来校考查指导诗教工作。2002年4月22 ~ 25日由中华诗词学会主办、浙经院承办的首届创建"诗词之乡"和"诗教先进单位"经验交流会召开，大会授予学校"诗教先进单位"荣誉称号，这也是全国高校首家。学校逐渐形成了"以诗教为龙头，兼容诗书画，并蓄文史哲"的人文素质教育体系，并通过一系列丰富多彩的课内、课外活动，不断优化学生的人格和心性品质，以此拓展学生的思维空间，培养学生的人文情怀。

三、"和谐育人"办学特色的确立与校园活动的发展

学校秉承民族优秀传统文化、融合企业文化开展素质教育，形成了"核心育人"的校园活动。自1998年始，以古典诗教为切入点，以职业素质教育为核心，以学生课余素质教育学分制为保障，大力塑造"和谐职业人"，形成了人文素质教育体系。

校园活动体系以校级活动为统领，以全校活动和二级学院活动为两大主体，学生社团活动和社会实践活动为两翼，兼容并蓄，紧跟时代，构建起层次多样、主题多元、递进开展、学生喜爱、全面覆盖的校园活动体系。其中，全校活动以诗教文化为特色，以"五德"为重

点，辅以开学毕业典礼、校园文化节、职场精英训练营等固定活动项目，形成了技能文化月、学生科技文化月、学生社区文化节、自强自立文化月等大型品牌活动，促进了团学活动建设，优化和繁荣了学生社团，提升了学生参加创新创业学生科技项目和校外竞赛、活动、服务的质量。同时，校园活动既紧密跟进时代主旋律思政教育，落实开展宣传教育活动，也引导青年学生群体对流行的追求，涌现了校园十佳歌手大赛、“留声岁月”毕业访谈、“经院杯”演讲赛和辩论赛等深受学生喜爱的特色活动。各二级学院以人文教育与专业教育相融合为原则形成了“一院一品”的活动品牌，立足专业特色，在二级学院范围内开展系列主题活动。

第三节　系统推进——“和谐职业人”培养体系中的内化途径

一、“和谐职业人”文化素质教育实践中的校园活动优化

以培养现代“和谐职业人”为目标的高职文化素质教育创新实践，把“和谐职业人”的育人理念作为价值引领，提炼出“爱、学、诚、敬、新”五个价值取向，作为职业人文素质的核心，贯穿在企业文化融化、传统文化内化、课程建设深化、校园文化优化、社会实践悟化、专业渗透细化、师资队伍强化“七化”行动中，突显高职特点。校园活动优化作为“七化”之一，既构成了专业教育与人文教育相融合的高职文化素质教育新途径，又体现了基于教育生态学的系统化高职文化素质教育实践新模式。

（一）校园“五德”活动的提出

学校正式升格为高职后，仍然沿袭着培养全面发展人才的传统，针对职业教育面临的内外挑战，从文化素质教育创新育人模式，推动提升校园活动的育人水准与系统优化。一方面，信息化时代趋势对人才的综合素质和职业精神提出了越来越高的要求；另一方面，中国的职业教育到2005年仍存在重技术技能训练、轻人文素质培养的不良倾向。优化和整合校园活动成为提高“和谐育人”体系实施效果的重要途径。

在此基础上，学校针对高职教育校园活动缺少系统顶层设计、教育资源分散、主题不突出，影响教育质量和效果的问题以“和谐职业人”为价值引领，深入挖掘传统文化内涵，系统构建以“五德”爱、学、诚、敬、新为主题的校园文化活动，优化和整合各类、各级校园活动，满足高职生对人文素质的需求。

（二）“和谐职业人”文化素质教育实践中的“五德”活动

“五德”系列活动按照“爱、学、诚、敬、新”的主题分为五个模块，每一个模块都推出职业素质培养和职业精神主题的育人活动，明确设定目的和突显职业人文素质实效，并通过素质分评价体系使活动考核科学量化。各二级学院结合专业教育开展具体的实践活动。比如，“爱之魂”活动，通过全体学生干部升国旗仪式、学以致用爱心服务、工作文书评比、社会实践等活动形式，培养学生服务他人、回馈社会的职业精神；“学之境”活动，以职场精英修炼营品牌统领学生精英职业能力的培养，以培训传授、竞赛比拼和班会讨论三种路径强化专业能力的磨练；“诚之语”“敬之歌”活动，以毕业生就业教育活动开启全校诚信和敬业教育活动，通过辩论赛、演讲赛、征文等营造守信敬业的环境氛围；“新之路”活动，丰富拓展学生创新创业项目和竞赛，激发学生勇于创新创业的热情。

“五德”主题活动以打通“第二课堂”核心价值观为目标，以综合职业素质培养为统领，与教学的实践化、教育的职业化相结合，使高职院校的校园活动除了针对专业教育进行辅助育人以外，还专门、独立地进行活动育人、文化育人、和谐育人，这也是高职院校校园活动的特色实施途径。值得一提的是，“以培养现代‘和谐职业人’为目标的高职文化素质教育创新实践”获2014年职业教育国家级教学成果奖，“五德”活动是其中的重要内容，也是实施开展的重要载体。

二、“五德”活动的设计与展现

构建立体化校园活动体系是提高“和谐育人”体系实施效果的重要途径，开展“五德”主题活动是主要抓手。结合学校、二级学院和各个班级的实际情况，创新形式和载体，在活动开展过程中，注重内容和形式的有机统一，紧密围绕模块主题，以活动为平台，充分提升各模块活动的职业化和活动体系的人文化、精品化内涵，减少校园活动的娱乐化、宽泛化、单一化、粗浅化。围绕五大类不同主题开展系列活动，共编印“五德”校园活动指南5本，“五德”活动成果集5本，每学年开展各类活动300余场次。

（一）“爱之魂”主题活动

“爱”是道德的核心，是高尚思想的基础，也是崇高品质的体现；爱心是中华民族传统美德，是人之为人必须具备的根本素质，也是作为一名职业人的基础素养。培养自己的爱心素质，是实现个人职业生涯发展的基石。

“爱之魂”主题活动适用于高职一年级第一学期，主题为“感恩·关爱·奉献”。从新生入学参加军训开始，就进入了爱心素养教育的过程，通过“爱的认知、爱的表达、爱的实践”三大模块，目的在于培养出有爱心的“和谐职业人”。爱心素养教育虽然重点安排在第一学期，但爱心素质的养成要贯彻落实到大学生活的全过程。“爱之魂”系列主题活动的目标，主要包括五个方面。一是弘扬中华民族的爱心传统，促进学生由“被爱”转变为“关爱”；二是学会自尊自爱，珍惜生命的自我，养成良好的生活习惯，爱惜精神的自我，注重个人修养、塑造个人品格、提升人生境界；三是学会相处，尊重每个人的独立人格，学会在规则下生存，养成良好的行为习惯，遵循对话和协商的基本策略，崇尚宽容的美德；四是学会感恩、学会关爱，爱他人、爱父母、爱集体、爱专业、爱学校、爱国家；五是学会奉献，提倡奉献本身就是一种回报，用爱提升生命的品质，将奉献作为一种习惯，让奉献贯穿人生的全过程。

“爱之魂”系列主题活动的实施主要分为三个模块，每个模块开展周期为一个月。首先，是“爱的认知”模块。在学校平台，开展“我们的价值观”班级风采展、慈善文化报告会、爱的主题宣讲活动、爱的主题影视展播、“让心灵释然”活动等；在二级学院平台，开展校史教育、专业教育、“爱的传承”恳谈会和讲座：正确的恋爱观、感恩月温情电影展、新生恳谈会、爱的主题读书会、“相约财金、共享明天”主题晚会、“爱的真谛”讨论会、“行孝在当下”慈孝报告会等；在班级平台，开展爱的主题班会、爱的主题阅读活动、红色寻访活动等。其次，是“爱的表达”模块。在学校平台，围绕“爱的主题”，开展书画摄影展、演讲比赛、征文比赛以及微博、短信征集活动等；在二级学院平台，开展新生寄语卡、身边的爱心故事征集、“爱就大声说出来”活动、“爱心快递”活动、给父母写一封“情书”、谢师恩短信征集、“我身边的爱心故事”征文比赛、班级教室美化大赛、爱的书籍读后感评比活动、爱的主题校园文化衫、涂鸦大赛、“DV看经院、爱我校园”、视频作品大赛、“大爱财金、欢度新年”迎新晚会、每日一句“说出心中的爱”“爱的真谛”演讲会、新生寄语卡、“生命之光”主题征文比赛等；在班级平台，开展一封家书、一张感恩卡等感恩回馈活动。第三，是“爱的实践”模块。在学校平台，开展“我为学校发展献一策”活动、新生军训、升旗仪式、全国第八届残疾人运动会志愿者服务活动、爱的主题文化沙龙、“爱心使者”评选表彰等活动；在二级学院平台，开展爱心结对、义卖活动、“分享爱、晒全家福”活动、滨江老人公寓文艺表演及爱心服务、寻找身边的“雷锋”、用专业知识回报师恩活动、“Linux”电脑免费维修服务月、信息学院“爱心使者”评选大会、助残帮困活动、海宁培智学校慰问活动、志愿者服务活动、感恩主题月活动、“自尊、爱人”主题实践活动、“拒绝冷漠、人的价值”社会宣传活动、爱心志愿服务活动、“感恩”心理沙龙等活动；在班级平台，开展文明礼仪伴我行、“爱心”绿色环保活动等。

（二）“学之境”主题活动

学习是个人成长的基础和社会发展进步的基石。学以立德、学以明智、学以致用。对于学习的作用和价值，古人认为“人有知学，则有力矣”，培根认为“知识就是力量”，学习是人类认识自然和社会、不断完善和发展自我的必由之路。在信息时代和知识经济大爆炸的今天，树立终身学习理念，乐于学习、善于学习是一个人、一个国家、一个民族前途和希望的重要标志，也是关系高职生职业生涯可持续发展的关键要素。

“学之境”主题活动主要针对高职一年级第二学期学生，主题为“乐学·善学·致用”。通过第一学期对大学生活的感悟和体会，认识到大学的真谛在于学习知识、追求真理，增强学习兴趣，珍惜美好时光，加强知识的融会贯通，掌握并精通专业技能，学以致用。通过“乐学、善学、致用”三大模块活动的开展，使学生以良好的精神面貌和学习热情投入到大学生活，提高自身的学习兴趣、学习能力和实践能力，增强学习的主体性、自主性和能动性，树立正确的学习观，引导学生成为有较强可持续发展能力的“和谐职业人”。“学之境”主题活动的目标主要包括以下几个层面：一是培养学生的学习兴趣，激发学生内心的学习愿望，增强学习的主动性，促使学生由被动学习向主动学习转变；二是提升学生的学习能力，不仅使学生获得全面的知识，更重要的是让学生掌握科学有效的学习方法，提高学习效率；三是形成知行合一的学习习惯，以活动为载体，把理论知识与实践实训的体验结合起来，使理论知识和实践能力在活动中融会贯通、相互促进，培养应用型专门人才和通用型综合人才；四是养成终身学习的品格，把学习内化为学生的本质需要，不仅贯穿于大学生活，更要培养其终身学习的良好品格。

“学之境”主题活动在项目推进过程中遵循以下原则：首先，注重体验。活动的设计和策划紧紧围绕“学”的主题，提高学生的参与度，让学生在活动的过程当中体验学习的乐趣，利用主题鲜明的活动和形式多样的活动载体发掘和激发学生的参与热情，使其充分融入到整个活动当中。其次，讲求互动。在活动中尽可能多地设计互动交流环节，让学生真正参与到活动之中，把活动的主题和讨论话题等推向深入，增加学生的亲身感受和活动作用的有效性。最后，知行合一。活动以“学之境”主题活动操作指南为指导，结合学校、二级学院和各个班级的实际情况，创新形式和载体。在活动设计和选择上，注重将学生课堂知识、书本知识与活动的内容有机结合。紧贴专业特色，体现专业特点和专业要求，能够对解决学生在日常学习中遇到的问题有所启发和帮助，强调参与度和动手能力。

“学之境”系列主题活动的实施主要分为三个模块，每个模块开展周期为一个月。首先，是“乐学”模块。在学校平台，开展“学之境”启动仪式暨主题讲座、“我们的价值观”——经典朗诵比赛、“同享知识、共建和谐”——“4·23”世界读书日主题活动、“爱书、品书、知书”主题系列活动、“走进图书馆、了解图书馆、热爱图书馆”主题系列活动；在二级学院平台，开展“读书好、好读书、读好书”主题活动、捐书献爱心活动、物流大讲堂、第五届时事知识竞赛和“学之境”之人文素养篇——学雷锋系列活动、“追锋”读书会、《诫子书》现代解读、“学之境”心理沙龙、心理讲座：如何以良好的心态对待学习活动；在班级平台，开展“梦想大舞台——畅想你的未来学习计划”活动。其次，是“善学”模块。在学校平台，开展“绿韵文化讲坛”——如何提高学习效率、“我最喜爱的一本书”书评征集活动、阅读情况调研活动；在二级学院平台，开展“弘扬雷锋精神，提倡博学笃行”主题活动、职场精英修炼营、物流案例分析大赛、第二届“言语杯”演讲比赛、“汽车之鹰”中评会、职业素质技能演讲比赛和“学之境”之专业技能篇：多媒体作品制作大赛、LUPA开源知识讲座、“五四”团支部优秀成果展、“学之境”演讲比赛、班级风采展、学习经验交流会、商贸流通第二届知识竞赛、简历大赛、“德艺双馨”文艺展示大赛等活动；在班级平台，开展“书海拾贝”读书会、学习经验交流会等活动。第三，是“致用”模块。在学校平台，开展课程综合实践与技能竞赛、“读书知荣辱，学习求奋进”——我与学校共成长研讨活动、学习型团队建设主题活动、“学习之星”评选表彰大会等；在二级学院平台，开展“知行合一，诚信修身”第十四届“经院杯”演讲赛、校友座谈会、职业技能比赛、第二届创新创业挑战杯大赛、职业技能比赛竞赛、和“学之境”之感悟深化篇：善待身边人帮扶困难生、培养技能手争做示范生、商务礼仪大赛、职业生涯规划大赛、金融产品营销大赛、会计综合技能大赛、心理素质拓展大赛、商贸流通第二届创维杯挑战赛、创新创业之星比赛、T恤涂鸦大赛等；在班级平台，开展师生座谈会、暑期社会实践活动等。

（三）“诚之语”主题活动

在实际的学习、生活、工作中，诚信是为人处世的道德基础，表现在对人守信，对事负责；做老实人，办老实事；认真学习，诚实考试。诚信，不仅是一种品行，更是一种责任；不仅是一种道义，更是一种准则；不仅是一种声誉，更是一种资源。

“诚之语”主题活动主要针对高职二年级第一学期学生，但诚信素养的养成则贯穿大学三年教育始终。主题为“诚实·守信·笃行”，在具体的实施过程中，以《公民道德建设实施纲要》为指导，通过“诚信的认知、诚信的体验、诚信的践行”三大模块，倡导守信为荣、诚信做人的道德观念，营造优良的育人环境。其目标包括以下几个方面：第一，诚信做人。为人处世，自重重人，小到不说谎话，大到忠于祖国，不掩盖或歪曲事实真相；日常花销、校园兼职、助学贷款等取之有道、守信还款，自觉抵制恶意拖欠助学贷款等行为。第二，诚信学习。追求真知、精学技能、真实评优评奖、严守考试纪律，坚守诚信学习品德，杜绝学术欺诈、考试作弊等不良行为，共同营造良好的学习风气。第三，诚信交往。信守承诺，以诚待人，师生交往、同学交往、网络交往等都以诚实守信的人格素养作为基础和前提，构建和谐人际关系。第四，诚信就业，求职自荐、签订协议、职场生活、履行义务等方面都要遵守诚实守信的道德规范，将诚信理念贯穿职业生涯始终。

“诚之语”主题活动在项目推进过程中遵循以下原则：首先，注重体验，讲求互动，融合渗透。活动要以“诚之语”主题活动操作指南为指导，结合学校、二级学院和各个班级的实际情况，创新形式和载体。其次，在活动设计和选择上，要与学校的校园文化建设和制度建设相结合，进一步突出诚信内涵，强化诚信要求，注重长期效果。最后，诚信教育与学校的其他德育教育活动相结合，形成一定体系。

“诚之语”系列主题活动的实施主要分为三个模块，每个模块开展周期为一个月。首先，是“诚信的认知”模块。在学校平台，开展

“诚之语”主题活动启动仪式暨专题报告会、诚信的力量——诚实守信模范事迹展、“我们的价值观”主题辩论赛、“诚”的主题影视展播等活动；在二级学院平台，开展“诚信我为先”承诺、以“诚”为主题的专业教育、“炫梦杯”之诚信青春知识竞赛、汽车之鹰“以诚立身”价值观讲座、暑期社会实践成果展示会暨“诚之语”主题活动启动仪式、追锋读书会、“相约财金 诚载未来”主题晚会、“诚信，人之本”主题沙龙、“诚信修身”辩论比赛及电影展等活动；在班级平台，开展诚信主题班会、“诚信小家”班级诚信公约制定、“诚信回归”诚信格言征集等活动。其次，是“诚信的体验”模块。在学校平台，开展大学生诚信教育“进学生组织、进社区、进寝室”活动、“让诚信伴行”社会实践、研讨会、“诚实守信、知行合一”主题征文等活动；在二级学院平台，开展“珍爱学生，诚信考试”学风建设、“我身边的诚信故事”主题演讲大赛、“文明从考”PPT演讲比赛、“以信为舵，以诚为帆之许诺青春”征文、第八届汽车知识竞赛、大学生职业生涯规划大赛、“诚之语，新之路”主题之专业技能篇——C语言编程竞赛、“诚之语，新之路”主题之专业能力大比拼篇——汉字录入、知名企业诚信文化学习、支部创新交流会、“诚之语”辩论赛、“诚之语”图片展、社团风采展、商贸流通辩论赛、“诚信修身”辩论比赛、“诚之语”第二届主持人大赛等活动；在班级平台，开展诚信考试倡议、“我身边的诚信故事”交流会等活动。第三，是“诚信的践行”模块。在学校平台，开展“五勤五诚五争当”主题活动、“诚信考试”考风建设活动、“诚信就业”毕业生就业跟踪调研、“身边的诚信故事”征集展示等活动；在二级学院平台，开展毕业生助学贷款“诚信还贷”承诺活动、“坚定职业理想”诚信就业教育、“诚”与“新”图片展、暑期社会实践活动总结报告会、毕业生诚信就业教育、第九届“以诚立身，以文会友”辩论赛、“诚之语，新之路”演讲赛、信息之星——难忘今宵之魅力班级表彰大会、个人职业生涯大赛、“管院之星”评比、“新之路、诚之语”主题新媒体支部微博评比、诚信考试系列活动、职场面试情景剧、文明班级评比、“创新、创信”主题实践活动、优秀学生干部评比等活动；在班级平台，开展“坚定职业理想信念”主题诚信就业教育、“珍爱学生、诚信考试”考风建设等活动。

（四）“敬之歌”主题活动

在中国，自古就有敬业的传统。孔子主张人在一生中始终要勤奋、刻苦，为事业尽心尽力。他说过“执事敬”“事思敬”“修己以敬”等语。《礼记·学礼》有“敬业乐群”的阐述。朱熹说：“敬业者，专心致志，以事其业也。”北宋程颐更进一步说：“所谓敬者，主之一谓敬；所谓一者，无适（心不外向）之谓一。”

“敬之歌”主题活动适用于高职二年级第二学期，主题为“责任·勤奋·乐业·改善”。“敬”是作为一名职业人的基础素养，也是奠定个人职业生涯发展的基石。其目标主要包括以下几个方面：一是弘扬中华民族的传统美德，引导学生树立正确的职业观、价值观，培养学生的职业责任感，在学习中认知责任的内涵和意义，在实践中践行责任义务；二是培养学生勤奋踏实的工作作风，使学生能够正确理解集体与自身的关系，对自己有明确定位，自动、自发地工作，而且为了工作做得更好而更加勤奋努力；三是引导学生追求享受工作的精神境界，启发学生把工作看作是施展才华的舞台，看作自我挑战、自我发展的过程，看作追求人生幸福、实现人生价值的重要指标；四是培养学生精益求精的职业素养，强化学生内心职业信念，用积极踏实的工作态度认真观察和思考现有的成绩，寻求更高职业奋斗目标；五是凝练职业修养，引导学生固化对职业道德的自觉操守，培养学生遵守行业规范的意识，强化职业纪律和职业责任教育，提高职业道德素质和业务素质。

在项目的推进过程中，主要遵循以下原则：第一，注重内化。活动的设计和策划要紧紧围绕“敬”的主题，要加强学生对“敬”的感知，注重引导过程和方向，引导学生将职业素养内化为价值观念。内容上提升内涵，要根据实践需求深入挖掘相关素材，分析处理，使材料能够真正体现活动的主题，做到主题鲜明。第二，强化融合。在开展的时候，将职业素养教育与专业教育相融合，根据不同专业学生的实践特征创新活动形式，结合不同行业的特点丰富活动内容。第三，推动实践。活动以“敬之歌”主题活动操作指南为指导，结合学校、二级学院和各个班级的实际情况，让“敬”的理念和精神通过丰富的载体外化为自觉主动的职业实践。尤其是各二级学院、班级活动在形式上要结合专业实际，注重德育实践，促进品德内化。

“敬之歌”活动包括“认知敬”“体悟敬”“践行敬”三个模块，目的在于培养出具有良好的职业操守、忠于职守、爱岗敬业的和谐职业人。首先，是“认知敬”模块。在学校平台，开展敬之歌”主题活动启动仪式暨主题讲座、“职场杜拉拉”——优秀校友系列报告会、“我心中的职业价值观”征文比赛、高职二年级学生就业教育讲座等活动；在二级学院平台，开展“身边的技能大师”访谈、“敬”的影视作品展播、“那些年，我们一起追逐梦想”励志留言活动、“敬之歌”读书会、“敬之歌”之人文素养篇：“五四红旗团支部评比”系列活动、“敬”之语征集活动、系列就业讲座、“心理冲突教育”系列活动、简历大赛等活动；在班级层面，开展“专业与敬业——我心中的职业观”主题班会、“我心中的职业观”交流会等活动。其次，是“体悟敬”模块。在学校平台，开展“职业素养 责任文化”主题辩论赛（图8-3-1）、第四届职业生涯规划大赛、“岁月留声”大型毕业生访谈、成就“明日之星”职业发展系列工作坊等活动；在二级学院平台，开展第三届素质拓展大赛、职场精英修炼营、“优show简历，自信起航”——个人简历设计大赛、“职来职往”模拟面试、职业素质

图8-3-1

图8-3-1 "职业素养，责任文化"主题辩论赛

演讲比赛、“敬之歌”主题之专业技能篇——社团文化月系列活动、“敬之歌”歌唱比赛、实习经验交流会、职业生涯规划大赛、“敬之歌”演讲赛、“经典一瞬”敬之摄影大赛、“敬文化”征文大赛、简历大赛等活动；在班级层面，开展学习《专业职业素养手册》、简历设计交流会等活动。第三，是“践行敬”模块。在学校平台，开展“敬业的力量”——专业精业乐业模范事迹展、暑期社会实践素质提升、“心的记忆 新的旅程”毕业文化周等活动；在二级学院平台，开展“坚定职业理想信念”、优秀毕业生重返母校就业交流会、汽车企业从业者职业素养调研、“敬之歌”主题之深化感悟篇——“点亮青春 放飞梦想”数信学院毕业生欢送晚会、学雷锋活动、向先烈致敬活动、职场实践、毕业生经验交流会、STI示范生训练营、“我参与，我快乐”趣味运动会、职场达人训练营等活动；在班级平台，开展“敬之歌”实习动员主题班会等活动。

（五）“新之路”主题活动

创新是一个民族进步的灵魂，是国家兴旺发达的不竭动力。当前职业生活中所运用的技术日益向高新技术发展，职业技能也由再造性技能向创造性技能转变。高职毕业生所从事的往往是跨学科职业，接触全自动、智能化的设备和工艺，工作环境复杂多变，不仅需要具备综合的知识技能，同时也要具备迅速适应新技术环境与技术群体的创新能力。

“新之路”活动的主题为“激情 · 动力 · 超越 ”，主要针对学校高职三年级第一学期学生，但创新创业能力的培养则贯穿大学三年全过程。主要内容以“挑战杯”竞赛为驱动、以创新创业项目为引导、以创新创业活动月为载体，依托浙江省大学生科技创新活动计划（新苗人才计划），创办现代物流科技创业园孵化创新创业明星，开展技能文化月活动。在具体的实施过程中，通过“乐于创新、善于创新、勇于创新”三大模块，激发创新激情、培养创新思维、塑造创新人格、最终提升创新能力和技能、使学生成为勇于创新创业的实践者。其目标主要包括以下几个方面。首先，是激发创新激情。创新精神是指学生自觉或不自觉地从事创新活动的倾向性，主要指创新的动力系统。具体包括创新需要、创新兴趣、创新理念等，表现为好奇心、求知欲等，目的是激发学生探索、求是、拼搏、奉献和服务的精神。其次，是培养创新思维。努力营造一个宽松、民主、自由的环境，打破学生的自我束缚，激发创新思维，使大脑建立起内在知识的有机联系，使感性体验与理性知识、实践经验与理论知识在活动中达到融会贯通，使学生学会联系、学会知识迁移、最终学会创新。第三，是塑造创新人格。创新人格是指个体所具有的、对创造活动的进行和完成起积极促进作用的个性特征。培养学生自我激发学习动力的能力、自我识别能力、自我选择能力、自我组织规划能力、自我培养能力、自我监控能力。第四，是提升创新能力和技能。创新能力的核心是创造性思维能力和技能，它是指应用新的方案或技能创造出新的思维产品的能力，其主要品质表现为思维创造的流畅性、变通性和独创性。第五，是勇于投身创新创业实践。创业是创新的延伸，创新的实质就是将新思想、新创意转化为市场化的产品和服务并能创造利润，亦即创业。让学生在不断进取和提升中超越自我、在追求成功和幸福人生中提升生命质量、在积极创新和创业实践中实现自我价值与社会价值价值的统一，最终成为一个对社会有用的人，成就创业人生。

活动在推进过程中主要遵循以下原则：首先是相融共生。创新能力的培养是一个全方位、立体式的综合工程。在与专业教学相融合中，让学生学会发散思维、联想思维、逆向思维，打破单一的线性思维方式，形成创新思维；在与校园文化融合中，增强活动的吸引力、提高参与度、激发创新活力，丰富创新载体；在与学生创新创业融合中搭建平台，实践创新设计、展示创新成果。其次是校企互动。依托浙江物产集团等行业引领性企业的强大产业背景，资源共享、互惠互利、优势互补、共同发展，校企互动培养创新型人才。在横向科研项目研发的过程当中培养学生研发能力、在技术服务中培养学生解决问题能力、在实训实习中培养学生动手能力。把抽象的创新能力培养与具体的项目开发结合，把课堂知识与企业生产实际结合，在校企互动中实现学生创新能力的提升。第三是注重实践。创新精神是一种实践精神，实践是创新的前提和途径。离开了实践，创新既失去了意识的源泉，也失去了实践的可能。通过活动的开展，使学生学会在实践中创新，在创新中实践。因此，活动开展要注意发挥学生的主动性、关注学生的情感体验和感受，强调动手能力和动脑能力的统一，在日常活动中使学生依靠自主行动，自我养成，最终通过有目的的活动设计引导学生把创新能力融入学习生活的方方面面。

“新之路”系列主题活动的实施主要分为三个模块，每个模块开展周期为一个月。首先，是“乐于创新”模块。在学校平台，开展“新之路”主题活动启动仪式暨专题报告会、主题影视作品展播、学校技能文化节开幕式、“新之路”职业生涯规划大赛等活动；在二级学院平台，开展高职学生创新创业素养研讨会、“新之路，心之路”心理沙龙、做一个成功的物流营销人讲座、创新校园文化活动研讨会、“新之路”——物流信息技术专业群示范生素质拓展活动、酒店职业素养及成长讲座、“大声说出你的梦”创新创业朗诵赛、“新之路”迎新晚会、“新之路”学生干部培训等活动；在班级层面，开展“创新创业”主题班会、高职学生创新创业能力专题调研等活动。其次，是“善于创新”模块。在学校平台，开展寻访身边的创新创业故事、“开拓创新思维 放飞创业梦想”第二届创新创业系列活动、现代物流科技创业园孵化、教师课堂教学技能展示、学生技能创新成果展示等活动；在二级学院平台，开展“新之路”素质拓展活动、专业技能创新案例征集活动、“挑战杯”辩论赛、“新视界，心律动”迎新晚会、“汽车之鹰”班级管理金点子评比、“文明寝室”创意设计比赛、“手指翻飞，悦动DIY”水果拼盘和包饺子比赛、“新之路”计算机应用技能大赛、茶道茶艺表演比赛、智能楼宇安装与调试技能比赛、“新之路”新媒体微博评比、“新之路”辩论赛、“废物再利用 旧貌换新颜”主题活动、“总结昨天，体验今天，规划明天”主题演讲、“新之路”专业风采大赛、艺术品市场创新创业调研等活动；在班级层面，开展“成功就业”简历制作比赛、创业计划设计比赛等活动。第三，是“勇于创新”模块。在学校平台，开展“职场达人”创新模拟风采大赛、学校“技能之星”评选、学生学术科技创新活动（新苗人才计划）、毕业生招聘月活动、学生学术科技创新问题咨询推广会等活动；在二级学院平台，开展大学生创新创业之挑战杯竞赛选拔、“创业之心，永不止步”——校第六期“SIYB”创业培训、物流技能大赛、“挑战杯”创新创业大赛（图8-3-2，图8-3-3）、汽车新车标设计大赛、集体活动创意比赛、“新之路”信息安全技能竞赛、“新之路”——网页设计与平面设计竞赛、管理技能提升之道论坛、“星的一夜，新的一夜”迎新晚会、学习经验交流会、“四千工程”汇报会、创新创业讲座、“新之路”才艺大赛、英语口语技能比赛、“新之路”迎新晚会等活动；在班级层面，开展创业辅导、创新典型经验交流等活动。

三、校园活动优化的作用和成果思考

构建以“五德”主题活动为特色的校园活动体系，能够对资源零散、主题宽泛、形式单一的校园活动进行有效整合和优化，是对校园活动的内涵化、精品化，具有明显的凝聚校园文化、深化活动内容、提升活动质量的作用和效果。其基本作用主要包括以下几个方面。

首先，是完善校园活动体系的重要途径。建设和形成立体化的校

图8-3-2

图8-3-3

图8-3-2 学校获全国首届“挑战杯——彩虹人生”全国职业学校创新创效创业大赛一等奖

图8-3-3 2017年浙江省第十五届“挑战杯·富阳”大学生课外学术作品大赛中荣膺一等奖

园活动体系，能够将现代“和谐职业人”校园文化中物质、制度、精神各层面集中在学生的行为中，促进学生能力、素质的实践与强化，使之成为校园文化育人和社会化教育的主要途径之一。

其次，是提升学生职业人文素质的必要保障。对于高职院校来说，社会人才评价标准和企业需求，促使学校不断提升人才的职业素质和综合能力，以增强人才在职场的适应性、多面性和长期发展性，而心理素质、知识结构和文化素养越来越受用人单位的重视。校园活动能够促进学生认识校企合作的文化氛围，认识行业、企业的文化，在影响学生养成良好职业行为习惯的同时，起到职业导向的作用。在当前高职注重教学实践的趋势下，通过校园活动增强育人效果，使活动的育人化凸显，正是与教学的实践化、教育的职业化相配合、结合的必然要求。

最后，是促进文化育人整体发展的有效手段。校园活动以“和谐育人”文化素质教育为宗旨，在第二课堂进一步提升学生的人文素质，并通过文化活动潜移默化地促进学生职业素养和综合素质，是文化育人的重要载体和平台。构建“和谐职业人”理念下的“五德”校园活动，不仅能够促进学校形成自身办学特色，而且更能够促进和彰显校本文化，进而形成品牌，提升学校的核心竞争力、社会影响力和辐射力。

第四节　春风化雨——校园活动优化典型案例

阳光兄弟、岁月留声、技能文化月……这些都是学校在“和谐职业人”校园活动优化中涌现出的优秀人物和精彩活动，不仅受到师生们的广泛喜爱，也得到了校内外各方的好评。在“五德”校园活动的指引和影响中，这些典型案例不仅践行传播了“和谐职业人”的内涵，而且也使“五德”校园活动深入人心，成为校园一道永久的风景线与一块活动的文化名牌。

一、“阳光兄弟”——弘扬“爱之魂”，劲吹感恩之风

2010年，经院录取了一对特殊的新生：萧山学生翁建光和李阳。一个身患脆骨症，生活不能自理；一个连续几年帮助同学，并抱着同学上大学（图8-4-1）。“阳光兄弟”积极乐观、自强不息的精神受到全校师生的广泛关注和学习。学校在第一时间给予系列化的帮扶措施，并将他们的事迹作为“爱之魂”主题活动主要案例。2011年，“阳光兄弟”入选全省闪光言行之星候选，并被《人民日报》《中央电视台》、新华网以及省内媒体广泛报道（图8-4-2）。翁建光被评为全国自强之星（图8-4-3），李阳被评为浙江省“十佳大学生”（图8-4-4），“阳光兄弟”被评为杭州市“十佳好青年”。

在“阳光兄弟”的感染下，校志愿者社团“阳光志愿服务队”人数从20多人发展为100余人。志愿者们除了帮扶“阳光兄弟”，还活跃在校园内外，帮助弱势群体，并开通了微博传播爱心。通过爱的教育，进一步激发了学生的爱心和责任感，促进了和谐校园建设。

二、岁月留声大型访谈——吹响“敬之歌”，共抒职场理想

“岁月留声大型访谈”系列活动，由学工部、学生处、团委主办，团刊通讯中心承办，各二级学院协办。活动选取每届毕业生中的优秀代表，包括在就业创业路上小有成绩的学子，邀请他们与学弟学妹们分享他们对于职业执着追求和不懈奋斗的历程（图8-4-5）。

活动在动听的音乐中开始。学生主持人做了充满诗意的开场白，将五位受邀采访的嘉宾请到了台上。他们分别是优秀毕业生代表，来

图8-4-1

中国教育网 www.chinaedunet.com 当前位置：首页 >> 新闻资讯 >> 职业技术教育 >> 正文 站内搜索

今天是 欢迎访问中国教育网新版

浙江经济职院"阳光志愿者服务队"接爱心接力棒

来源：浙江日报 2010-9-19 11:08:00

《同学，让我抱你上大学》故事在延续

记者 吕玥 通讯员 葛军燕 殷畅

本报杭州9月18日讯 18日上午，备受社会关注的李阳与翁建光这对“阳光兄弟”，来到浙江经济职业技术学院报到，开始了他们期盼已久的大学生活。

9时半，李阳和翁建光“哥俩”刚刚出现在浙经职院门口，立刻成了众人关注的焦点。“光光，你好！”“‘阳光’，你们好！”在场同学纷纷向李阳和翁建光发出热情招呼，让两人又惊又喜。

6月29日，本报报道了萧山第四中等职业学校计算机应用与维护7班全体同学，3年默默帮助残疾同学翁建光的感人事迹，引起社会各界关注。

今天，翁建光被李阳抱着踏进大学校门。“昨晚太兴奋了，一直到12点半才睡着。”翁建光不好意思地告诉记者，今天上午6时他就起床，除了爸爸妈妈，共有7个亲戚来送他上大学。

与翁建光的迟睡不同，经常要到12时才睡觉的李阳，昨晚10时便早早休息了。“留着力气今天抱他报到，”他笑着解释，“其实，昨天我就和高中的老师、同学来过了，把建

图8-4-2

图8-4-1 李阳抱着翁建光踏入心仪的大学校园

图8-4-2 《中国教育网》报道“阳光兄弟”及“阳光志愿者服务队”事迹

图8-4-3

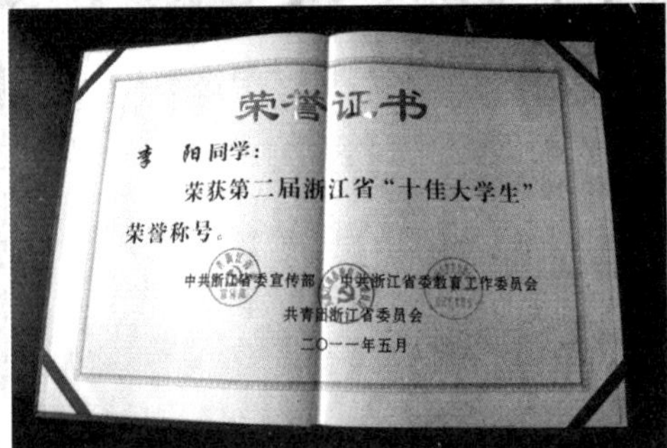

图8-4-4

图8-4-5

图8-4-3　翁建光同学荣获“中国大学生自强之星”称号

图8-4-4　李阳同学荣获浙江省“十佳大学生”称号

图8-4-5　“岁月留声”大型访谈现场

自财会金融学院林丽（曾任校团委学生副书记，就职企业人力资源部），管理技术学院李佳宁（曾任校新闻中心电视台负责人，就职机关事业单位）、许志建（曾任校学生会副主席，就职物产集团），文化艺术学院徐晓颖（曾获校十佳歌手最佳女歌手，后专升本考入浙江财经学院）、单世高（曾获年度全国自强之星、第三届高职挑战杯一等奖，后专升本考入浙江传媒学院）。

活动分为三个模块："-ed"、"-ing"、"-will be"，即昨天、今天、明天三个时间线索。在"-ed"环节中，5位嘉宾作为应届毕业生，分别畅谈了各自的毕业感言。趣事、乐事汇聚在一段段感人故事的描述中。当访谈现场穿插播放与各位嘉宾有关的人物采访视频时，视频中出现了一位位老师、学弟、学妹回忆描述他们三年大学时光的记忆片段。嘉宾一次次忍不住落泪，活动的气氛充满了温馨和感动。

在"-ing"环节中，5位嘉宾畅所欲言，聊起了自己找工作的过程，他们都谈到了"理想"和"价值"，在择业中知难而进，在专升本的道路上意志坚定冲过最后一道防线取得成功，让场下的大一、大二的同学树立了自信，明确了目标。大家分别在现场互动的新浪微博墙上发表了自己的感言，微博墙一次次被刷新，带动现场所有老师同学的共同参与。

在"-will be"环节中，一段段由各类祝福话语积累起来的视频将现场气氛带到高潮，整个活动也到了最感人的阶段。5位嘉宾深情地表达了对学校和师生朋友的祝愿，也抒发了为理想打拼的决心。离别的情愫，毕业的留念，都在这个时候萦绕耳边。主办方前期策划并现场邀请了创业学生、奶茶店店长为在场的嘉宾们现场泡制可口的珍珠奶茶，也预示着毕业生生活、事业、家庭甜甜美美、圆圆满满。

活动最后，在团委老师带领下，场上场下师生们一起朗诵著名诗人海子的经典诗作《面朝大海 春暖花开》。欢笑、泪水、坚韧、奋斗填满了"岁月留声"访谈的现场。

“岁月留声”毕业生访谈节目采用“时尚+温馨”题材的做法，在现场环境、道具的布置方面，力争体现大学生青春时尚、精致大方的精神风貌。活动穿插短信、微博互动，特别设置网上抽奖环节，给现场增添活跃气氛。

三、技能文化月——开拓“新之路”，做和谐职业人

为进一步推进教育教学改革，提高职业教育教学质量，激发学生学技术、练技能、当能手的热情，引导广大学生全面提高职业素质和岗位竞争能力，营造良好的专业技能学习氛围，学校每年举办全校范围的技能文化月活动。活动由校技能竞赛委员会主办，各二级学院负责具体项目承办。同时，为加强对技能文化月活动的组织和领导，学校特成立技能文化月活动领导小组和活动组委会，保证活动顺利推进。活动内容一般分为技能竞赛、校企论坛和技能展演等三大模块，活动时间持续一个月左右。

技能比赛模块。竞赛项目结合全国职业院校技能大赛和浙江省大学生科技竞赛项目要求进行设计，设置符合专业培养目标中的基本能力和技能、有利于培养学生综合能力和职业能力的项目。竞赛内容设计与全国职业院校技能大赛相对接，以《国家职业标准》为依据，适当增加“新知识、新技术、新工艺、新方法”等相关内容，以笔试和实际操作的形式进行，以考核技能为主。每个二级学院承办项目不多于4个；鼓励校企合作，吸引企业参与竞赛相关工作。一般设置有汽车销售综合技能竞赛、计算机应用技能竞赛、电子设备装接技能竞赛、汽车拆装技能竞赛、信息安全技能竞赛、外贸技能竞赛、会计技能竞赛、金手指录入技能竞赛、导游技能竞赛、报关技能竞赛、智能楼宇安装与调试技能竞赛、中餐宴会技能竞赛、网页设计竞赛、物流技能竞赛、实用英语口语竞赛、职业形象设计与面试技巧竞赛、金融

产品营销技能竞赛、平面设计竞赛、校园标示设计大赛、汽车文化竞赛、电子商务竞赛和统计技能竞赛等类别。

校企论坛模块。目的在于营造良好的技能竞赛氛围，提高技能训练水平，传播技能竞赛文化。特别邀请校内外相关专家开设以技能竞赛为主题的相关讲座，每个二级学院组织讲座一两场。主要内容包括艺术品市场创新创业之路、汽车技能比武专家解读、数字信息开源文化、工业物流设备自动化智能化应用与发展、财会学院赛学结合职场发展策略、酒店职业素养及成长、物流营销成功实践策略、管理技能提升之道、贸易当中的职业素质、营业税改革与企业办税技巧等若干方面。

技能展演模块。为进一步体现技能竞赛成果，通过作品展示、技能表演、竞赛观摩及教师教学技能展示等形式组织技能展演活动，每个二级学院组织技能展演活动1–2项。主要内容有技能创新成果展、教师教学技能展示课、点钞技能展演、物流服务技能情景剧、茶道茶艺表演、汽车拆装技能表演、综合技能展演、营销搞笑剧、cosplay动漫表演等（图8–4–6）。

技能文化月活动一般设置年度主题，通过组织技能竞赛来展现职业教育成果，凸显职业教育特色，培养学生技术创新意识及能力，提高人才培养水平。在活动前后，充分利用板报、宣传栏、广播、校园网、校报等形式，加强对技能活动的宣传，努力做到让广大师生人人知晓，个个参与，营造良好的校园技能文化氛围。同时，广泛发动和充分调动广大师生的参与热情，确保技能文化月活动取得圆满成功。不仅如此，技能文化月还创新竞赛形式，吸引企业合作参与，开展形式多样的项目签约、企业赞助、企业冠名、现场招聘等活动，充分展示学校的教学成果。技能文化月是对学校以往技能教学的一次检验，更是展示师生魅力的一个平台，是对今后继续深化技能教学的一次探索。

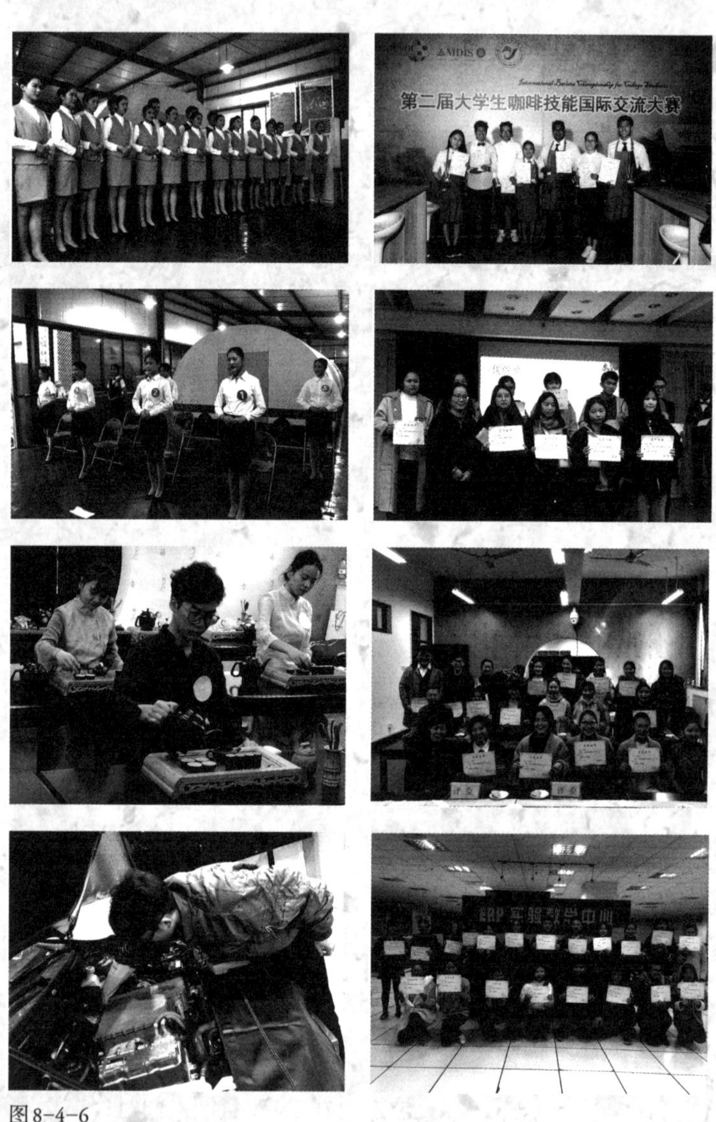

图8-4-6

图8-4-6　技能文化月活动掠影

仅2018年，在以“强技能、提素质、促成才”为主题的技能文化月活动中，共举办院、校级活动72项，其中学生技能竞赛57项，教师竞赛4项，校企论坛11项。全校31个专业3 000多人次学生报名参加了包括职业形象设计与面试技巧、外贸技能、国际物流单证制作、茶艺技能、会计技能、计算机应用技能、汽车检测与维修等项目的竞赛活动，其中1 000余名同学在大赛中获奖，成为“技能达人”；通过11场校企论坛，将先进的企业文化和优秀的传统文化带进了校园，约2000多名同学获得了与行业企业技能大师面对面共同交流和学习的机会。

浙经院校园活动以“和谐职业人”文化素质教育创新实践为引领，以“五德”为主题，在校园活动的开展过程中，坚持完善活动体系，创新活动模式，提升育人功效，践行传播“五德”价值理念，始终将职业素养内涵贯穿于校园活动优化的整体过程，着力构建立体化、多层次的校园活动体系，有效实现了校园活动优化，以期实现学生知识、能力、素质在文化素质教育中的统一强化与融合。作为有机组成部分的“七化”行动之一，有效推动了“和谐职业人”文化素质教育创新实践成果的转化，无疑是提高“和谐育人”体系实施的重要途径。

第九章

知行合一事躬亲

——社会实践悟化

社会实践是高校育人的重要内容，是检验和锻炼学生能力与素质的有效途径，对于促进大学生了解社会、了解国情，增长才干、奉献社会，锻炼毅力、培养品格，增强社会责任感具有不可替代的作用。社会实践作为大学生成长的必要环节，在高等教育改革中具有深远的意义，也是我国积极推进人才建设，进行人才培养的必然途径。

建校40年来，学校一直秉承教育与实践相结合的优良传统，根据知识经济时代的发展需要以及党和国家对创新人才的要求，持续把实践教育作为培养“专能精、通能强、素质高”人才的客观要求与有效途径。始终重视实践育人，坚持教育同生产劳动和社会实践相结合，广泛开展各类社会实践活动。在认识层面上，从教学到教育不断深化；在实施形式上，从单一到多样不断丰富；在理念内涵上，从教学方法到教育对策不断充实；在体系结构上，从松散简单到规整系统不断完善。以上种种取得了积极成效，为现代“和谐职业人”的培养培育提供了可靠的实施路径。

第一节　开拓探索——中专实践育人的萌芽与演进

实践是理解人性的一把钥匙，实践性是人性的基本属性。人的所有属性都源于人的生产劳动和社会实践活动，正是实践造就了人性。联合国教科文组织在《学会生存》宣言中明确指出：“充满人性美的教育，决不能仅仅定位于知识的堆叠，它必定追求无限广阔的精神生活，追求人类永恒的终极价值，开启心中潜藏的人类永恒情感，诸如善真、自由、博爱、宽容、感激、同情、经纬、羞耻、亲情、友谊和爱恋，使每一个学生成为有人性、有情感、有灵魂、有教养、有信念的人。”[1]人性不是与生俱来的，也不是一成不变的，而是在实践中生成、发展的，也就是说，实践孕育、创造了人性。

一、实践融入育人灵魂 助力培育时代青年

随着现代社会科学技术的日新月异，工业生产突飞猛进，西方国家的高等教育逐步发展成为一种在工具理性操作下的功利主义教育，甚至出现了教育与生活实际日益分离的现象。20世纪初，以美国教育家约翰·杜威为代表开始了道德教育回归生活世界的重要尝试，并提出了著名的“教育即生活”“学校即社会”的主张。20世纪中叶，以艾伯特·班杜拉为代表的社会学习理论主张为受教育者创造一种社会环境。在这种环境中，人与人是平等的对话与交流的主体，这种学习，就是社会学习。20世纪70年代，欧美各国兴起了美国教育家弗雷德·纽曼提出的道德教育的社会行为模式，注重个体社会道德行为的培养，弥补各种理论“重知轻行”的不足。

作为我国教育思想的核心观点之一，知行观是实践育人的重要理论源头。我国传统哲学中的知行之辩，主要是讨论道德意识和道德实践的关系，但也包含着对认识与实践的关系问题的讨论。从孔子到孙中山，众多思想家对知行关系都进行过深入探讨，虽然各家各派的观点存在差异，但共同的观点均是认为育人应知行统一，知行应相互依存、相互促进。

[1] 联合国教科文组织国际教育发展委员会.学会生存——教育世界的今天和明天[M].北京：教育科学出版社，1996：105-106.

实践育人符合人的成才规律。个体只有在实践活动中才能成长。人的能力是在智力的支持下，通过后天的生活、学习以及工作等实践形成的，是实践的产物。在不断认识世界和改造世界的活动中，个体实现由被动接受教育到主动接受教育的转变、由被动教育到自我教育的转变，逐渐形成正确的世界观、人生观、价值观和荣辱观。

实践育人符合高等教育规律。高等教育规律包括外部规律和内部规律。外部规律认为，高等教育要适应经济社会的发展；内部规律认为，高等教育是引导学生全面发展、均衡发展的教育。实际上，理论教学与实践教学是一个整体中的两个方面，二者之间是辩证统一的关系。理论联系实际是教学的基本原则，实践教学是学生巩固理论知识和加深对理论知识认知的重要环节，是培养具有创新意识的高素质人才的必然要求。

实践育人符合人的社会化规律。马克思有句名言："人的本质不是单个人所固有的抽象物，在其现实性上，它是一切社会关系的总和。"[1]就是说，人是社会的人，社会是人的社会。人的社会化是一个不断实践的过程，人将自觉不自觉地观察社会、分析社会、理解社会、认可社会和服务社会，在这一过程中，人的心灵得到净化，思想得到解放，认识得到加深，觉悟得到提高。所以，实践育人是使大学生在社会中独立生存的必要前提。

传统的大学教育注重知识的传授，轻视能力的培养，其根本原因在于人们持有实用性、功利性和工具性的教育价值观。在知识经济时代，高分低能的大学生在社会上没有立足之地。中科院院士、著名学者杨叔子曾连续发表4篇文章论述创新与实践的关系，他再三强调实践是创新的根本，只有在实践中才能提高学生的创新能力。高校在注重知识传授的同时，应该比以往更加重视大学生实践能力的培养，这

[1] 中共中央马克思恩格斯列宁斯大林著作编译局.马克思恩格斯选集（第一卷）[M].北京：人民出版社，2012：56.

既是高校生存和发展的必然选择，也是大学生毕业后尽快适应社会的内在要求。

二、中专时期实践育人的初步探索

陶行知先生曾经说过：“社会即学校。”他说：“不运用社会的力量，便是无能的教育；不了解社会的需求，便是盲目的教育。”[1]可见，社会实践就是促进大学生成长成才的又一课堂，它可以将课堂所学运用到实际生产和生活中，在与社会接触的过程中，使大学生不断缩小自身素质与社会需求的差距，从而不断调整个人的学涯、生涯目标，最终成为一名全面发展的适应社会需要的合格大学生。

20世纪80年代改革开放后，随着经济体制改革不断深入，如何面向社会主义经济建设的需要培养思想素质高、业务能力强的全面人才，成为高校面临的一个重要课题。经院前身是创建于1978年的浙江省物资学校，是一所物流财经类的省部级重点中专。为准确把握生产、技术改革和生产战线所需人才的状况，学校依托浙江省物资局所在的物流行业，与工厂企业密切联系，有计划地组织校、系主要干部和骨干教师到生产一线参观和调查。同时，从招生、培养和分配等工作入手，使学生真正树立面向生产的观念。

根据学校的实际情况，修订了教学计划，实验、实习、劳动、课程设计和毕业设计等实践环节得到进一步加强。在教学方法上，认真贯彻“启发式”的教学原则，注重对学生实际能力的训练和培养；在上好主课的基础上挖掘教师潜力，聘请专业公司的业务骨干，积极开设第二课堂和专业讲座，引导学生独立思考，拓宽知识视野，使他们“学有所获，学能所创”；同时学校还十分注重学生的专业实践能力，抓好实

[1] 陶行知.教育的新生［M］.成都：四川教育出版社，2005：594.

践性教学环节，组织学生进行社会调查和实地参观，特别是专业实习，引导他们理论联系实际，培养和提高分析问题和解决问题的能力。

20世纪90年代中期，随着社会主义市场经济体制的建立，国家为高校发展提供了更多的支持，社会对高校发展提出了更高的希望，高校教育改革不断推进和深化。为使学生适当地加厚基础，拓宽知识面，发展能力，更加符合培养目标的知识结构和能力结构的要求，学校认真贯彻党的教育方针，坚持教育改革，努力培养德、智、体、美、劳全面发展的高素质应用型人才。

在培养中等职业技术人才的过程中，学校比较早地意识到素质教育的重要性，并提倡全方位培养。不仅注重学生思想政治的引领，开展业余团校、入党宣誓等活动，而且注重学生知识结构素质的培养，开放图书馆、阅览室，成立读书会，补充课外知识。同时，建立第二课堂的书法、演讲、经济学、外语、足球等多种课外强化教育，发展学生的“能力素质”，不仅如此，在注重教育的共性的同时，发掘学生的个性特长，开设个性化兴趣活动小组等，让学生有更多发挥“个性”特长的空间。学校还十分重视和依靠团委、学生会的力量，成立学生自治委员会，使学生在德、智、体、美、劳诸方面均衡发展。

第二节　深入探索——高职实践育人的开拓与创新

随着以现代“和谐职业人”为目标的职业素质培育工程的逐步确立，学校立足全球化、信息化时代，对高等职业教育“高端技能型专门人才”的培养目标提出了新的要求。这一时期，浙江省提出关于“创新强省、创新富民”的“两创”战略，围绕建设物质富裕、精神富有的现代化浙江，对高素质、高技能人才提出了新的要求。学校结合高职院校与企业融合度高、与校园联系广、与一线沟通多等特点，通过推进开展“千名学子入农村社区”“千名学子进百家企业”“千名学子访创业校友”“千名学子做百项课题”等“四千工程”，让学生在有组织的社会实践活动中养成职业素质，强化对就业创业的认知。

一、助力打造“四千工程”为实践育人保驾护航

“四千工程”是在学校创先争优思想引领下的一项育人工程。它以育人成才为出发点，围绕学校中心工作，瞄准“培养什么样的高职生，怎样培养高职生”这一核心问题，努力做好三项服务：服务学校发展，服务社会进步，服务师生成长成才。

为更好地惠及全体学生，“四千工程”社会实践悟化行动鼓励个人实践和组队实践共存，采用先申报后立项的方式进行，于每年暑期实施，包括分散实践、统一组队、按需组队三种模式。项目通过第二课堂，积极开展创新创业活动，激发学生投身社会服务的热情与激情。通过“四千工程”树立榜样作用，提高学生的核心竞争力，努力实现通过实践平台创先进，突出好典型、推出好作品、表彰好项目的初衷。

二、“四千工程”社会实践主要模块

“四千工程”项目自2010年5月开始实施，为学校国家骨干高职院校建设总项目的三级项目，并作为主要组成部分参与国家级教学成果奖一等奖“以培养现代‘和谐职业人’为目标的高职文化素质教育创新实践”项目建设。“四千工程”作为学校人才培养的重要环节，坚持立德树人，引导学生在实践砥砺中不断深化认识。

“千名学子访创业校友”是以挖掘、宣传成功创业校友事迹为着力点，开展大学生社会实践活动。充分挖掘各级各类创业校友的成功事迹，记录他们创业的历程，教育、引导在校大学生形成良好的创业

观念，营造良好的创业氛围，为更好地推动学校创新创业人才培养体系服务。

“千名学子入农村社区”是以农村、社区为主要服务对象，开展大学生社会实践活动。围绕创先争优主题思想，抓住建党、建国周年庆的契机，组织在校大学生深入农村、社区，通过发放宣传资料，举办图片展览、报告会、文艺演出、红色之旅等多种形式，深入了解党和政府以科学发展观统筹城乡发展、推动社会主义新农村建设采取的一系列支农惠农重大政策，营造推动科学发展、促进社会和谐的浓厚氛围。

“千名学子进百家企业”是以提升职业素养为主要目标，开展大学生社会实践活动。在原有学生骨干培养基础上成立职场精英修炼营，分批次、分类别进入企事业单位走访调研，特别是结合“物产示范生”专项实践，选拔优秀学生走进物产、走进其他企业实习，感受职场环境，体会职场文明，提升职业素养，打造职业能手。

“千名学子做百项课题”是以深入社会调研为主要内涵，开展大学生社会实践活动。自2007年承办首届浙江省高职高专院校“挑战杯”创新创业创效大赛以来，学校自下而上都非常重视学生创新创业工作，在省财政的大力支持下，学校有力地推动了“以创业导师带创业弟子”的学生创新创业立项工作。

三、构建“四千工程”社会实践长效机制

随着高等教育改革的不断深入，为切实保障实践育人工作的长足发展，学校构建社会实践长效机制，坚持学校整体统筹、部门共同参与、二级学院协调配合的联动机制，促进学生成长成才。

首先，是完善组织结构的管理，拓宽经费支持的新渠道。在校团委设立办公室，负责全校社会实践日常事务。在此基础上，加强校院两级联动，增强各职能部门间的协调沟通，形成“学校统筹、部门协

调、学院配合”的良好发展局面。创设多渠道的资金保障机制，整合校内外各方力量，多渠道筹措活动经费，增加社会实践专项经费预算，加大对重点品牌社会实践项目的扶持力度；扩大社会交流合作领域，开展互利性质的实践活动，使学生从实习单位获取必要的经费支持；鼓励学生参与教师科研活动，用教师科研项目经费资助学生开展相关调查研究，为学生参与科研实践活动创造良好条件。

其次，是探索多元化绩效评价机制，开创实践育人新局面。为有力保障各项活动的深入开展和有效实施，校团委逐步探索和积极推行大学生素质拓展学分制，创新性地建立以素质分、素质拓展证书为载体的量化有效的素质教育评价体系，使社会实践从软化走向硬化、从定性走向定量，并将学生社会实践的表现情况作为大学生综合素质考评的重要指标，在学生干部选任、个人评优和毕业鉴定等方面给予充分关注和一定的政策倾斜。

最后，是积极发挥新媒体优势，完善实践育人长效机制。积极寻求社会传媒支持，借助报刊、广播电视和互联网等新闻媒介，广泛宣传报道实践成果，扩大活动影响力；搭建社会实践网上工作平台，密切关注和引导社会实践舆论导向；组织好社会实践成果展示汇报会、社会实践精品活动、图文册汇编以及校际间社会实践交流学习等活动，不断巩固和扩大大学生社会实践活动的成果。

四、“四千工程”社会实践成效与反响

“四千工程”创先争优主题社会实践活动，有力地推动了大学生服务农村社区、立足基层、着眼创新创业的实践，为社会进步和经济发展贡献了应有的力量，使广大青年学生在实践中进一步认识国情民情，接受了教育，磨练了意志，增长了才干。

（一）有益深化“校企合作”项目，服务学校发展

学校与浙江物产集团合作成立的产业发展研究中心（产业与教育发展委员会）人才培养中心核心机构主要设在学工部，学工党总支重点承担学校与浙江物产集团共同选拔、培养、管理“浙江物产示范生”工作，每年有近100名学生入选。通过“千名学子进百家企业”项目，物产示范生根据专业特长，自主组队到浙江物产集团的下属公司、企业参加实训或者调研。同时借助学校“职场修炼营”活动平台，将企业里的高管请到校内与同学们直接对话沟通。此途径不仅强化了学生的职场素质训练，更在学校与企业之间架起了友谊的桥梁，对于服务学校发展，服务集团转型升级起到推动作用。除此之外，学校向其他大学生，特别是学生骨干发出邀请，有意向的学生均可申报，鼓励以合作学习的方式自行组队下企业。

（二）广泛开展社会实践，培养学生实践能力

经过多年持续建设，“四千工程”已经形成了社会实践出征仪式、成果汇报会、社会实践座谈会、先进团队和个人宣讲会等社会实践交流和展示平台，每年定期举办相关活动。在8年多时间里，共组建213支社会实践团队，8 000多名学生参与。实践队员们写出农村和社区经济社会调查报告128篇、创业校友访谈通讯160篇、顶岗实习报告768篇、暑期社会实践报告400余篇。《人民日报》《中国教育报》《浙江日报》等媒体报道30余篇。公开出版《实践求真知，和谐职业人——个人报告集》《价值观引领，社会实践行——团队报告集》，案例入选浙江省委宣传部主编的《我们的青春实践——浙江省大学生社会实践案例集》。学校连续4年获得浙江省、连续6年获得杭州市暑期社会实践优秀组织奖，获得26个省、市优秀实践团队，36名教师和学生获得省、市暑期实践先进个人。这一系列扎实的工作取得了良好的成效，为培养高素质现代“和谐职业人”搭建了又一重要的平台，受到了广大师生的欢迎。

（三）有力助推学生创新创业工作，服务师生成人成才

“千名学子访创业校友”和“千名学子做百项课题”两个项目主要围绕学生创新创业工作。8年来，校团委精心组织参赛，周密安排作品，学校在国家、省级以上“挑战杯”竞赛中获得一等奖以上13项，连续6届荣获浙江省高职高专“挑战杯”优秀组织奖，主要成绩有：全国首届高职院校“挑战杯”创新创业创效大赛一等奖；全国“创青春”互联网大赛二等奖；浙江省第十五届“大挑”一等奖，浙江省高职高专“挑战杯”特等奖2项，一等奖12项。2013年，学校在联合国教科文组织亚太地区第二届教育创新计划创业教育会议期间举办了“学生创业集市——义卖专场”，得到专家的一致认可，《光明日报》做了专题报道。在学生创业精品打造上围绕全面提升高职学生学术科技创新能力的培养和提升，学校设立专项资金，开设专项课题，获得浙江省教育厅、财政厅立项资助的省大学生科技创新活动（新苗人才）计划80项。在校内开展的“学生学术科技创新创业活动月”，例如“学生创业集市”“创业俱乐部论坛”“未来企业家”、SYB培训等受到学校师生的广泛好评。

五、“四千工程”社会实践典型案例

（一）校企融合背景下服务企业基层文化建设——在校师生走进长乐开展“物产外派员工子女夏令营”

2013年7月初，物产集团本着“亲近自然，陶冶情操，挑战自我，磨练意志，增强自我管理能力，培养团队协作能力”的初衷，开展“物产外派员工子女夏令营”（图9-2-1），由老师带领优秀学生到杭州长乐青少年素质教育基地，以生活老师的身份加入到物产外派员工子女夏令营活动队伍中，这一活动迄今已连续开展多年。

（二）扬国旗精神，铸红色中国梦——“高校国旗班进农村小学深化爱国主义教育”

学校国旗护卫队来到衢州常山辉埠小学和湖东中心小学进行暑期实践，以在当地小学建立国旗班的方式，将爱国精神以及国旗精神更好的传承给农村小学的孩子（图9–2–2）。

（三）基于服务社会视角下的高校典型校友资源实证调研

经院校友办带领志愿者分队开展寻访优秀校友实践活动，志愿者们不畏酷暑，采访了苏浙沪61位跨行业、跨年龄段的校友。在寻访过程中，志愿者们与校友面对面专访，邀请校友分享经历，追寻校友足迹，通过学习校友的事迹以及与他们的深入交流，对基层工作实际情况和困难有了更直观、更深刻的了解和认识（图9–2–3），对学生的职业规划有进一步的引导。

（四）追寻红色足迹，锤炼坚定信仰——国旗护卫队暑期社会实践

学校为充分利用红色旅游中的革命历史文化资源，在当代大学生中深入开展爱国主义和革命传统教育，以建党90周年为契机，组建大学生暑期社会实践小分队，开展“追寻红色足迹，锤炼坚定信仰”的主题实践活动（图9–2–4）。

（五）“五水共治”背景下的县城污水治理——浙经院调研小分队

水是经济社会生态发展的控制性要素，是全面协调发展的标志性指标；同时，水也是我们生命的源泉，是我们赖以生存的物质之一。为响应国家“五水共治，污水先行”的号召，贯彻循环经济理念，推进节约用水，促进人水发展，培养当代大学生尊重自然、融于自然的环保意识，财会金融学院学生开展“五水共治”污水治理调研活动（图9–2–5）。

图9-2-1

图9-2-2

图9-2-1　物产外派员工子女夏令营

图9-2-2　高校国旗班进农村小学

图9-2-3

图9-2-4

图9-2-3　高校典型校友资源实证调研

图9-2-4　国旗护卫队暑期社会实践

图9-2-5

图9-2-5 “五水共治”学生调研活动

第三节　志愿服务——高职实践育人的体系与品牌

我国大学生志愿服务缘起于“学雷锋活动”，“奉献、友爱、互助、进步”的志愿精神是中华民族的传统美德与时代精神相结合的产物，也是新时期优秀传统文化与西方现代文明成果的统一。近年来，青年志愿者组织迎来了更多在校大学生的热情参与，大学生们凭借在学校和生活中积累的技能，发挥自身所具有的能力和特长，积极投身广泛的社会志愿者服务活动中。

一、让实践育人与志愿服务的旗帜一同飘扬

志愿服务起源于19世纪初西方国家宗教性的慈善服务。我国20世纪60年代的“学雷锋活动”即是志愿服务的突出表现，但志愿服务的概念在中国正式提出是在1993年。这年年底，团中央决定实施中国青年志愿者行动，并于1994年成立了中国青年志愿者协会。至今，中国青年志愿者行动已走过20个春秋。我国的志愿服务虽然起步晚，但发展速度较快。在党和国家领导的亲切关怀和高度重视下，青年志愿者行动蓬勃发展。目前，全国实名注册志愿者近3 000万。大学生作为我国志愿者活动的主力军，在各项公益事业和大型活动中发挥了积极作用。

随着人类社会的快速发展，志愿服务事业的内涵不断充实。《中国青年志愿者服务条例》第二条规定：志愿服务是指自愿、无偿地服务他人和社会的行为。中国志愿服务基金会网站对志愿服务的概念是这样界定的：志愿服务是指任何人志愿贡献个人的时间及精力，在不为任何物质报酬的情况下，为改善社会服务、促进社会进步而提供的服务。江泽民同志2000年在杰出青年志愿者的来信上所作的批示：“青年志愿者行动，是当代社会主义中国一项十分高尚的事业，体现

了中华民族助人为乐和扶贫济困的传统美德，是大有希望的事业。努力进行好这项事业，有利于在全社会树立奉献、爱心、互助、进步时代新风。”中央文明委员于2008年下发了《关于深入开展志愿服务活动的意见》的文件，文件强调：“要充分发挥学校的主阵地作用，把志愿精神教育中作未成年思想道德建设和大学生思想政治教育的重要内容，纳入学校的教育教学，体现到课堂教学、课外活动和社会实践中，增强青少年的志愿服务意识。”

高等教育的目的之一，在于帮助青年学生有效地实现社会化，顺利融入社会、学会为人处世。在2016年12月召开的全国高校思想政治教育工作会议上，习近平总书记再次强调，高校立身之本在于立德树人，并着重指出，高校要广泛开展各类社会实践。所以，注重学生社会实践能力的培养，在体现现代教育育人为本的价值取向上显得尤其重要。

大学生志愿服务活动作为一项奉献爱心、服务社会和他人、提升自我、推动社会进步的公益活动，是对雷锋精神的继承和发扬，是高等教育立德树人的主要途径。大学生在实践活动中培育和践行社会主义核心价值观，增强社会责任感，体现了思想教育和社会实践的融合，让学生走出书本知识，在与人交往中体验情感，在困难中磨练意志，在帮助他人的过程中履行职责、收获快乐与感动，有助于解决当今大学教育过分注重理论知识传授而忽略学生的社会性、创造性的问题。

二、志愿服务品牌的实践与探索

随着社会的快速发展，志愿服务事业的内涵不断充实。学校团委的志愿服务工作方式也不断创新。校团委紧扣学校培养高素质技能型人才这一中心工作，在校党委和团省委、集团公司团工委坚强有力的领导下，在学校各部门、各二级学院的大力支持和紧密配合下，在各级团组织和广大团员青年的共同努力下，以引导、服务团员青年成长成才为总目标，以深入实施大学生素质拓展为统揽，以加强团员青年思想政治教育为主线，以提升学生职业素养和加强青年教师的师德师风建设为两个基本点，以各级各类学生组织和丰富多彩的校园文化活动为两大载体，勇于探索，开拓创新，昂扬奋进，为广大团员青年的健康成长和全面发展创造舞台，为学校的建设和发展做出应有贡献，充分发挥党的助手和后备军作用。

（一）公益关爱践行服务精神 志愿服务推动实践育人

学校的志愿服务活动，主要通过几个途径实施。

首先，是以重大赛会为契机，开展青年志愿者活动。大型赛会志愿服务活动是培养学生政治使命感的良好载体。校青年志愿者承担了“G20志愿”“阳光志愿”“大艺展”“浙江省国资委省属企业首届职工运动会”等重大赛会的志愿服务任务。志愿者的细心服务得到了与会人员的赞扬，也增强了志愿者的自信心。他们立足校园开展活动，常年为全校师生服务。每年新生入学报到的时间，志愿者们分赴火车东站、汽车站、文海南路地铁口接待新生，把新生送到学校，全程引导新生办理入学手续。

其次，常年开展“美化校园”活动。草地上的爱心提醒、“河小二”巡河活动、打扫全校的教室卫生等，都是经院志愿者开展的服务校园行动。

再次，学校坚持开展无偿献血工作十余年，旨在倡导和弘扬“人道红十字精神”和“奉献、友爱、互助、进步”的志愿精神，配合浙江省血液中心面向本校师生员工进行采血的志愿服务活动。志愿者每月在生活园区开展一次义务献血活动，宣传科学献血对人体的好处。近三年，学校义务献血总量达55万毫升，成为浙江省高校年度献血总人数、献血总次数、献血总量较多的高校之一。

最后，是融入社会，在实践中体现青年志愿者的价值。社区是校志愿者活动的重要平台，通过参与社区服务，志愿者们在实践中体现自己的价值。学校志愿者经常前往杭城志愿者服务基地，服务养老院（图9-3-1），在社区常年开展“英语帮学”志愿服务。课堂上，志愿者们和孩子们进行一对一的英语口语交流，同时与前来的家长进行交流，了解孩子的基本情况和性格特点。此外，考虑到深入农村是了解国情、了解社会的重要途径，各二级学院定期深入乡村开展义务支教活动，每年组织“三下乡”志愿服务活动，组织优秀志愿者下乡支教，表演文艺节开展“温暖心灵”留守儿童关爱行动，并开展相关社会调研工作。

（二）弘扬先进事例 筑牢精神根基

校志愿者通过在校园内部门、社团开展一系列严格的招募、选拔、培训工作，营造了良好的志愿服务氛围，大力弘扬了志愿精神，学校出现了人人争当志愿者、个个以志愿服务为荣的良好氛围。仅2018年一年，报名校团委青年志愿者协会的同学就多达700名，是别的部门以及社团的好几倍。学校建立了志愿者活动长效机制，每年都为志愿者安排了常规培训，以提高志愿者们的综合素质；也会定期举办志愿者服务专题讲座，开展心理教育技能的培训。通过举办志愿者服务专题讲座和开展心理教育技能培训，坚定志愿者参加志愿活动的信念，提高志愿者的综合素质。此外，每年三月份在全校开展志愿者文化节活动，每年十二月份举行志愿者颁奖典礼，表彰年度优秀志愿者，树立典型，宣传先进事迹。在“喜迎G20杭州毅行大会活动”中，由浙经院200余名学生干部组成的高校方阵代表与下沙200家机关、企事业单位和“两新”组织的5 000多名代表共同参加了盛会，彰显了我校志愿者的活力与风采。

图9-3-1

图9-3-1　志愿者服务养老院

（三）组织建设发挥功效 校园文化与实践育人完美结合

借助重大赛会的平台，青年志愿者行动受到全校师生的欢迎，获得了媒体和社会的广泛好评。如何使青年志愿者行动可持续发展，使其成为校园文化活动的品牌，是一项重要课题。为了拥有一个校本化的名称标识，校团委和青年志愿者协会在全校师生中发起了一个为志愿者征集名称和设计标识的活动。最终，学校选定“浙经院志愿者”这个名称，并设计了专门的标志和服务队队旗。

在相同的目标、统一的政策和共同的组织文化背景下，为了使志愿者更好地团结在一起，统一的管理和统一的指导是志愿者团队化建设的关键。浙经院志愿者总队和各分队都有专门的指导老师，确保了志愿者事业的持续性。同时，学校强化志愿服务管理制度建设，制定了《浙江经济职业技术学院青年志愿者服务章程》《浙江经济职业技术学院青年志愿者服务管理办法》《浙江经济职业技术学院优秀青年志愿者评选办法》等制度，实现志愿服务依法依规管理，并推出志愿者杂志，传播志愿者文化和精神。

三、完善志愿体系，实现“三化”育人

志愿服务作为大学生“第二课堂”实践活动的主要载体，是实现实践育人的重要形式。为进一步加强志愿服务的组织工作并提高志愿服务的质量，使志愿服务活动良好、有序、长效地开展下去，必须建立完善的保障体系。因此，学校提出了志愿服务组织规范化、品牌专业化、宣传常态化的三种新目标（即“三化”）。

首先，实现志愿者服务组织规范化。通过规范志愿者培训、招募流程、建立激励约束机制，使志愿服务更加规范化。通过校院两级大力支持，专业教师、社会机构共同参与，有效保证社会实践和志愿服务顺利开展。同时，进一步完善“小红帽”志愿服务队工作制度，进

行科学有效的管理。严格按照工作计划提供服务，明确分工与责任，保证志愿服务质量。完善志愿服务评价体系，建立对大学生志愿者考核、淘汰标准。采用讨论交流、自我评价等形式对志愿服务活动完成的时间、态度、成效进行综合评价。

其次，打造志愿服务专业化品牌。志愿服务组织结构大体如下：由校团委牵头，联合校友办、物流技术学院志愿队、财会金融学院志愿队、商贸流通学院志愿队、汽车技术学院志愿队、文化艺术学院志愿队、管理技术学院志愿队、数字信息技术学院志愿队和社区志愿队等8个组织，共同构成志愿者公益联盟。学生在校学习的理论知识必须通过实践来检验，志愿活动正好提供了这一平台，让各二级学院的学生能够充分运用所学的理论知识在实践中发挥重要作用，从而进一步促进对专业的深入学习与思考，打造“小红帽”专业化品牌。同时，学校7个平台借助更多专业教师和社会力量的支持，构建自上而下、覆盖面广的队伍，加大系统专业的培训力度，涵盖安全、心理健康、专业技能等若干方面，增强处理突发事件的能力。

第三，推动志愿服务宣传常态化。建好互联网和移动网络宣传阵地。志愿服务信息化建设大体有两块，一是搭建校团委网站志愿服务模块，二是开发使用志愿服务认定和记录手机软件。在“互联网+”的契机下，以手机和网络为载体，搭建新的宣传平台，在校、院两级网站、微博、微信公众号等平台推动志愿服务。与时俱进，将新媒体技术、社会主义核心价值观和引导学生成长成才结合在一起。在志愿服务活动开展之前，利用网络，通过线上线下发布志愿活动服务项目，定期推送服务信息，扩大活动的知晓率与参与度，做到人人知晓、人人参与。

第四，成立专门的管理机构，建立登记注册制度。大学生志愿者注册管理工作由专人负责。在高校各院系建立志愿者服务中心，在各分院建立志愿服务队，班级建立志愿者服务站。以志愿者服务中心为核心，各班级志愿者服务站建成组织网络体系，规范注册流程。让每一位想成为志愿者的大学生，都严格遵循注册程序；注册成功后，颁发有统一编号的注册证书及胸章，作为识别标志，供志愿服务时佩戴。

最后，扩大志愿服务的影响力和感染力。在志愿服务活动开展的过程中，及时发布活动相关视频及图片，推介、宣传志愿服务活动现场的情况，发挥生动事例的教育、引领作用。活动结束后，充分利用新媒体广泛宣传社会实践和志愿服务精神，选树、宣传一批典型人物。利用朋辈教育与榜样力量，开展向典型学习宣传活动，发挥典型的教育、榜样作用，不断扩大志愿服务的影响力，形成浓厚的氛围，吸引更多学生主动加入，让“小红帽”真正成为社会实践和志愿服务的传播者和代表者，同时也增强社会对大学生志愿服务的认可度。

据历年志愿者获奖统计，我校共有4人荣获浙江省“优秀志愿者”称号，16人荣获全省高校无偿献血“优秀志愿者”称号，30名学生荣获杭港地铁贴心服务队“优秀志愿者”和“志愿积极分子”称号；学校荣获浙江省血液中心“无偿献血优秀团体”荣誉称号，校团委获得杭州下沙经济技术开发区管委会“河小二”优秀集体称号，其中10名学生获得杭州下沙经济技术开发区管委会优秀“河小二”个人称号。

在提出“三化”新目标和实际运行过程中，我们深刻认识到学校和分院对于大学生社会实践活动的组织与管理工作的必要性与有效性。通过加强组织与管理，有力保证了志愿者活动有效、持续发展，从而产生品牌效应，并获得持久、广泛的社会影响力和积极的育人成效。

四、志愿典型事例

（一）G20志愿服务工作

下沙G20志愿服务联盟由经院志愿者发起成立，学校同时被推选为联盟常任理事单位。G20期间，学生会的优秀代表全程参与杭州萧山机场、金溪山庄、楼外楼、望湖宾馆等省级单位的志愿服务工作，得到外国领导人的赞誉（图9–3–2）。

（二）全国第十三届大学生运动会和第四届世界互联网大会志愿服务工作

学校有两批学运会志愿者，其中有36名观众志愿者和8名随团志愿者参与学生运动会的志愿服务工作（图9–3–3）。观众志愿者负责配合演员演出，随团志愿者负责接待、会务、商户洽谈等工作。从4月招募、培训，到9月不间断服务，青年志愿者们发扬吃苦耐劳、无私奉献的精神为全国大运会作出奉献，他们认真负责、热情耐心，出色地完成了组委会安排的各项任务，受到大赛组委会、教育厅的肯定和赞扬，得到互联网大会组委会的好评。

（三）阳光志愿，爱心经院

2010年新学期，学校迎来了一位自小身患脆骨症、高位残疾的新生——翁建光。数字信息技术学院在开学前组建了以25名党员为主要成员的“阳光党员志愿队”党支部，正式接过了帮助“阳光兄弟”开始大学生活的爱心接力棒（图9–3–4）。当年的“阳光兄弟”现已毕业，但“阳光党员志愿队”在经院的校园里一直将爱延续。

（四）全国大艺展志愿服务

在全国第三届大学生艺术展演活动中，学校6名志愿者与参加大

图9-3-2

图9-3-3

图9-3-2　志愿者服务G20
图9-3-3　志愿者服务学生运动会

图9-3-4

图9-3-4 志愿者迎接“阳光兄弟”入学

艺展的大学生们一起唱响了青春与使命的旋律。为了更好地做好对口接待，充分展示浙江省东道主的热情，在校领导的高度重视和各部门的积极配合下，6名志愿者每天带上各自的工作任务，奔赴大艺展的服务一线，努力做好各项接待工作。“志愿者展风采，大艺展更精彩”，这是印刻在志愿者心中的服务理念，志愿者们用全心的准备换来全情的服务（图9–3–5）。

（五）全国“八残会”志愿服务

同心同行，真情真切，高效高品——校志愿者积极投入第八届全国残疾人运动会服务（图9–3–6）。作为“八残会”数以万计志愿者中的一部分，我校志愿者们用心为这场体育盛宴贡献出属于自己的一份力量，把“爱”的主旋律展现得淋漓尽致。

“八残会”志愿者从发动、招募，到培训和岗位演练，历时一个学期。309位“八残会”志愿者（302名普通志愿者，7名特殊礼仪志愿者）全部到岗。他们全程参加“八残会”整个赛事，主要服务于开幕式、闭幕式现场引导，成了现场以外维持观众秩序的一道亮丽风景线。在历时10天的比赛中，志愿者们用五彩斑斓的爱诠释“生命阳光，情满浙江”的深刻内涵，用激情洋溢的爱指引大家“同心同行，共享共赢”。

五、“一分院一志愿”服务品牌

多年来，在校团委的带领与指导下，各二级学院大力弘扬“奉献、友爱、互助、进步”的志愿服务精神，本着“学生专业和实践相结合，活动内容与社会需求相结合”的原则，按照“服务基层，奉献社会”的宗旨，始终在服务基层群众等各类志愿服务实践活动中奉献着“光”和“热”。

图9-3-5

图9-3-6

图9-3-5　校领导慰问大艺展志愿者

图9-3-6　志愿者服务第八届全国残疾人运动会

（一）财会金融学院——明理诚笃，财智人生

作为中国杭州国际汽车工业展览会财务部的志愿者，财会金融学院志愿者的核心工作内容是负责展会门票销售工作。志愿者们首先接受场馆分布、规章制度以及鉴别假钞等基础性工作的培训，为车展活动的顺利开展做好准备。他们不怕辛苦，不怕繁琐，做好与顾客的沟通工作，对门票领取、清点等反复核对。每一位财会金融学院的志愿者，无不用认真负责的工作态度展示了何为“明理诚笃，财智人生”。财会金融学院与杭州西博会车展组织方合作十年有余，历年来均获得高度好评（图9-3-7）。

（二）汽车技术学院——汽车雄鹰 展翅高飞

“汽车之鹰”青年志愿者服务活动，是汽车技术学院青年志愿者结合专业特色开展的系列活动（图9-3-8）。志愿者们在实训教师的指导下，利用课余时间参与公益服务，洗一部车仅收费10元，收入全部纳入汽车技术学院的爱心基金，用于帮助有困难的同学。在爱心洗车服务持续推广一年之后，“汽车之鹰”青年志愿者服务队再推两项爱心服务：基础保养和免费的车辆检测。汽车检测与维修专业优秀的学生志愿者加入“汽车之鹰”，在实训老师的带领下，为“有车一族”提供这两项公益服务。

汽车技术学院“汽车之鹰”青年志愿者“爱心洗车”服务活动已持续开展5年，为校内外师生累计服务1 028次，帮助困难学子78人。志愿者们表示：“我们要将这项爱心活动当作事业一样坚持下去，帮助更多有困难的同学。用青春完成爱心接力，感染身边同学，用青春梦想续写爱的篇章。”

（三）管理技术学院——撑起爱心伞 践行服务心

管理技术分院志愿者服务队的小伙伴们自发地在教学楼和行政楼

图9-3-7

图9-3-8

图9-3-7　财会金融学院志愿者接受西博会车展赠送的锦旗

图9-3-8　汽车学院爱心洗车服务授牌仪式现场

大厅设立了“爱心伞”公益服务点，全校师生可免费借用，遮阳避雨，用后及时归还，为大家提供暖心的出行服务（图9–3–9）。

同时，为了将爱心传递得更远更广，志愿者服务队在爱心公益伞的旁边设置了爱心募捐箱，募捐所筹得的爱心捐款将全部用于资助管理技术学院党员和志愿者服务基地——海宁培智学校的智障和聋哑儿童。

（四）物流技术学院——点滴奉献 铸造爱心工程

物流技术学院“义行动壹起来”社会公益团组织，是校内第一个由学生自发组建的公益组织。团内成员从成立之初的3人，已发展到现在的50余名，组织参与爱心公益活动40余次，参与人数超500余人，服务时间累计达千余小时，真正成为引导学生奉献爱心、传递正能量，带给学生快乐、感动和成长的平台（图9–3–10）。其中，志愿服务公益团的部分成员已成功加入到造血干细胞组织，而且定期定量参加无偿献血活动。大学两年的时间里，公益团团员献全血20人次，献成分血60人次，团队的献血总量已达20 000余毫升。

（五）数字信息技术学院——积极助残扶残 弘扬传统美德

数字技术学院阳光志愿者服务队积极助残。“杭州仁爱托管中心”是学院团总支志愿队在2006年12月建立的全日制托养智力、精神残疾青年志愿者基地。十多年间，阳光志愿队的成员们风雨无阻，无私奉献，给托管中心的残障人士带去了很多的欢乐和帮助，并多次受到“杭州仁爱托管中心”的表彰（图9–3–11）。

在一场场生动而深刻的志愿服务活动中，经院学子了解民情、服务基层，将时代使命与个人成长熔铸起来，在实践砥砺中感悟国家发展的强劲脉搏，体会社会民生的纷繁百态。在全面建成小康社会的决胜阶段，经院学子正以勇立潮头的朝气和魄力，以“立德为本、致用

图9-3-9

图9-3-10

图9-3-9　管理技术学院“爱心伞”公益服务点

图9-3-10　物流学院公益团组织

图9-3-11

图9-3-11　数字技术学院志愿队荣获“助残爱心单位”

为宗、崇尚优化、追求卓越”为准则，投入到实现中华民族伟大复兴的中国梦历史潮流之中。

“请君莫奏前朝曲，听唱新翻杨柳枝。”多年来，社会实践悟化行动是现代“和谐职业人”主题行动中的一个重要内容，它以大学生社会实践活动为依托，是当代大学生感悟社会人生、感知就业创业的良好载体，充分展示了当代大学生的理想信念、社会责任以及追求真理、回报社会的青春激情与聪明才智。

第十章

诗韵翻飞月砚湖

——校园文化建设

文化是学校的核心和灵魂，“声和则响清，形正则影直”，学生的成才与否，与所处的校园环境和校园文化息息相关。美丽经院建设是一个复杂艰巨的系统工程，根本在于建设和谐的校园文化。和谐的校园文化能对学校运行所投入的人、财、物等各种资源起黏合、润滑、催化作用，增强学校的凝聚力、影响力和感召力，使学校教育各个子系统形成良性互动、整体优化，促进和谐校园、美丽经院的建设。

第一节　环境文化

校园物质文化是校园文化的外在标志，是学校中具有文化意义、承载文化内涵的一种物质环境。校园人文景观和学生文化是大学文化中最外显、最鲜活、最生动的组成部分。学校的人文景观和学生文化，无不体现着学校独特的文化氛围与生机活力。

校园导视系统（图10-1-1）的命名方案得到了中科院杨叔子院士等专家的认证和肯定。校园文化标识和谐统一，无一不渗透着学校“立德为本、致用为宗、崇尚优化、追求卓越”办学理念的内涵，成为校园的一道亮丽的风景线。

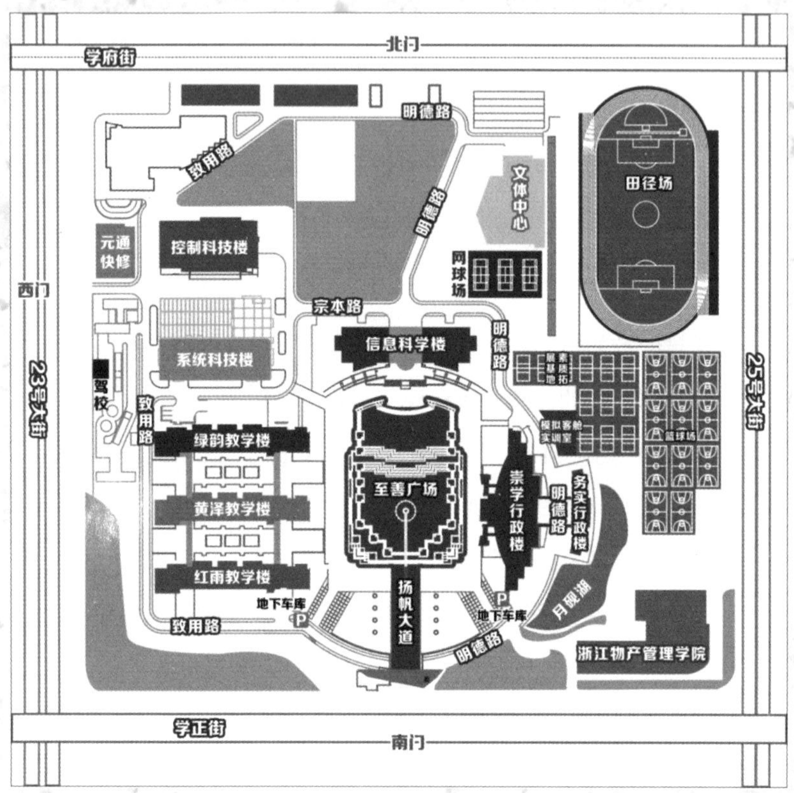

图 10-1-1

图 10-1-1　校园导视系统

一、主干道与文化长廊

校园主干道是经院导视系统的经络，文化长廊是具有深远教育意义的建筑小品与艺术小作，无不体现出经院“立德致用”的文化精神。校园主干道由扬帆大道、宗本路、明德路、致用路四条主要路段组成；文化长廊则由古今科技文化长廊和钱潮诗词文化长廊组成。首先，是正对校门的扬帆大道。浙经院校门为船帆造型，周围有亲水平台与小湖，故作扬帆大道，寓意同学们走出经院校门，乘风破浪，扬帆起航。其次，校园主要路段之宗本路。宗，取尊仰意；本，根本。崇尚立德为育人之根本，学以致用乃尊仰之务。再次，校园主要路段之明德路、致用路，取自儒家经典《大学》篇首句：“大学之道，在明明德，在亲民，在止于至善。”为了体现通俗，“亲民”一词以“致用”体现（图10-1-2）。

校园文化长廊位于至善广场两侧。古今科技文化长廊，由历史上著名的能工巧匠简介和人物画像及科技成果构成，体现“劳动光荣，技能宝贵，创造伟大”的文化主题，营造浓厚的科技文化和工匠精神氛围；钱潮诗词文化长廊，由历史上与杭州有关的著名文人墨客及其代表作构成，秉承我校诗教传统，创造健康优美的校园环境，发挥校园文化的熏陶功能，使同学们在审美的过程中潜移默化地滋生一股蓬勃向上的力量（图10-1-3）。

二、三大建筑群

文化苑、科学苑与成才苑三大建筑群，为校园中心区建设奠定了基本的建筑风格，同时为学校的教学发展奠定了物质基础。

图10-1-2

图10-1-3

图10-1-2 “宗本”“致用”“明德”路标

图10-1-3 文化长廊

（一）文化苑

文化苑建筑群由红雨楼、黄泽楼、绿韵楼等三幢教学楼组成（图10–1–4）。

红雨楼。“红雨”取自李贺《将进酒》：“况是青春日将暮，桃花乱落如红雨。”象征爱惜青春。青春理想、青春活力、青春奋斗，是中国精神和中国力量的生命力所在。命名“红雨楼”，就是提醒大学生们能够珍惜青春岁月，激发青春活力，时刻牢记着为实现青春理想而努力奋斗。

黄泽楼。“黄泽”二字取自杭州黄龙洞联：“黄泽不竭，老子其犹。”黄指皇帝轩辕氏。寓意永远牢记先祖的文化恩泽。中华传统文化源远流长，优秀的中华传统文化是我们的立根之本，发展之源。命名“黄泽楼”，就是提醒大学生们能够牢记先祖留给我们的文化遗产，一方面把根留住，一方面将祖国优秀的传统文化发扬光大。

绿韵楼。“绿韵”寓意绿韵工程。又白居易《忆江南》有：“日出江花红胜火，春来江水绿如蓝。”绿意味着生机勃勃，绿意味着风华正茂，绿意味着奋发有为，取名“绿韵楼”，就是提醒经院学子们，牢记“爱国、进步、民主、科学”的五四精神，同人民一起开拓，同祖国一起奋进。

（二）科学苑

科学苑由系统科学实训楼、控制科学实训楼、信息科学楼这三幢建筑组成。

系统论、控制论与信息论是当今科学发展的支柱性、横断（跨界）性科学，是推动各行各业相关科学与专业技术发展的源泉，也是学校以现代服务业为办学定位的专业群提升与发展的基础内涵。

图10-1-4

图10-1-5

图10-1-4　文化苑建筑群

图10-1-5　至善广场

（三）成才苑

成才苑则由崇学楼、务实楼与文体中心（体育馆）三组建筑构成。

“崇学”“务实”取自以“务实、守信、崇学、向善”为内涵的浙江省共同价值观。崇学楼，是行政办公楼；务实楼，是后勤、基建、保卫及医务室等功能楼。崇学务实，意在提醒全体教职工在校园日常的管理运行中时时不忘共同坚守的价值取向。

三、五大场所

至善广场、方塘、月砚湖、雅韵园与朗风园，是学校精神和文化之源的五大场所，也是学校与校友、学子的精神和感情纽带。

至善广场（图10–1–5）“至善”取自“大学之道，在明明德，在亲民，在止于至善”，体现浙江省共同价值观中的“向善”“守信”；同时，也体现了“和谐职业人”的培养目标。

方塘（图10–1–6）语出朱熹《观书有感其一》：“半亩方塘一鉴开。”此诗关于东水池之“清鉴”，均寓读书明心之乐。

月砚湖（图10–1–7）因湖之形状如弯月而得名。学校有40余年的书法及公共艺术教育传统，因此取名“砚”，同时与王冕“我家洗砚池头树，朵朵花开淡墨痕。不要人夸颜色好，只流清气满乾坤。”及王羲之“墨池”相关联。

还有雅韵园、朗风园。“雅韵”出自南北朝刘孝绰《酬陆长史倕诗》：“殷勤览妙书，留连披雅韵。”及唐代李商隐《高松》：“有风传雅韵。”常用作形容一种高雅的风韵，雅致的气韵，或指优雅的音韵。“朗风”语出唐代王勃《秋日游莲池序》：“琳琅触目，朗月清风。”此园在月砚湖畔，意谓月光明朗，微风清爽。此二园之命名，暗合学校“以诗教为龙头，以传统文化为依托，兼容诗书画，并蓄文史哲”的人文素质教育体系，有诗歌传诵朗朗清风之意。

图10-1-6

图10-1-7

图10-1-6　方塘
图10-1-7　月砚湖

第二节 社区文化

作为校园文化的重要组成部分，社区文化建设围绕学校“专能精、通能强、素质高”的人才培养目标，始终贯穿学生社区“管理育人、服务育人、环境育人”的基本功能。学校注重“教育和文化塑造互动”，通过建设学生社区文化育人体系，将学生管理的环节、社区服务的细节和文化塑造的关节融合为一，以价值引导，哺育和谐“准社区”人。经过多年的积累实践，逐渐打造出“青春沃土、和谐家园”社区文化节这一独特的文化育人品牌，并以其贴近学生实际需求、满足学生发展需要的特点，受到学生普遍欢迎。

一、通力配合，打造社区文化的六条途径

打造社区文化，离不开学校各个部门的通力合作。社区文化建设的有序开展，是校团委、学生教育管理服务中心、学生社区管理服务中心、校心理健康教育中心、各二级学院和各幢公寓协调配合的结果。校团委首先响应教育部和省教育厅有关文化建设精神要求和文明寝室建设要求，进社区、进寝室开展各类评比、挂牌及其他党团文化活动；学生教育管理服务中心将学业教育、学生行为规范教育与家文化融合，在社区开展系列文化育人活动；学生社区管理服务中心，主要打造一年一度的社区文化节品牌文化建设，开展各类社区文化系列活动；校心理健康教育中心，强调心理健康教育与文化育人的结合，与社区中心联合举行一年一次的心理寝室剧大赛，并在社区宣传开展各类心理健康知识普及和文化活动；各二级学院以专业文化特色为切入点，进社区开展丰富多彩的文化育人活动；落实到各幢公寓，主要是抓住所住学生的专业特点，打造各幢公寓的特色文化，既增强公寓学生的团队凝聚力，又能提高学生的文化素养，创建“品质”生活。

二、纲举目张，围绕一个核心开展四类活动

社区文化建设作为第一课堂的有力延伸，应当坚持社会主义先进文化的前进方向，以活动培养人、以故事感染人、以文化熏陶人，有效传递了学生公寓正能量。同时，还应切实加强和提高学生自我教育、自我管理、自我服务的能力，助力在校学生科学人生观、世界观、价值观的培养和确立，充分发挥学生社区的文化育人作用。学生社区文化育人品牌建设的实施内容，以一年一度的社区文化节品牌建设为核心，以四大类社区文化活动为辅助。

（一）社区文化节品牌建设

社区文化建设围绕着“以生为本、和谐社区”理念，力求把娱乐学生身心、陶冶性情、培养情操、塑造灵魂作为指导思想，精心策划和组织了十届社区文化节开、闭幕式文艺汇演及系列活动，形成校园社区文化品牌（图 10-2-1）。在活动内容和形式上充分体现生活性和参与性，既丰富了学生的业余生活，也充实了公寓的文化服务功能。

（二）社区文化活动主题化

社区活动以全方位入手营造学生社区育人氛围，打造节日文化，倡导公益文化，营建环境文化。在培养学生人文情怀、文化素质及助力学生身心健康的同时，促成德育生活化目标的实现，从而最终提升社区文化的内涵和品质。活动主要按类别分为“公德意识”“文化宣传”“生活素养”“身心健康”四大主题。

一是公德意识类活动。大学时期是人生道德意识形成、发展和成熟的一个重要阶段，这一时期形成的思想道德观念对学生的一生影响很大。因此，在社区开展各种公德意识类学生活动，如低碳环保签名活动、社区公益互助活动、玉树赈灾募捐活动、环保手工花艺活动、

图10-2-1

图10-2-1 历届社区文化节开、闭幕式

无偿献血等，让学生参与到这些活动中来，培养他们的社会责任感和爱心（图10-2-2）。

二是文化宣传类活动。通过经院社区报、公寓文化墙、公寓黑板报、社区电子显示屏、微信公众号等载体，搭建学生社区文化宣传平台（图10-2-3），同时着力开展公寓楼宇文化建设、公寓台阶文化建设、社区窨井盖文化建设、学生食堂餐厅文化建设等，以此开辟学生社区文化宣传阵地（图10-2-4）。

三是生活素养类活动。为了促进学生更好地与寝室成员沟通交流，创造融洽和谐的气氛，增强团队合作意识，营造积极、健康、向上的社区生活氛围，社区开展了各种生活素养类活动，让学生们拥有一个丰富多彩的大学校园生活，如棋类大赛、十字绣大赛优秀作品展、创意市集、寝室剧大赛、经院好室友评比大赛等。通过这些生动有趣、吸引眼球的生活素养类活动，展现充满活力与情趣的学生生活。同时，通过挖掘传统节日的文化内涵，结合孝文化与家文化，开展孝德文明寝室评比、家书邮寄、情暖冬至猜谜包饺子比赛等传统节日系列活动，使大学生感受传统文化的魅力，达到弘扬传统文化的目的（图10-2-5）。

四是身心健康类活动。为了引导大学生脱离“颓丧的游戏看剧生活”，拥有健康的体魄，学校大力提倡学生走出宿舍、走向操场，加强体育锻炼。为此，社区中心每年组织学生举办集趣味、智力、运动于一体的彩虹跑、趣味荧光夜跑等跑步比赛，受到师生的欢迎。在此基础上，为化解学生在学习成长、健康生活，人际交往中产生的困扰，提高学生的心理素质，引导学生加强对人生意义的正向理解，帮助学生提升挫折应对能力，培养积极健康的心理品质，促进其人格的健全发展，学校心理健康教育中心和学生社区管理服务中心还联合举办一年一度的心理寝室剧大赛，该活动至今已举办14届，有效地将心理健康宣传教育引入社区（图10-2-6）。

图 10-2-2

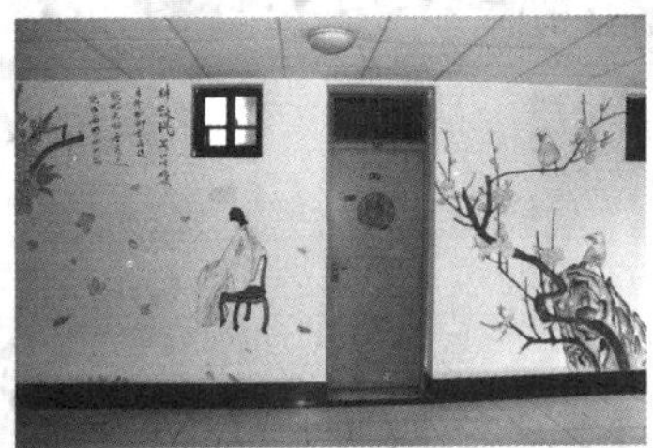

图 10-2-3

图 10-2-2　公德意识类活动掠影

图 10-2-3　搭建学生社区文化宣传平台

图10-2-4

图10-2-5

图10-2-4　开辟学生社区文化宣传阵地

图10-2-5　生活素养类活动掠影

图10-2-6

图10-2-6　身心健康类活动掠影

“社区文化节”系列活动的成功举办，逐步形成了一批学生社区精品校园文化活动。它作为第一课堂的有力延伸，坚持了社会主义先进文化的前进方向，以活动培养人、以故事感染人、以文化熏陶人，不仅有效传递了学生公寓正能量，还切实加强和提高了学生自我教育、自我管理、自我服务的能力，助力在校学生科学人生观、世界观、价值观的培养和确立，充分发挥了学生社区文化的育人作用，从而达到德育生活化的最终目标。

第三节　社团文化

学生社团是高校校园文化的重要载体，在高校学生社团组织中具有示范和带动作用，是实施美育教育的重要途径和内容，是推进素质教育的重要方式。多年来，学校高度重视学生社团文化建设，积极推动学生参与社团活动，激发同学们的求知热情，扩大交友范围，丰富校园生活，促进大学生健康成长。

浙经院多年来认真贯彻落实中央精神，把加强和改进社团文化建设放在团委和学生会建设中的突出位置，出台了一系列措施，做了大量工作，取得了显著成效。主要体现在：一是强化思想政治引导，弘扬优秀社团文化；二是“百花齐放、百家争鸣”，社团文化育人氛围日益浓厚；三是完善社团管理机制，进行科学规范管理，全员、全方位、全过程育人的工作格局基本形成，“三位一体”的育人模式特色鲜明；四是“以文化建设为特色，重在精神传导”的优秀人才不断涌现，广大学生的精神面貌积极健康向上。可以说，以上成绩的取得，既是学校思想政治教育成果的集中体现，也是全国大学生思想政治教育得到加强和改进的一个缩影。

一、开拓探索：社团文化的萌芽与演进

（一）强化思想政治引导，弘扬优秀社团文化

2016年，中共中央、国务院印发《关于进一步加强和改进大学生思想政治教育的意见》，明确指出要建设体现社会主义特点、时代特征和学校特色的校园文化，形成优良的校风、教风和学风。大力加强大学生文化素质教育，开展丰富多彩、积极向上的学术、科技、体育、艺术和娱乐活动，把德育与智育、体育、美育有机结合起来，寓教育于文化活动之中。2017年3月，团中央、教育部和全国学联又联合印发了《学联学生会组织改革方案》，方案提出，要在党的领导和团的指导下，坚持立德树人，以保持和增强政治性、先进性、群众性为目标，坚持正确政治方向，坚持学生主体地位，坚持依法依章程开展工作，坚持问题导向深化改革，建设职能作用更加明确、代表性更加广泛、队伍作风更加严实、工作效能更加彰显的学联学生会组织。学校团组织履行对学生社团的主要管理职能，各级学生会组织要配合团组织加强对学生社团的引导、管理和服务，支持学生社团开展主题鲜明、健康有益、丰富多彩的课外活动。

学生社团的活动以保证完成学生的学习任务和不影响学校正常教学秩序为前提，以有益于学生的健康成长和有利于学校各项工作的进行为原则。学生社团组织和活动的目的是活跃学校的学习氛围，提高学生自我管理的能力，丰富学生课余生活。学生社团可以根据学校不同情况，利用学生课余时间开展各种形式的活动，以交流思想、切磋技艺、互相启迪、增进友谊。

学校开展学生社团工作已有40余年的历史。学生社团由学校和学生在自愿基础上自发组织而成、按照章程自主开展活动。社团组织能够打破年级、系科以及学校的界限，适应社会发展需要，适应教育改革及学生成长成才的需要，团结兴趣爱好相近的同学，发挥他们的

特长，积极开展健康有益、丰富多彩的课外科技文化艺术活动，促进学生德、智、体、美、劳全面发展。

（二）“百花齐放 百家争鸣”，社团文化氛围不断浓厚

学生社团发展迅速，拥有其独特的文化魅力和校园影响力。近年来，社团联合会秉承“立德为本，致用为宗”的宗旨，坚持“服务与管理并举”的原则，以“繁荣校园文化，服务广大同学”为主要目标，努力搭建社团活动平台，为社团创造有利条件，推动学生社团以较快的速度实现规模化发展，形成了百花齐放、百家争鸣的繁荣局面。截至2018年11月份，全校共有52个学生社团，分为理论类、科技文化类、娱乐类三大类。理论类社团5个，包括国学社、思想政治研读会、廉政文化协会、大学生科技创新协会（反邪教协会）、小蚁职场精英书社等，会员702人；科技文化类社团36个，包括校艺术团、青年志愿者协会（校团委直属机构）、兴华诗社、创意设计协会、持鸣经院文化传播联会、德馨茶艺社、汽车技术学院合唱团、兰竹轩书法协会、妍雅礼仪协会、青藤武道、神武散手道、会计协会、珠算协会、汽车协会、贸易交流协会、“一左一右”绘吧、Linux推广协会、网络技术协会、演讲与口才协会、校心理协会、英语协会、速录协会、国际语言文化交流协会、现代物流协会、浙商发展协会、收藏与拍卖协会、青春健康同伴社、创业协会、旅游协会、尚德拳术协会、敬诚武械协会、西子空手道协会、摄影协会、影视文化俱乐部、艺燃戏剧社、芥子动漫社等，会员2 932人；娱乐类社团11个，包括Fire音乐社、LDT街舞社、瑜伽协会、Crazy球友俱乐部、黑翼魔术社、Super Six、博雅乒乓球协会、KU溜一族轮滑协会、篮球社、追风骑行社、篮球裁判协会等，会员780人。与此同时，满足学生个性需求的新社团不断涌现，公益性质的学生社团蓬勃发展。学校今年共招收新会员4 000余名，学生社团的影响力不断提升，营造了良好的

发展氛围，有效地推动了校园文化建设，丰富了在校学生的校园文化生活，形成了学生社团百花齐放、各领风骚的繁荣局面。

二、继往开来：社团文化的繁荣发展

（一）完善社团管理机制，进行科学规范管理

学生社团是学生自我管理、自我教育、自我锻炼的重要形式之一。社团工作是学校工作的重要组部分、是广大青年学生实施素质教育的重要途径，也是校园精神文明建设的推动者，在校园文化建设中发挥了越来越重要的作用。随着近年来学校办学规模的不断扩大，学生人数的不断增加，加上学分制实行，班级越来越难以承担和完成活跃校园文化活动、丰富学生课外生活的任务，学生社团便自然成为校团委、学生社团联合会开展活动的重要阵地。团委、学生社团联合会在实际工作中，通过不懈的努力和扎实的工作，健全制度、完善机制、强化管理、创新方式，在加快学生社团发展步伐、繁荣校园文化、拓展大学生素质等方面做出了积极贡献，掀开了社团发展史新的一页。

首先，以制度建设为要，强化规章管理。为了充分发挥学生的社团活动积极性，活跃学生第二课堂，丰富并规范学生课余生活，促进校园文化发展。学校根据《高等学校校园秩序管理若干规定》编制了《浙江经济职业技术学院学生社团管理章程》《浙江经济职业技术学院学生社团成立细则》《浙江经济职业技术学院社团指导教师管理细则》《浙江经济职业技术学院学生社团财务管理细则》《浙江经济职业技术学院学生社团年度考核细则》《浙江经济职业技术学院社团校外活动安全监督实施细则》《浙江经济职业技术学院学生社团注销实施细则》等。这些制度有效提高了管理效率，节约了管理成本，使学校社团管理有法可依。

其次，变革社团管理模式，建设二级管理体制。校团委协同各二级学院团总支及校社团联合会在物流技术学院、汽车技术学院、管理技术学院、商贸流通学院、财会金融学院、数字信息技术学院、文化艺术学院7个分院的基础上建立了二级管理模式。所有社团纳入二级管理体系，根据社团的性质和历史发起人所归属的院系来决定，重点社团由校团委直接管理。如物流技术学院分管现代物流协会、浙商发展协会、创业协会等6个社团；数字信息技术学院分管Linux推广协会、网络技术协会等4个社团；财会金融学院分管会计协会、珠算协会等10个社团。校艺术团、青年志愿者协会、大学生科技创新协会（反邪教协会）3个协会则是校团委直属社团。此外，还有思想政治理论教研部直属社团思想政治研读会，纪检监察处直属社团廉政文化协会，文化素质教育中心直属社团明德书院、国学社、兴华诗社、兰竹轩书画协会等。

（二）以文化建设为特色，重在精神传导

党的十九大以来，以习近平同志为核心的党中央，适应新的时代特征和实践要求，从战略全局出发，采取了一系列切实措施加强高校学生思想政治教育。为响应党的号召，加强校园文化育人，学校针对社团文化的繁荣发展出台了一系列措施，做了大量工作，取得了显著成效，并形成了鲜明特色。

特色一，以社团为先导，弘扬素质教育。校园诗教活动启动于1998年，当年成立省内大、中专院校首个创作传统诗词的“露曦诗社”，于2000年更名为由师生共建的“兴华诗社”，并对外发行社刊《兴华诗教》。“兴华诗社”是学校社团文化建设中历史最悠久、最活跃、最具影响力的社团之一，在全国具有一定的知名度。诗社本着继承和发扬优秀文化传统，通过“诗词培训”“人文讲座”“采风之旅”等丰富多彩的活动形式，向广大青年学生传播民族文化的瑰宝，提升广大学生的综合素质和文化修养。校团委组织兴华诗社、国学社的同学积极参与弘扬国学文化活动。2014年获得浙江省社科联“美丽浙江——浙江省人文社科知识竞赛”组织奖，社团成员沈俊叶同学获得二等奖，沈勇、张静、王一丹三位同学获得三等奖。

特色二，以“社团圆梦舞台”为日常展示平台。学校自2013年开始，由学生社团联合会主办、各学生社团承办，正式启动“社团嘉年华风采展”。风采展旨在弘扬社团文化，推动校园社团文化建设的校内文化盛典。学生社团文化“风采月”将学生社团的品牌优势展现得淋漓尽致，30多个精品活动集中了学生社团的品牌优势、会员优势、思想文化优势，充分展现了学生社团文化的独特魅力，为全校师生带来了一场前所未有的精神文化盛宴。同时，社团风采展示内容还被纳入社团考核范围当中。比如，思想政治理论研究会积极开展日常活动，2015年被评为“中国特色社会主义理论体系学习省级示范性学生社团称号”，“一左一右”绘吧荣获2014年省级优秀社团称号，“LDT街舞社”多次参加下沙社区义务演出，受到下沙管委会的好评。

特色三，以高职教育为先，加强技能类社团建设。高职院校最重要的就是培养大学生的职业技能，让大学生走出校园后，能够通过自己的职业技能很好地在社会上立足。全校技能类社团有会计协会、网络技术协会、Linux推广协会等。其中，会计协会成立时间悠久，自社团联合会成立之日起就已经存在。该协会是学校50余个社团中规模最大的社团，也是连续多年荣获“十佳协会”称号的社团。网络技术协会成立于2011年，该协会着重大学生网络技术的培养。这些专业技术社团成为学生综合素质提升的重要载体，通过多次活动的举办强化了专业技能，提高了理论转化为实践的能力，积极开展创新创业活动，取得多项省级荣誉。

三、谱写华章：社团建设取得优异成绩

（一）社团带动学生专业成长

校团委积极发挥共青团组织功效，开展各类社团文化活动，社团建设带动学生专业成长。不仅兴华诗社、思想政治理论研究会、校心理协会、“一左一右”绘吧、会计协会、Linux推广协会、艺燃戏剧社、演讲与口才协会、芥子动漫社等多个社团被评为“浙江省高等学校优秀学生社团”。同时，多年来各类社团学生在科技、技能、人文、体育等领域获得130余项全国、省部级奖项。

文化体育类社团以“一左一右”绘吧为代表。“绘吧”成立于2009年，主要教授学员手绘设计制作鞋帽、T恤等生活用品。作品色彩丰富，设计精巧，生动多样，个性突出，随心所欲地展现个人魅力，完整地体现了社团“做个性自我，绘天下万物”的宗旨。社团从创建时的30名成员，逐步发展成为包括优秀成员和专业手绘师在内的100人左右的专业队伍，学员足迹涉及校内外，这些“90后”大学生在服务他人中成就着创新创业的梦想。“一左一右”绘吧项目曾获浙江省挑战杯竞赛特等奖，并被《光明日报》等媒体专门报道；“一左一右”绘吧创意手绘坊创业计划曾荣获第二届浙江省高职高专院校“挑战杯”竞赛特等奖、公开答辩最佳创意奖；2014年，该协会荣获“浙江省大中学校优秀学生社团”称号（图10-3-1）。

科技文化类社团以珠算协会为代表。该社团成立于2010年，隶属财会金融学院，是从事珠心算推广与理论研究的学术社团。社团以“弘扬珠算文化，传承华夏文明”为口号，以“增强学生珠算技能，提高学生实践操作的职业道德能力，培养学生具有良好精神”为宗旨。协会成员财会金融学院王亚芳、潘锡洪、郭琴波同学曾分别获2009年ALOHA 国际珠心算大赛总冠军、2011年ALOHA国际珠心算大赛特等奖（冠军）（图10-3-2）和一等奖。在2011年浙江省第31届珠算

图 10-3-1

图 10-3-2

图 10-3-1　“一左一右”绘吧获奖

图 10-3-2　潘锡洪同学荣获 2011 年 ALOHA 国际珠心算大赛冠军

技术比赛中，协会成员财会金融学院潘锡洪、郭琴波、腾磊组成的甲队获团体特等奖；李烟青、娄秀萍、吴琼组成的乙队获团体二等奖。

志愿服务类社团，以青年志愿者协会为代表。在青年志愿者协会会员的积极参与与支持下，学校荣获浙江省血液中心“无偿献血优秀团体”荣誉称号，志愿者许卫青同学荣获浙江省“优秀志愿者”称号，志愿者潘敏敏、许卫青，戴梦婷同学获全省高校无偿献血“优秀志愿者”称号（图10-3-3）。

创新创业类社团以网络技术协会为代表。该社团成立于2011年，着重大学生网络技术的培养。这些专业技术社团成为学生综合素质提升的重要载体，社团成员通过举办活动、参与竞赛等方式强化专业技能，提高理论转化为实践的能力。协会积极开展创新创业活动，成员项目参加2015年浙江省高职高专挑战杯竞赛取得优异成绩，其中“大数据时代可疑视频目标新型智能检索系统”荣获特等奖；“局域网与互联网协作网盘的设计与开发”荣获一等奖；“告别逆行——一种可定制规则的物移融合监控报警系统”荣获一等奖；“Raspberry Pi与微信公众平台的室内安防报警系统开发”荣获三等奖。

思想政治类社团以思想政治理论研读会为代表。该社团前身是创始于2004年的“邓小平理论研读会”。社团以“学习、研究、宣传、实践中国特色社会主义理论”为宗旨，以“自发性组织、自主性学习、自觉性实践”为特色，坚持“擎旗铸魂、自树树人”。通过丰富的理论学习和实践活动，思研会成为高职学生坚定理想信念、提升综合素质、实现全面发展的平台。10年来，思研会由创建初期的不足百人，发展至今拥有7个分会，近560人，会员中60%为入党积极分子。研读会从最早的自发式学习，逐步发展为理论学习制度化、规范化、常态化，活动内容和方式也逐渐形成为集学习、宣传、活动、实践于一体的新格局。社团多次获得校十佳社团称号，2014年荣获“浙江省重点学生理论学习型社团”称号。

此外，“太和社”成员获得浙江省中大学生校园文化节“浙江省第二届大学生武术竞艺大赛”一等奖；“青春健康同伴社”成员荣获浙江省大学生青春健康知识竞赛第二名；社团成员还代表学校参加浙江省大学生文化艺术节暨第二届大学生海洋文化创意设计大赛，获得银奖、铜奖和优秀奖各一名；参加杭州经济技术开发区第四届操舞大赛暨“just dance”浙江省学生体育舞蹈公开赛，获三等奖；2017年，“青春唱响十九大”首届在杭高职院校文化节开幕仪式暨“歌颂十九大喜迎新时代”活动隆重举行。校团委组织各社团参赛，表现优秀，获得“校园好舞蹈”舞王争霸赛二等奖、“歌颂十九大喜迎新时代”朗诵比赛三等奖以及“校园好声音”歌王争霸赛三等奖。2018年，“兰竹轩书画艺术协会”获评杭州经济技术开发区群众文化三星级团队，思想政治理论研读会、青春健康同伴社、汽车技术学院合唱团、校艺术团、MC CLUB持鸣经院文化传播联会、Firestar音乐社、国学社获评开发区群众文化一星级团队。

（二）涌现大批优秀社团

学校定期举办“斑斓社彩节，共筑青春梦——十佳社团评比活动”，活动中涌现出了一批具有独特魅力的十佳社团。

Firestar音乐社是一个以声乐、器乐为主的社团，为广大音乐、器乐爱好者们搭建学习、交流和活动的平台，同时也有与琴行合作开展不定期交流活动（图10–3–4）。

廉洁文化协会着重校园廉洁文化建设提高学生个人的思想和素质教育，开展各项有意义的活动，打造“廉洁经院·和谐育人”的文化品牌（图10–3–5）。

浙经院青春健康同伴社，旨在探索高校和中等职校青春健康社团组织、队伍及运行机制建设，广泛开展校内外青春健康同伴教育等活动。目前已通过同伴教育、案例分析、小组讨论等形式，为同

图10-3-3

图10-3-4

图10-3-3　青年志愿者协会合影及献血现场

图10-3-4　Firestar音乐社演出现场

图10-3-5

图10-3-5　廉洁文化协会活动现场

学们普及性与生殖健康、性别平等、艾滋预防、结核病预防等知识（图10-3-6）。

神武散手道协会又名截拳道搏击俱乐部，社团宗旨是“以武会友，德艺双馨”，目标是为广大浙经院的学生提供锻炼毅力、增强体魄的平台（图10-3-7）。

LDT街舞社是一个街舞热爱者的集合地，社团宗旨是聚集爱跳舞的人一起学习跳舞，一起进步（图10-3-8）。让那些对街舞感兴趣但没有基础的人爱上跳舞、会跳舞，让那些有舞蹈基础的更会跳舞。

摄影协会秉承活跃校园文化、丰富课余生活，在生活中寻找美、发现美、捕捉美的宗旨，致力于为摄影爱好者提供学习、欣赏和实践的机会和平台，使全体会员扎实系统地提高摄影技术和艺术水平，从而推进经院学生摄影活动的蓬勃发展，促进校园文化和精神文明建设（图10-3-9）。

KU溜一族轮滑社，是下沙轮滑联盟成员，有浙江CST传说轮滑队（轮滑省队）的技术支持（图10-3-10）。

Linux推广协会是浙经院学生中对以Linux为代表的自由软件爱好者集合体，是一个以学习、推广、普及Linux操作系统和有浓厚科学研究意味的团体（图10-3-11）。

妍雅礼仪社成立于2009年，是经院极具特色的社团。社团注重气质与礼仪的培养，为校内外的重大活动提供礼仪接待服务（图10-3-12）。

黑翼魔术社为魔术爱好者提供学习、交流与表演的平台，借助魔术丰富的表现形式，激发观众的想象力和创造力（图10-3-13）。

浙经院每个社团，犹如星星之火在校园中形成燎原之势。他们植根广大学生，怀抱青年的热情，用满腔的激情与梦想谱写出华丽篇章，为促进学校素质教育的开展，培养专能精、通能强、素质高的“和谐职业人”，促进学生的成长成才做出积极贡献。

图10-3-6

图10-3-6　青春健康同伴社活动现场

图10-3-7

图10-3-8

图10-3-7　截拳道搏击俱乐部活动现场

图10-3-8　LDT街舞社活动现场

图10-3-9

图10-3-10

图10-3-9　摄影协会学生

图10-3-10　轮滑社活动现场

图10-3-11

图10-3-12

图10-3-11　Linux推广协会活动

图10-3-12　妍雅礼仪社活动

图 10-3-13

图 10-3-13　黑翼魔术社活动

第四节　书香校园

书是人类进步的阶梯。学校着眼于学生的终身发展，积极开展大阅读教育，提出建设书香校园的目标，完善图书基础建设工作。提倡多读书、好读书、读好书、读整本的书，使学生扩大阅读面、增加阅读量、培养读书习惯，使校园更富人文底蕴，充满智慧和生机。因此，学校积极建设三个服务平台，开展三大品牌活动，创建“书香个人”“书香集体”“书香公寓”，努力塑造内涵丰富、特色鲜明的校园文化，为学生营造一个书香校园，以丰富师生精神生活，促进学生健康诗意成长和综合素质的全面提高。

一、书香校园三大服务平台

（一）博雅书院

2012年9月，经校领导决定，图书信息中心在后勤公司的协助下，于图书馆九楼设立博雅书院。书院的设立，旨在将人文素质教育拓展延伸至图书馆等领域，为广大师生提供一处阅读、品味和交流人文知识的场所。书院特购置3 000余册相关主题图书，配置有专门的主题书架；搭建活动舞台和主题背景，装配投影音箱等多媒体设备，并布置了20多幅照片，构成内容丰富的照片墙，成为一个颇具人文气息的大讲堂、大舞台，营造出一个幽雅舒适的学习环境，为“幸福杭州，和谐经院”主题系列活动提供了一个展示、阅读和欣赏的好场所（图10-4-1），得到广大师生好评。

（二）物产文化信息吧

物产管理学院文化信息吧是一个集获取知识、推广企业文化于一体的平台，该平台的主要功能是为物产管理学院提供各类纸质、电

图10-4-1

图10-4-1　博雅书院活动

子、视频以及音频资源，方便集团员工进行学习交流、实践培训和信息沟通，更好地服务物产集团建设（图10-4-2）。信息吧提供丰富的纸质资源，现藏图书共计2 350册，纸质报刊20余种，营造出良好的人文气息；提供海量数字资源，共享学校现有的所有电子资源，可供视频欣赏、上网检索资料；同时配有高保真耳机，提供音频体验和音乐欣赏。

（三）学生公寓流动书站

2011年3月，图书信息中心在学生社区管理服务中心设立了“流动书站”，摆放书架20多组，上架图书5 000余册，期刊和报纸40余种，并安装了投影机、扩音器等影音设备供学生活动使用。“流动书站”的设立，拉近了中心与学生的距离，把图书馆搬到了学生身边，使学生公寓也形成了书香阵阵、书声琅琅的浓厚读书氛围，深受师生们的喜爱和好评。时任浙江省委常委、省委宣传部长茅临生，教育厅厅长刘希平和省示范院校建设检查评估专家组都曾莅临“流动书站”检查指导工作（图10-4-3），给予了高度的评价，并积极倡导该模式的推广借鉴。

二、书香校园三大品牌活动

（一）“走进图书馆 了解图书馆 热爱图书馆”主题系列活动

“走进图书馆 了解图书馆 热爱图书馆”主题系列活动由图书信息中心联合团委和学生会以及各二级学院团总支举办，活动积极推进书香校园建设，旨在让更多的学生特别是大一新生更好地认识和了解图书馆，更好地利用图书馆的各类纸质和数字资源，培养自己爱读书的好习惯，使图书馆真正成为学生课余生活的重要场所，充分发挥图书馆在教育、教学和校园文化建设等方面的作用。

图 10-4-2

图 10-4-2 物产文化信息吧

图10-4-3

图10-4-3　时任浙江省委宣传部长茅临生、浙江省教育厅厅长刘希平莅临现场考察

系列活动主要包括“亲爱的新同学，让我告诉你”新生入馆教育、“亲爱的新同学，查书你最牛”查书寻址比赛、“亲爱的新同学，排名你最先”到馆排行评比和“亲爱的新同学，读书你最棒”优秀读者评比4项主题内容（图10–4–4）。

“亲爱的新同学，让我告诉你”新生入馆教育活动历时3天，由中心教师组成的讲师团为来自学校7个分院、近3 000名新生开展共计10多场次的入馆教育讲座。基于新生们前期已通过学生处发放的《新生入学手册》中《图书馆指南》和《图书馆数字资源使用指南》内容的自学，现场主讲教师借助多媒体教学方式生动、详尽地讲解、指导，场下学生反响热烈，印象深刻，培训效果明显。

“亲爱的新同学，查书你最牛”查书寻址比赛活动是在学生认真听取新生入馆教育后，对图书馆有一定了解的基础上开展的。在活动中，鼓励学生利用书籍跨越时空界限的特点，来吸取前人留在书籍里的生活经历及人生经验，以丰富学生的知识和内心世界。查书寻址以分院为单位，比赛选手团结一致，分工合作，认真比赛，整个活动现场节奏轻快、气氛热烈，学生反响积极。通过活动，大一新生进一步了解了图书馆书库的馆藏分布，能够更快捷、更熟练地查找自己所需的文献资料，大大增加了他们获取信息的能力，为学生畅游书山提供了一条明路。

“亲爱的新同学，排名你最先”到馆排行评比是一个连续性的活动，活动开展期间，参与新生达到600多名，占新生总人数的21%。大一新生利用自己的空余时间来到图书馆安静地自修、阅览书刊，增加课堂知识或者扩充百科视野。通过活动，大一新生进一步了解了阅览室的馆藏分布，增加了阅览的乐趣，同时提高了阅览室图书的利用率，有助于提升学生的综合素养。

“亲爱的新同学，读书你最棒”优秀读者评比活动为主题系列活动的最后一站，具体活动内容由参与图书馆整理书籍和活动月期间图

图 10-4-4

图 10-4-4　图书馆主题系列活动掠影

书借阅量两部分组成。此时的学生对图书馆馆藏体系已经有了相当的认识。活动期间一般会安排前后4场帮助图书馆整理书籍的活动，学生不怕脏不怕累，分别参与了10多万册图书的整理和倒架，5 000多册共计100多包图书的打包，20多种期刊的整理工作等。参与图书馆的管理，让学生更加了解图书馆工作的烦琐和辛苦，明白把平凡的事情做得不平凡更需要具备责任心、耐心和细心。活动也是一次很有意义的社会实践，当学生们看到通过自己的辛勤劳动使图书馆的书刊变得更加整洁有序，脸上会露出欣慰的笑容。同期参与图书借阅的新生一般会达到1 000多名，综合统计，参与活动的新同学占总人数的50%左右，活动参与人数相当可观。

图书馆是大学生课余生活的重要场所，也是学生在校学习生活期间获取知识的重要场所。通过主题系列活动，对比几年同期数据，新生来馆平均时间大幅提前，对图书馆的了解程度也有所加强，新生来咨询基本问题的人数少了，咨询深层次服务的人数多了，新生到馆人数同比增长50%，借书量同比增长20%。通过系列活动，全校近3 000名大一新生对图书馆的认识广度和了解速度提升到了一个新水平，这为新生以后在校学习生活期间热爱图书馆和利用好图书馆的各项资源做好了铺垫。

（二）“幸福杭州 和谐经院”主题系列活动

为了营造学院的人文气息，提高师生的文化修养，推进书香校园建设，图书信息中心连续多年开展“幸福杭州 和谐经院”系列主题活动，主要内容包括西湖自然风光图片展示和视频播放、“杭州博物馆”系列图片展示以及现场学习。活动前期广泛宣传，得到了各分院的高度重视，广大学生踊跃参加，活动人数超过20 000人次。西湖之美，美在山水，更美在厚重的文化，凝聚着数千年杭州人民在创造物质文明和精神文明过程中传承下来的文化精髓。近年来，学校依托世界500强企业，推进幸福学院建设，鼓励广大师生通过直观的方式了解杭州的自然风光和人文历史，引导广大师生更加热爱杭州、热爱学校。图书馆延续举办这一活动，让师生们足不出校门就能感受西湖的美丽风景和人文历史，活动营造了人文氛围，丰富了校园人文建设的内涵，为文化素质教育建设做出了积极的贡献。

（三）读书节系列活动

“书香经院伴成长 数字资源促发展”读书节系列活动从每年4月份持续至12月份，旨在正确地引导读书创新，营造出浓厚的读书氛围。活动内容由“书香经院伴成长主题活动”和“数字资源促发展主题活动”组成，培养学生爱读书、多读书，引导教师勤读书、善读书。让师生从书本中得到心灵的慰藉，寻找生活的榜样，净化自己的心灵。以数字资源为抓手，将搭建的信息化平台下知识传播平台进行推广，让每位师生从数字资源知识服务中找到个人能力发展、水平提升的新路径（图10-4-5）。

“书香经院伴成长主题活动”主要包括专家讲坛活动、热门好书展示、最美读书瞬间摄影活动、好书共分享读书交流活动、真人图书馆活动和人文素质教育展示等。聘请校内外专家进行专题讲座，探讨当下大学生在浮躁的社会如何摆正自己的人生观、价值观，让学生们聆听专家的声音，并有机会与专家对话；邀请有独特人生经历与丰富经验的嘉宾作为“真人书”，让同学们能更真切地分享嘉宾的宝贵经历，营造一个与社会沟通交流的圈子，激发大学生实践、分享、获取新知的愿望（图10-4-6）。

“数字资源促发展主题活动”主要包括数据库集中展示、移动图书馆线上活动、数据库移动阅读体验、数据库应用讲座和专题互动讲座等。整合全校自建和外购资源，设立移动学习体验区，帮助师生全面掌握数据库的检索方法和使用技巧，提高检索效率；举办“移动图

图10-4-5

图10-4-6

图10-4-5　读书节系列活动

图10-4-6　书香经院专家讲坛

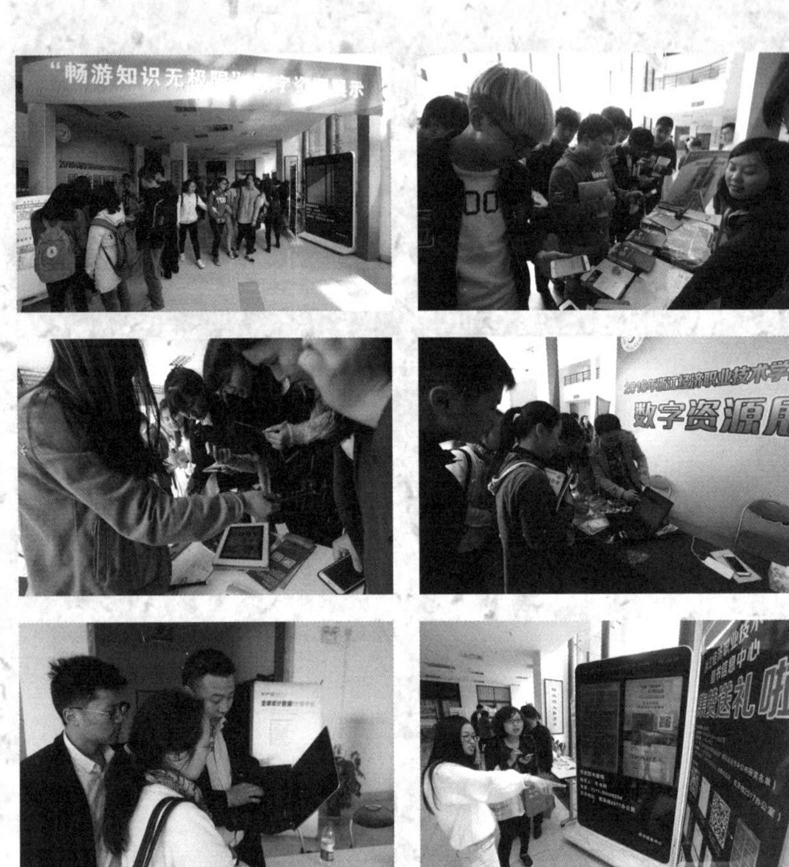

图10-4-7

图10-4-7　数字资源促发展主题活动

书馆使用培训”“英语三级、四级备考冲刺”“万方数据期刊全文数据”等一系列的数据库应用讲座和“英语教学交流”专题互动讲座活动，探索建设一个新型的数字资源知识服务体系，更好地服务教育教学活动（图10-4-7）。

第五节　体育文化

体育作为一种复杂的社会文化现象，以身体与智力活动为基本手段，根据人体生长发育、技能形成和提高的规律，达到促进全面发育、提高身体素质与全面教育水平、增强体质与提高运动能力、改善生活方式与提高生活质量的目的，是一种有意识、有组织的社会活动。从教育学的角度看，体育教育作为全面发展教育的一部分，在人的发展过程中对人格要素起到改造和优化的作用。“今天操场出汗，明日人生出彩”，这是学校体育工作的真实写照。

诚信意识、协作意识、沟通能力、创新能力、决策能力、吃苦耐劳和服务意识等是职业精神的具体体现，高等职业教育培养的是生产、服务、建设和管理一线的高技术技能型人才，良好的职业精神是职业发展的保证。而体育运动中所表现出来的竞争、守规、协同、坚持等精神与从事职业活动所需要的职业精神是一致的。学校非常重视将体育精神内化为职业精神，并作为素质教育的突破口。

长期以来，浙经院的体育工作秉承“立德为本，致用为宗”校训，将体育工作纳入学校“和谐职业人”高职人才培养创新体系中，并作为重要的一个环节实施，使学生在校期间不仅接受体育技能的传授，更重要的是感受体育文化的熏陶，作为国家首批骨干高职院校建设优秀单位的学校体育工作，始终走在全国的前列，起到了引领与示范作用。

一、体育教学：体育技能与职业技能相融合

（一）有的放矢——分层分班教学开创浙中专体育教学先河

体育教学改革一直是体育工作的一个重要方面，早在学校的前身——浙江省物资学校时期，学校就着手进行改革。20世纪80年代后期为了提高课堂教学效果，首先进行了男女生分班和“2（行政班）分3（教学班）”小班化教学，有效地解决了学生课堂练习量不足和教学内容单一问题。

20世纪90年代随着学生体育兴趣的发散和对掌握运动技术技能需求的提高，学校进行了专项轮换、专项班教学、体质健康分班、一课多项等一系列成功的教学改革，课程也从以单一的体育运动技术教学的“体育”改为“体育与健康”课程。这在当时中专体育教学中是独树一帜的，学校体育课改经验曾在浙江省中专学校体育年会上作为典型代表发言。

（二）一专多能——选项课教学培养学生运动特长

随着学校升格为高职院校，体育工作的软、硬环境都得到了较大地改善，终身体育思想和体育文化内涵日益显现。高等职业技术院校的体育课程除具有高等院校体育课程的一般性质外，还应具有职业院校自身的特点。在校领导的支持下、在教务部门的通力配合下，学校在省内高职院校中较早地开展了选项课教学，增设了体育选修课，极大地促进了学生的学习积极性，课程满意率一直保持在98%以上，学评教成绩在全校名列前茅。

（三）主动对接——着力减少学生职场“磨合期”

相对于本科院校培养学生侧重广泛的工作适应性，高职院校的培养规格往往指向性比较明确。针对这一特点，要求高职院校的学校体

育课程不能成为本科简单的“压缩版”，而应将体育课程的育人功能最大化。

在坚持学校体育“健康第一”的指导思想基础上，完成对学生终身体育能力与职业实用体育技能培养，形成二段三层次的高职体育教学新模式（图10-5-1）。二段是指将高职二年的体育教学分成体育选项课和职业体能课两个阶段，完成体育运动能力和职业体能水平提升两大任务；三个层次包括：第一层次体育选项，在一年级开设体育选项课，学生打破原有行政班编制，根据“三自主”的要求，选择上课项目，目前共开设篮球、排球、足球、乒乓球、羽毛球、网球、武术、健美操等15类项目供学生选择。第二层次职业体能，结合专业特点，在二年级开设职业体能课，目前有职业形体塑造、攻防与柔韧、拓展训练6个模块（表10-5-1）。第三层次体育拓展，在2—5学期校级公共选修课平台上开设体育选修课，主要以运动能力提升和新兴体育项目拓展为主，“强健体魄、满足兴趣、提升素养、服务专业”是学校新的高职体育课程定位。

表10-5-1 “高职体育”职业体能课程实施模块

模块名称	类别	主要教学内容	主要针对专业
形体塑造	站姿	形体、礼姿训练	汽营、市营、文秘、房产
形体与瑜珈	站姿	形体训练、瑜珈	英语、多媒体、电商、房产
攻防与柔韧	坐姿	女子防身术、躯干柔韧性练习	会计、财会、文化
欣赏与休闲	变姿	体育欣赏、高尔夫、网球	国贸、控制、金融
拓展与力量	操作姿	拓展训练、力量强化训练	物流、汽电、汽检、网络
拓展训练	变姿	拓展训练、定向生存训练	企管、政管、信息

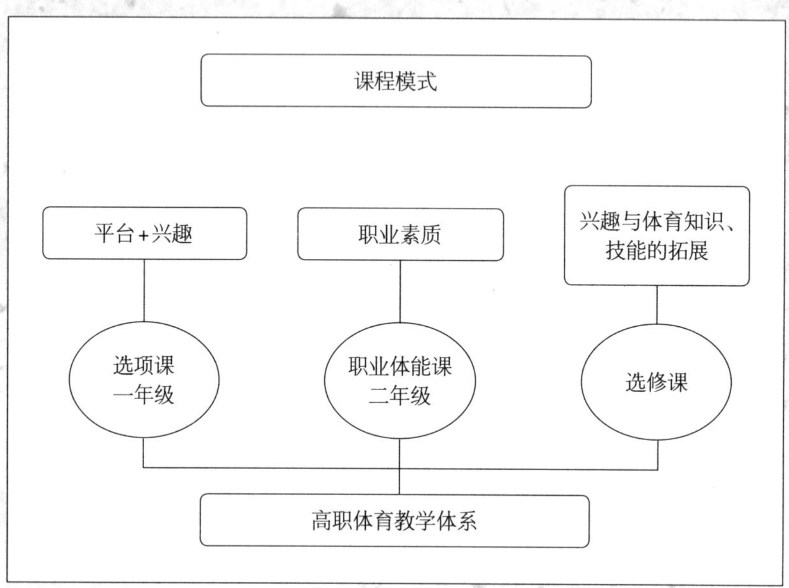

图10-5-1

图10-5-1 “高职体育”教学体系

依据劳动和社会保障部认定的职业分类目录和教育部《普通高等学校高职高专教育指导性专业目录（试行）》，结合各职业岗位工作时的主要身体姿态进行相对地分类，将职业岗位归类为5种身体劳动姿态，分别是坐姿类、站姿类、变姿类、工场操作类和特殊姿类。通过对在职从业人员等从身体肌肉、关节负荷、锻炼习惯、工作时间频度、心理压力、多发职业病等调查，对应岗位群的职业能力需求，遴选出不同工作姿态从业者“职业体能”要素，作为对应专业的体育教学目标，分别从职业体能需求、职业体育技能需求、职业综合素养需求、职业保健能力需求四个方面设计了课程教学模块。对不同专业设置不同的体育教学模块，从而使体育教学更贴近岗位需求，使学生今后所需的职业技能通过体育技能的学习、训练得到提升。同时，开展了“专业+”体育课程教学改革尝试，如酒店及房产专业开展游泳救生员职业资格证书的培训，使学生在专业职业资格证书的基础上，再获得体育行业从业资格证书，从而拓展和增强学生的就业渠道和能力。以职业人实际履职所需要的职业能力为标准，吸收行业考核内容，设置相应的考核评价标准，改变过去体育课程单一考核运动技能的模式，将职场体能、运用体育能力等列入考核内容。在订单式培养的教学对象中，将企业体育文化以项目的形式作为考核的内容，使学生缩短从“准职业人”到“职业人”的“磨合期”。

经过多年的不懈努力，高职体育教学新模式取得显著效果。高职体育课从单纯的体育运动技能传授及终身体育观的培养，转变为终身体育能力（健康层面）与职业所需体能与素质养成（职业层面）并举，为学生职业发展奠定坚实基础。“高职体育”也成为全国高职高专体育类第一门国家级精品课程。体育课与专业教育相结合、与职业素质教育相适应的做法也得到社会各界的好评，并成功举办浙江省高职高专体育课程教学改革与特色建设研讨会（图10-5-2）。教育部体卫艺司杨贵仁司长、省教育厅鲍学军副厅长等领导也亲临校园考察职

图10-5-2

图10-5-3

图10-5-2　浙江省高职高专体育课程与特色建设研讨会

图10-5-3　教育部相关领导考察学校体育工作

业院校体育课程改革工作（图10-5-3）。

二、体育文化：体育精神与职业精神相融合

（一）底线意识——从体育活动中遵守规则做起

参加体育活动，首先是遵守运动项目的规则，违反规则则会立即受到处罚，甚至是红牌罚下。无论作为公民还是作为一名职业人，遵纪守规是底线，体育活动中的“规则意识”是最好的教育。学校从中专时期起就坚守的晨跑制度是最好的佐证。大多数浙江省物资学校的毕业生在同学会上回忆最多的一项就是早上体育老师的敲门声，晨跑不仅锻炼了身体，也使他们养成了遵守作息时间的习惯。如今，每天早晨经院学子的晨跑活动场面已成为了一道风景。如同晨跑一样，学校各项体育活动中，从活动开始设计到流程完成，无不体现出遵守规则的底线意识。

（二）不轻言败——在两种泪水中成长

体育无处不体现职业人所需要的素质。在体育竞赛中，尊重对手是基本要求，同样，职业人也需要通过尊重竞争对手来获得合作伙伴的长期信赖。体育更多意味着竞争，在竞争中可能有成功后喜悦的泪水，但更多的是失败时难过的流泪，永不言败才是胜利的真谛。职业人也同样需要这种锲而不舍的精神。讲究合作是体育团队取胜的法宝，主力队员勇于担当，替补队员甘当配角，服从安排，场上场下同心同德，正确定位自己的角色，这也是职业人所需要的团队精神。因此，学校建立“浙江经济职业技术学院学生课余素质拓展平台——体育子平台”（2学分），通过吸引学生参加体育活动和体育社团，在运动与锻炼中完善人格和提升能力。

学校现有20多个体育社团、10多支校体育代表队，每周都有分

院或学校体育竞赛，已成为学生课余重要的生活内容。从这里产生过近百名全国或全省大学生体育比赛金牌得主，许多人成为职场的成功人士。

（三）因为有我——过程要比结果更重要

浙经院是一所具有强大产业背景和高度产学融合的高职院校，在体育方面也一样。浙江省国资委首届职工运动会、物产中大集团历届职工运动会、浙江旅游集团公司职工运动会都选择在我校举行。为了展示风采，营造运动会的气氛，每次运动会，学校都要组织近千人的大型团体操表演（图10-5-4）。几个月的艰苦训练，也仅仅是为了几分钟的表演，没有强大的精神支撑是不可能最终完成任务的，团体操也不能因为一个人的缺席而不完整。经院体育独特的“承办文化”对磨炼学生的意志、展现团队意识都起到十分重要的作用。同样，以党史为题材的“红色运动会”及学生骨干运动会同样成为体育育人的重要载体。在浙经院，体育不仅仅是“体”，更是“育”。

40年的风雨兼程，形成了经院绚丽多姿、意蕴深刻的物质文化；形成了健康积极、生动有趣，具有情感归属、富有凝聚力的社区文化；形成了百花齐放、青春活力的社团文化；形成了充满真善美、启迪智识慧的书香校园文化，以及积极进取、永不言败的体育文化。校园文化活动无处不在，是心灵的自然流露，也深受时代文化潮流影响。既充满现代意识，也充分反映大学生的成长心态。美丽经院校园文化系列品牌，可以陶冶学生情操、启迪学生心智，促进学生的全面发展，为“和谐职业人”理论的人才培养和创新实践提供源源不竭的生机与活力。

图10-5-4

图10-5-4　学生参加大型团体操表演

第十一章

一园桃李景谐和

——经院未来展望

2018年，伴随着改革开放40周年的脚步，浙江经济职业技术学院也迎来了40周年华诞。自1979年9月招收首届100名学生始，学校共培养近5万名毕业生，他们中有的成为驰骋商场的精英，有的成为技术一线的杰出工匠，绝大多数成为奋斗在改革开放和社会主义现代化建设中各个行业领域的“和谐职业人”。本着人才培养和社会服务两条腿走路的发展路径，学校从单纯的成人教育到举办世界500强企业大学和政府、国企党校，社会服务的路子越走越宽广，在“崇尚优化、追求卓越”的工匠精神引领下，以文化育人为根基，正走向新的和谐。

第一节　人才质量 和谐之本

桃熟流丹，春华秋实。办学近40年来，学校始终坚守“立德树人”根本任务，把学生发展作为最根本的办学质量，在依托世界500强企业——物产中大集团强大的产业背景实现飞跃发展的同时，积极实践职业素质与职业技能相融合的“和谐职业人”人才培养模式，源源不断地为集团、为社会培养输送了大批符合现代社会发展和产业转型需要的复合型、创新型、发展型技术技能人才。近年来，学校先后被授予建立浙江省高校毕业生就业指导服务中心下沙工作站和杭州市大学生就业创业指导站，就业率持续保持在98.5%以上，荣获“全国普通高等学校毕业生就业工作先进集体”（图11-1-1）、“全国高职院校就业质量50强”（图11-1-2）和“浙江省高校就业工作优秀单位”等荣誉称号。

一、协同共生，反哺大企业大集团发展

在学校40余年的办学经历中，浙江省物产中大集团是一个不得不浓墨重彩重点提及的存在。众所周知，学校的前身浙江省物资学校是浙江省物资局直属学校。后物资局改制为集团公司，而学校升格为高职，但二者之间协同共生的纽带从未断裂。40年来，得益于充分依托大企业集团办学的体制优势，学校与物产中大集团探索出了一条校企双方协同共生发展的创新之路，在实现学校自身快速发展的同时，也为集团源源不断地输送了大量的优秀人才，实现依托集团发展、反哺集团发展的双赢目标。

物产中大集团在打造具有国际竞争力的大型企业集团中意识到，产业的转型升级、技术的研发、员工素质的提升等都需要职业教育为其提供支撑和服务。物产中大集团秉承“做负责任的大企业”的理念，几任领导均十分关心学校发展，将学校纳入集团整体发展战略之中，明确提出将学校建成物产中大的“黄埔军校”，全面开放企业资源，全力支持学校发展。同样，学校也深刻认识到，只有依托强大的产业背景，实现产学研的多功能、深层次融合，才能办出自己的特色。学校将服务产业转型升级、提高服务行业企业发展的“契合度”和“贡献度”确认为自身的办学责任，本着“集团发展到哪里，学校的服务就跟进到哪里”的服务理念，主动对接集团经营业务的发展，选派博士长期在集团挂职，参与产业发展研究；承办集团职工运动会、文化节、技能比武等活动，成为推动浙江物产发展不可或缺的力量。

学校将办学定位与物产中大的发展目标相对接。紧扣现代流通产

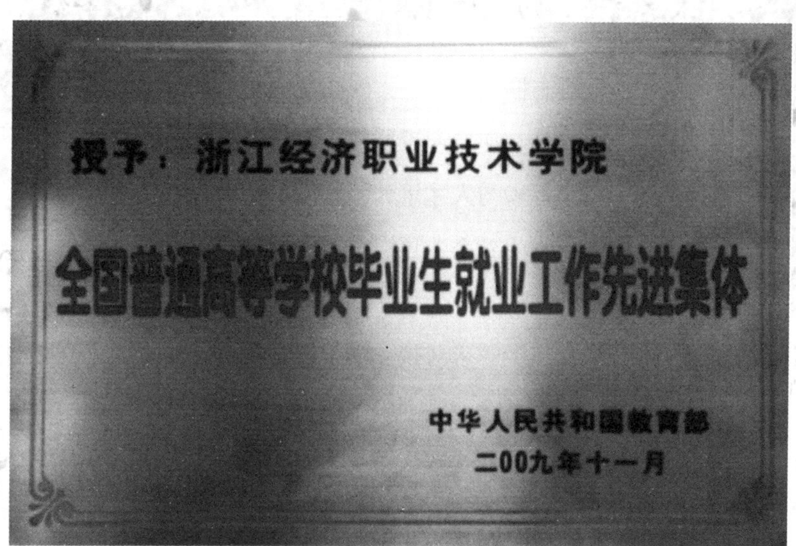

图11-1-1

图11-1-2

图11-1-1　学校荣获“全国普通高等学校毕业生就业工作先进集体”
图11-1-2　学校被授予“全国高职院校就业质量50强”

业对物流、商流、信息流等环节的需求，重点建设物流、电子商务、汽车后服务等专业群，同时，紧跟集团“一体两翼”发展新战略，不断调整与完善专业布局，使专业设置与产业需求有效对接。物产中大集团从招生到毕业全程参与人才培养，开设了“物产示范生”班，提供配套奖学金。安排学生到企业顶岗实习，配备“一对一”的企业指导老师。学校培养的8届“物产示范生”已经成为集团的技术精英和管理骨干，实现人才培养需求对接。学校成为物产定时、定制、定质的员工培训基地，承担了企业管理骨干和技术人员的全面培训。学校教师承担企业信息化、商务模式、企业文化、集团实施路径等应用型课题研究。同时，企业技术人员参与开发学校专业标准、课程标准和教材，实现服务需求对接。

2005年，学校与集团合作成立“浙江物产集团教育与产业发展委员会”，校企合作的保障体制越来越稳固。委员会下设研发中心、培训中心、人才培养中心和产教办公室。校企双方通过战略协同，实施了5个共同：共建基地、共享师资、共同开发、共同培养、共同培训，形成了紧密的合作伙伴关系。为进一步集聚办学资源，2012年，校企共同成立了学校董事会，集团所有一级成员企业董事长或总经理担任了校董会董事，并进一步集聚政府、行业协会、上下游企业和校友资源，充实校董会力量。物产成员企业与各分院有效对接，成立了5个专业群理事会，实现教育资源与行业、企业资源的优化整合。集团董事会推出了《关于进一步推进浙江物产集团和浙江经济职业技术学院产学研结合的实施意见》及8个实施细则，形成校企融合发展的长效机制。

物产中大集团向学校全面开放生产经营场所和企业岗位，作为学校专业教学、顶岗实习、工学交替和教师兼、挂职锻炼的基地，可随时满足工学交替和现代学徒制教学的需求。校企共建产业学院（企中校、校中企），共同开发产学研一体化视频互动平台，实现了校企资源共享与开放。同时，学校所有设备仪器，可随时满足物产中大员工专业技能鉴定、培训、技能大赛等设施需求。物产中大高管、中层干部、技术骨干担任学校二级分院副院长、专业带头人、实践课教师，共建“技能大师工作室”，全面参与学校人才培养工作。浙经院专任教师随时随地到物产中大集团进行长期挂职或短期实践，全面了解行业企业发展情况，提升了教师的“双师”素质和社会服务水平。校企共建物产知识管理中心，将企业经营管理过程中的先进技术、知识、生产管理经验等进行系统梳理与归类，转化为学校的教学课程，实现课程内容与职业标准有效对接；学校的课程资源转化为企业内的培训课程，技术研发资源转化为企业生产力，实现生产经验、教学案例、教学成果校企共享。校企合作中的“三元主体”——学校、企业和学生——在实现自身价值目标过程中同时为其他主体提供服务，创新性地实现“三赢”目标。

正是基于这样的体制机制，学校共有千余名校友在物产中大集团及其下属公司就职，其中近70%的公司成员，包括公司董事长、总经理，众多部门经理、业务经理、一线技术能手，物产中大集团30%的高管成员和38%的创利千万以上的部门负责人均为经院毕业生，集团的企业大学、第二数据中心、研发中心等均建在校内，物产中大集团多次授予学校特殊贡献奖。

2017年，学校举办单位变更为浙江省机电集团有限公司，隶属于浙江省职教集团，办学踏上新征途。学校将以习近平新时代中国特色社会主义思想为指导，积极跟进“一带一路”倡议，在继续依托物产中大集团强大的产业背景的同时，充分发挥浙江省职教集团成员单位、3所企业大学、2所企业党校建在学校的办学优势，走专、精、高发展之路，打造智慧供应链的产教融合生态，构建人才培养、技术研发、员工培训、国际合作和文化传播为一体的教育服务供应链，持续服务于大企业、大集团的发展。

二、立德致用，助力人人成才

办学40年来，学校秉承“立德致用”的人才培养理念，积极引导学生将个人理想融入“中国梦”的实践中，助力人人成才。众多的校友在改革开放和社会主义现代化建设各行业中做出了突出贡献，逐渐走上重要岗位，成长为行业各级领导、专家或业务能手，成为国家建设和企业发展的骨干力量。他们通过努力奋斗创造物质财富，履行社会责任，实现自身价值，书写灿烂人生，成为浙经院声誉的传播者和缔造者，代表并诠释着浙经院的育人品牌和独特精神。

他们是勇立时代潮头，勤政廉政，用扎实的专业功底、担当作为的工作作风，在浙江这块改革开放前沿阵地为浙江经济的发展谋划思路、开拓创新的人民公仆，他们中有浙江省侨联党组书记、金华市委常委、武义县委书记、安吉县人民政府副县长等。他们是积极投身工商行业，吃苦耐劳、自强不息、坚持不懈、锐意进取，秉持追求卓越的产品和服务理念，用精诚和汗水播撒希望，充分展现出浙商“四千”精神的各个行业集团公司的中流砥柱，在引领行业发展、促进经济发展、创新技术技能等方面发挥了极其重要的作用。他们中有百大集团股份有限公司董事长、六安浙江商会会长、安徽金三角投资集团董事长、电联控股集团董事长、浙江万银投资公司董事长、江山盛健生态养殖场总经理、浙江舟山市定海巨星体育用品有限公司、杭州庄驰汽车销售服务有限公司董事长、杭州乐创科技有限公司总经理、无锡瑞格投资咨询有限公司董事长、杭州瑞恒钢铁有限公司总经理、杭州麦德魔方企业管理有限公司总经理等。他们是将热血青春和终身事业奉献给学校改革和发展，以超前的思维、务实的行动、昂扬的步伐，不断推进学校建设与人才培养的一线教师、中层骨干、院校领导，他们中有经院前任党委书记、前任党委副书记、现任校长等。

40年来，学校助力数万名学子满怀壮志走出校园，扬起了事业的风帆。他们在政治、经济、文化教育、公共服务等领域施展才华，创造业绩；他们坚持将个人发展和企业发展与国家整体发展相结合，坚持将企业发展的成果惠及员工和社会，努力实现个人梦、企业梦和中国梦；他们是为祖国建设增光添彩的普通职业人，是构建祖国大厦的基石，更是经院的宝贵财富和靓丽名片，是学校永葆生机的不竭动力和源泉。

第二节　服务发展　和谐之源

服务国家创新驱动发展战略，服务产业转型升级，提高服务行业企业发展的契合度和贡献度，是体现高职院校办学特色和提升办学水平的需要，也是促进内涵建设、助推学校和谐发展的重要途径。在近40年的办学过程中，全校上下达成共识：高职院校的发展，必须提高学校自身服务政府、行业、企业的契合度和贡献度，积极发挥政府助手、企业伙伴、社会服务三位一体的社会综合服务职能。

一、当好政府助手，服务蓝领成才

历经40年办学，学校将和谐育人理念推进到成人继续教育和社会培训服务方面，充分发挥浙江省“金蓝领”高技能人才培训基地、浙江省企业经营管理人员培训基地、浙江省专业技术人员继续教育基地、杭州市职工教育培训示范基地、杭州市就业再就业定点培训机构、浙江省中等职业学校师资培训基地等的作用，积极参与政府开展的“蓝领成才”工程，为学校所在地杭州经济技术开发区青年职工提供继续教育、技术咨询、培训和学历提升服务，年培训人次超万；与企业共同投身公益事业，与政府、企业三方合作创办“东芝·经济学堂”，成为开发区“职工素质教育”教学基地。每年承接杭州市和开发区考试外包工作，承担各类考点考务组织工作；为开发区各社区提供活动场地、人员支持等，为服务地方经济做出了较大的贡献，多次荣获杭州经济技术开发区职工素质教育先进单位。

此外，学校组织艺术团成员和相关老师进驻“邻里社区”“闻潮社区”，送上一台台高质量、高标准、雅俗共赏的文艺汇演、书画笔会等，极大地丰富了广大企业员工的业余生活，为和谐企业、和谐社区建设做出了积极贡献。

在全方位服务下沙经济开发区的同时，学校充分利用各专业资源，结合“互联网+”、电商经济、技能工匠等热点，服务义乌市政府30万大军电子商务培训和海宁等县市村官培训；与浙江省总工会、浙江省人力资源和社会保障厅等合作开展多项职工技能大赛；为浙江省国资委、浙江省人力资源和社会保障厅、浙江省物流与采购协会、义乌市政府等中大培训项目提供服务，成为浙江省职业技能鉴定省级评估金牌单位、国家首批示范职业技能鉴定所、全国职工教育培训优秀示范点等。

在浙江省教育厅的统一协调下，学校紧跟产业援疆，牵头组团省内5所高职院校对口支援新疆阿克苏职业技术学院。先后派出2名干部挂职阿克苏职业技术学院副院长，指导该校成为新疆维吾尔自治区示范高职院校建设单位；为阿克苏职业技术学院争取到了实训基地建设经费；建立了国家技能鉴定站分站，与浙江省人力资源和社会保障厅合作开展产业工人培训，为产业援疆、教育援疆做出了积极贡献。

二、当好企业伙伴，服务员工提升

学校在依托强大产业背景发展的同时，始终不忘与合作企业实现互利共赢，利用自身教育资源和智力资源优势，努力在服务产业升级和提升企业创新能力中发挥作用。2005年开始，物产集团就将学校作为集团的研发中心、培训中心和人才培养中心，双方建立了“龙头引领、战略融合、机制保证、需求对接、人员共用、设施共享、信息互通”的紧密型合作伙伴关系。

2012年，为进一步深化产教融合，物产集团在学校建立了企业大学——浙江物产管理学院（后改名物产中大管理学院），与学校实行“两块牌子、一套班子”的“双轨制”运行，创新了高职院校与企业大学协同共生的发展新模式。学校负责集团培训体系、培训课程、教材、资源库的开发和建设，发挥为集团“推动变革、提高素质、培养人才、提升战略执行力”的功能。同时，建设了功能齐全的培训大楼，通过战略、体制、机制、资源、目标的系统化运作，合理设计品牌培训项目，开发系列化精品课程，打造内外结合的高素质培训师资，使集团培训迈上了专业化、制度化、规范化的轨道，为推动物产中大集团管理变革、企业文化塑造、知识管理、员工素质提升发挥了积极的作用。

企业大学成立以来，共开展项目300余个，总计培训人数近60 000人次。培训项目涵盖了高管领导力拓展培训、高管后备领导力提升培训、中级领导力培训、初级领导力培训、高级功能管理培训、专业岗位技能培训、卓越员工培训、新员工培训等八大系列线下课程。同时，与中欧国际工商管理学院合作，提供包括领导力、战略管理等7个模块、18个系列、108门课程的线上学习，自主研发85门培训课程。

本着“集团的战略在哪里，教育培训的需求点就在哪里”的理念，针对集团“一体两翼”（流通为主业，金融与实业为两翼）的发展战略，物产中大管理学院专门制订“一体两翼”战略落地专项培训计划，并开展常态化、专业化的集团高管培训。积极创办全国第一个绩效改进实验室，形成完备的绩效改进实验室模型，使学员在学习中改进绩效，在改进绩效中持续学习，促进参训学员企业绩效得到明显提升。绩效改进实验室项目被评为国际绩效改进协会（中国区）绩效改进杰出实践奖，并受邀于2015年5月在美国佛罗里达州奥兰多举办的人才发展协会（Association for Talent Development，简称ATD）国际展览会上做主题演讲。

在有效服务物产中大集团的同时，学校将成功的培训模式复制到其他企业，为浙江省国贸集团、浙江安邦护卫集团、盛全物业等企业集团量身定制培训项目，挂牌成立“企业大学管理者联盟浙江分会”，先后荣获“中国最佳企业大学”“优秀企业大学”“中国企业大学百强”“中国企业最佳学习项目奖”“中国企业教育先进单位”等荣誉称号。

在成功运营物产中大管理学院的基础上，本着服务更多企业绩效提升的使命感，学校开始与更多知名企业合作，探索输出企业大学管理模式。2017年3月，盛全商学院成立，这是学校与盛全物业服务股份有限公司联合成立的企业大学。校企双方通过需求对接，开展定制化管理人员培养和订单式学生培养等校企深度合作项目。

2018年6月，物产中大管理学院的“升级版”——德勤物产中大国际学院在学校挂牌成立，标志着学校在打造企业大学的进程中有了新的跨越。物产中大集团、德勤、浙经院三方合作后，将通过资源共享、信息互通，共同努力把德勤物产中大国际学院打造成为国内一流、国际知名的企业大学。正如原物产中大集团党委副书记、董事、总裁周冠女指出的：“未来商学教育发展的最大命题，就是回归教育的本质——‘立德树人’。德勤物产中大国际学院将秉承以商业力量推动社会进步的使命，集聚多方资源，与独具智慧的中国企业管理实践同行，努力探索总结企业管理的样本和经验，为物产中大、浙江乃至全国培养出优秀的企业家和商学人才。”德勤物产中大国际学院将在提升企业内训价值的基础上，以“国际化、平台化、生态化、专业化”为战略目标，以“培训、咨询和合作”为三大运行平台，为国内企业走出去发展和国际企业本土化落地提供精准的服务，为推动企业改革发展和社会进步贡献力量，同时也为学校由服务流通产业向供应链集成服务产业的战略转型提供重要依托。

三、搭建党校平台，服务国企党建

随着国有企业党建工作的不断强化，企业党建培训需求越来越迫切，学校本着当好企业助手的服务理念，紧跟时代发展所需，依托企业大学的良好设施和培训资源，2015年9月物产中大党校在学校挂牌成立，相继开展了“三严三实”、党章党规党纪培训、基层支部书记培训、入党积极分子培训、“一企一品”党建品牌创建工作坊等培训项目，并将情景剧、拆书帮、工作坊、团队学习等新颖有效的方式运用到培训中，对党建培训进行时代化的创新。

在成功运作的基础上，2016年6月，浙江省国资委党校挂牌成立，为浙江省国资国企系统5万多名党员教育培训提供了主阵地，为学校深度服务政府、企业、社会揭开了新的篇章。国资委党校成立以来，举办了“两学一做”党务骨干培训，圆满完成省国资委下属国有企业500人的入党积极分子轮训、1 000名省部属企业基层党组织书记轮训、150名国资委法务骨干培训，共完成9期近2 000人次的党校培训，以及1 300余人的党的十九大精神专题轮训。学校教师紧扣国有企业党建工作特点，积极开展党校课程研发，将党课与领导力、企业经营等内容衔接，切实将党的领导落实到企业实际发展中，构建了国企党校主题专项培训项目与分层分类培训项目体系。实战的内容、新颖的形式，获得了参训企业领导与学员的高度认可，影响力不断扩大，东方航空公司浙江分公司也委托学校组织开展党支部书记培训等项目。专业化的培训，对学员开展党建工作有较强的指导意义，也为推进国企党校培训规范化、系统化开展提供了有益的经验参考。

第三节　工匠精神　和谐之魂

习近平总书记在党的十九大报告中指出，要建设知识型、技能型、创新型劳动者大军，弘扬劳模精神和工匠精神，营造劳动光荣的社会风尚和精益求精的敬业风气。社会主义现代化强国的建设，不仅需要一大批拔尖创新人才和数以千万计的专门人才，更需要数以亿计的高素质技术技能人才。贯彻落实党的十九大精神，落实好“立德树人”根本任务，高职院校必然要在培育“劳模精神和工匠精神”、培养“大国工匠、能工巧匠”中担当重任。

当前，我国正在从制造业大国向制造业强国转变，“中国制造”正在向高端、智能、绿色、优质阔步迈进。在这一历史转变过程中，更加迫切需要培育和弘扬工匠精神。李克强总理在会见世界技能大赛中国选手时强调，中国经济要迈上中高端，劳动者的职业技能首先要迈上中高端，希望全国技能人才钻研技术、精益求精，在平凡的岗位做出不平凡的业绩，用勤劳和智慧创造更多社会财富和美好人生。

现在的青年学生，其人生黄金时期同“两个一百年”奋斗目标的实现完全契合，高职教育的责任，就是要努力培养他们成为适合国家需要的“大国工匠”，培育他们有理想、有本领、有担当，培养他们恪尽职守、崇尚精益求精、将质量之魂存于匠心、对产品和服务完美追求的工匠精神，这是时代赋予的神圣职责，也是学校和谐育人的不二选择。

一、以匠心优化高水平发展的顶层设计

质量之魂，存于匠心。高职教育规模扩张的快速发展期已过，我国正从高等教育大国向高等教育强国转变，高职院校也将在前所未有的变革中前行，迎来新一轮发展的重大机遇，同时也将迎来本科转

型、生源下降、技术进步、产业升级、创新驱动带来的新挑战。社会对高职教育发展的期待从提供更充足的受教育机会向提供高质量的高职教育转变，促使办学有更高的品质、更高的绩效、更强的服务。如此背景下，高质量办好高职教育，同样需要匠心，能始终不渝追求卓越，让工匠精神成为学校的灵魂，渗入办学的每一个环节、融入人才培养的系统设计中，以工匠精神支撑学校精神文化，支撑高水平专业和高水平院校建设，成为全校师生的价值追求。

（一）校训夯实工匠精神培育的土壤与基石

学校“立德为本、致用为宗、崇尚优化、追求卓越”的校训，本身就蕴含将工匠精神作为一种精神气质方面的内在要求。“立德为本”，旨在追求人格完善和人的全面协调发展，包括塑造良好的道德品质、正当合法的社会行为、优良的职业素养和责任感等，即经过系统教育和引导后，自然生成的内在能力。这与工匠精神关于爱岗敬业、恪尽职守的职业精神状态在动力源泉上是统一的。“致用为宗”，体现的是求真、实践和理性，以运用理论知识和实践理性高效完成生产、建设、管理、服务为目标导向，强调教育的产出须充分体现人在科学技术探索、发现、改进等方面的创新之力、应用之力，这与工匠精神关于极致求精、专注持恒、唯精唯一的精神气质在价值取向上是一致的。“崇尚优化、追求卓越”本身即是工匠精神的内涵所在。在如此办学理念和校训的引领下，劳模精神和工匠精神落地生根，就有了天然的良好土壤和立足基石。也由此，培养学生具备过硬的基本技能、良好的职业精神是学校的办学目标和义不容辞的责任。目标与责任是统一的。实现目标，履行责任，需以精益求精的精神、勇于创新的决心和坚持不懈攻克难关的毅力精准发力，与时俱进走好教育改革之路，坚守初心，坚持“立德致用，和谐育人”，踏踏实实把教育做好、做实，把德技双修的高素质技术技能人才培养好。

（二）匠心引领使命与愿景目标的升华

党的十九大开启了中华民族伟大复兴的新时代，《国家职业教育改革实施方案》则开启了职业教育的新时代。如何深入把握工匠精神的基本内涵、时代价值与培育路径，如何重塑职业精神，重构职业价值取向，这是新时代对高职院校提出的新的考量点。工匠精神是一种深层次的文化形态，是一种职业态度和精神理念，需要源头的培育，而这种源头培育对高等职业教育来说责无旁贷。

学校将“让人生更加出彩、让教育更加智慧、让服务更加满意”作为新时代的办学新使命。三个“更加”本身就是追求极致、不断超越的工匠精神。加强对学生工匠精神的培育，本质上就是贯彻党的教育方针，坚持立德树人，坚持用社会主义核心价值观引导学生勤学、修德、明辨、笃实，引导学生静心学习、刻苦钻研、百折不挠，培养创新精神，树立超越前人的雄心壮志，求得真学问，练就真本领，实现人人成才、让每位学生的人生更加出彩的目标。

适应互联网时代、共享经济、生态环境等新经济背景下，职业院校如何更加精准地转型，课程方案如何从标准化向个性化交互式学习方案的转变、学习内容如何从单向接受向学生为中心的体验式转变，教学方法如何从灌输式向交互式转变，从而打造动的学生、活的课堂等。通过对教育的每一个环节“精于工、匠于心、品于行”的精细化打造，培养适应全球化、智能化时代新需求，专业能力、通用能力和高素质协调发展、依托智能技术赋能的智慧职业人。

让服务更加满意的目标则是充分利用好校企合作、产教融合机制优势，把工匠精神的培育与企业质量提升、品牌打造、文化涵养有机结合，在校企一体化育人机制中落实工匠精神人才培养的企业需求指向与社会化取向，让学生满意，企业满意，社会满意。

随着社会发展和产业转型，学校新时代的愿景目标也与时俱进，提升优化为：坚持社会主义办学方向和立德树人根本任务，面向智能化商务背景下供应链集成服务产业的教育服务新需求，走专、精、高的发展之路，将学校打造成为提供全价值化（功能性与体验性、职前与职后、人才培养与社会服务、创业教育与就业教育、个性化服务与共性化服务、国内与国际六位一体）、全体系化（中职、高职、本科贯通）的集成式应用性高等职业院校。这是本着精益求精、追求极致的工匠精神，基于新经济背景下产业生态的深度研究做出的学校战略定位调整与优化。专，指聚焦在服务特点的产业类型，从现代服务业流通产业向供应链集成服务提升；精，指专业、精深，把握专业的规律性和时代性，提供全价值化和全体系化的集成服务，主要通过确定以工匠精神为文化先导与育人内核的人才培养方案，在专业建设标准、人才培养质量上更加突出精细、精准、唯精等指标，更加突出守正创新、专注持恒等课程改革与设计，让学生在参与教育教学与实践活动过程中，不断涵养工匠精神；高，指与同类竞争对象的比较优势，成本领先和差异化，充分发挥以企业大学为核心的嵌入式校企合作平台优势，通过与世界500强企业物产中大集团合作开发基于供应链集成服务的专业群，培养能对行业深刻理解、对市场精耕细作、对客户痛点准确把握的具有国际化资源组织能力和专业化经营能力的供应链集成服务产业的高素质技术技能型人才。

在学校新战略的引领下，学校人才培养模式优化为：能力为重、德技并修、工学一体、素能智融通的人才培养模式。其核心是让学生将来不是把工作当作赚钱的工具，而是树立一种对工作执着、对所做的事情和生产的产品精益求精、精雕细琢的精神。因此，在教育教学过程中必须深化文化育人的理念，将职业道德、人文素养教育贯穿人才培养全过程，营造“劳动光荣、技能宝贵、创造伟大”的氛围，让学生获得工具性知识和技能之外的职业素养和精神，最终实现素质、能力、智慧融通的高素质技术技能型人才。

二、以工匠精神优化现代和谐职业人培养体系

学校在立足全球化、信息化时代对高等职业教育高素质技术技能型人才的培养要求，依据行业龙头企业对员工素质内涵需求的深度调研基础上，首创性地提出了现代“和谐职业人”培育体系。此体系因超前的理念，系统化的顶层设计，教育资源的集聚，主题的鲜明突出，教育质量和效果的显著，获得了国家级教学成果一等奖。进入新时代，和谐职业人培养体系，无论是理念设计还是实践推进，依然具有很强的现实意义，整个体系完全契合工匠精神的内涵实质和实施路径。

现代“和谐职业人”体系，所倡导的就是高超的职业技能与高度的职业精神和谐融通，强调的是德技双修，并且赋予“现代”特质，即包含着与时俱进、追求突破、追求革新的创新内蕴。

优秀传统文化和先进企业文化是培育工匠精神永不枯竭的原动力。中国工匠举世闻名，所制作的产品不仅为社会享用，其上乘之作还被世界著名博物馆收藏。战国时期，秦国在每件武器上都刻上工匠的名字，这种责任意识和激励机制，保障众多工匠能够制作高质量兵器。元代建立了匠户制度。明代将匠人作为宝贵的人力资源放到突出位置。清代改革匠役制度，使得民间手工艺人可以放手发展。民国时期，著名教育家黄炎培创办了职业教育社，社会上也涌现出王麻子剪刀等众多老字号。新中国建立以后，企业普遍建立八级工匠制度，出现一批像倪志福、张炳贵等大国工匠。中华文明的诸多成就都突显了中国人精益求精、追求卓越的匠人气质。这种气质早已融入中华民族涓流不息的文化血脉，成为一种文化自觉，使得中华民族始终能够做到坚定、自信、专注、求精，不断创造出一个又一个文明奇迹。由此，优秀传统文化始终是工匠精神培育的重要源泉。

同样，先进的企业文化也是工匠精神培育的另一重要源泉。在德

国，知名企业和学校共同培养人才的“双元制”职业技术教育，为德国培养了庞大的技工大军，让德国制造在世界站稳脚跟。在中国，高职院校与具有先进企业文化的优秀企业实施校企合作，也是培养精湛技艺、塑造劳模精神和工匠精神的有效路径。如世界500强企业物产中大集团以“物通全球，产济天下”为己任，秉承“企业与时代共同前进、企业与客户共创价值、企业与员工共同发展”的核心价值观和“以人为本、团队精神、绩效理念、追求卓越”的文化理念，争创中国供应链集成服务领导者。学生在这样的合作企业接受现代学徒制教育和实践教学，接受企业文化、企业精神的熏陶，必定会得到全面的锻炼和培养，实现从知识、技能到素养、精神的高度融合。

“专能精、通能强、素质高”，即专业能力、通用能力和高素质的和谐统一。工匠自身的技能、技艺和技术是他们的物质载体以及最根本的职业生涯追求。

专能精，是高职院校学生区别于本科院校学生，并成为将来安身立命的重要优势之一。专能精是一种在设计上追求独具匠心、质量上追求精益求精、技艺上追求尽善尽美的精神，蕴含着敬业、严谨、踏实、专注、创新、拼搏等可贵品质的工匠精神。

通能强，就是要提高数字运用、自主学习、数据处理、表达沟通、团队合作、创新创业六种通用能力。新经济时代工作任务产生了新的变化，对能力的要求也越来越高，如，程序性任务，强调步骤性以及人员与工作对象互动的专业技能；系统性任务，强调人与系统之间的互动和系统诊断、系统故障处理的专业技能；知识性任务，涉及人与想法之间的互动和人与人之间交流的专业技能。因此，专技人才将被智能化的机器人所替代，而复合型人才所具备的想象力、创造力、问题解决、项目管理、团队合作能力等，才是未来劳动者更需要具备的能力。

素质高，人文素养的培育对工匠精神的打造也十分重要。具备工匠精神者往往具备对自己的专业独特的职业态度，没有这种职业态度，个体就不能够将自己的专业变成生命存在的方式；同时，工匠要有可持续发展能力，要有创新能力，有最终的社会人文关怀。所以，如果没有人文素养，就不可能有职业态度的端正和专业技能的提升，更不可能有可持续的发展能力和专业上不懈的创新动力。专能精、通能强、素质高这三个持续上升的能力阶梯，就是要通过必要的技术理性培育和引导，必要的职业生涯教育和人文课程的学习。

思想品德、专业素质、文化素质、身心素质，体现的是精神文化育人层面。文化育人的特点在于渐进式润物无声的教育与影响。四质的培育要以专业素质即工匠精神的培育作为切入点，围绕思想品德主线开展内容丰富、形式多样的文化素质教育活动，尊重与推崇职业精神，提倡与坚持规范操守，用工匠精神指引学生人生追求的价值取向，努力培育学生专注坚持、一丝不苟、精益求精的职业精神素养，成为技艺精湛、身心健康的具有现代工匠精神的和谐职业人。

“五德”即爱、学、诚、敬、新，是从优秀传统文化和先进企业文化中提炼出来的感恩、乐学、诚信、敬业、创新的价值观。爱，即感恩教育，就是培育爱岗敬业、无私奉献的职业人。目前，越来越多的家长和学生已经意识到，上职业院校不是升学失败的无奈退路，而是出于自身特点的主动选择，这为培养学生对本岗位职业的热爱之情、敬畏之情奠定了良好的基础。学，即乐学。这是成就工匠精神的基础，学生只有对本专业所对应的相关行业的历史文化和专业技能烂熟于心、娴熟于手，并且永远抱有对新知识学习的渴望之心，才能一步一步走向极致求精的境界。诚，对很多专业来说，是职业的基本素养。在新时代建设社会主义现代化强国、实现中华民族伟大复兴的征程中，工匠精神还应该包含理想信念、爱党爱国、诚信友善等价值取向。敬，忠职敬业是职业人基于对职业的虔敬感而产生的一种恪尽职守、尽职尽责的职业精神状态，这是工匠精神的基本内涵之一。新，即创新。“创”者，从仓从刀，敢于对既有知识仓库内的成果大刀阔斧改造，这是现代工匠精神应有之意。真正的工匠精神渴求富创意、有创见、敢创新，只有在“创”中才能成就这样的匠人。有人说，“匠”在字形上可以理解为在有限的空间内斤斤计较。工匠精神需要斤斤计较，不仅计较品质、手工技艺的炉火纯青，更要计较手工与科技的相互增益，计较富创意、有创见、敢创新思想的诞生。

企业文化融化、传统文化内化、课程建设深化、校园活动优化、社会实践悟化、专业渗透细化、师资队伍强化这七项行动，从实践视角将工匠精神融入人才培养全过程，将工匠精神的培育深入到校风学风建设和师德师风教育的工作中，使工匠精神培育理念深入到育人工作各个环节，并纳入全员育人、全方位育人、全过程育人的思想政治育人架构，完善课程育人、实践育人、文化育人等培育过程。只有将工匠精神的基本内涵镶嵌在教育教学各个系统模块中，才能有效地整合各种教育教学资源，形成基于工匠精神的人才培养机制，并通过人才培养过程去实现工匠精神对质量提升的内生推动作用。

企业文化融化，就是要把与企业的深度融合作为培养工匠精神的基础性工作，引进企业文化对接校园文化，把不同特色企业先进的价值观念、经营准则、经营作风、企业精神、道德规范、发展目标等企业文化引入校园，与校园文化对接，将行业、企业、职业等要素融入校园文化，提高学生对企业文化的深厚感知，通过产业文化史的学习提升学生的整体人文素养、职业素养和工匠精神。通过现代学徒制教学，建立劳模工作室、大师工作室，引进行业规范、职业规范和岗位规范等举措，充分发挥劳模工匠的“映射作用”和“头雁效应”，传承和弘扬工匠精神，培养“工匠集群”，让劳模工匠先进群体不断发展壮大，厚植工匠文化，弘扬劳模精神，奠定人才强国根基。

传统文化内化，就是从我国有悠久的手工业传统，五千年的中华文明史中感受工匠精神的源远流长，无论是为了满足生产生活而进行的生产工具、生活器皿的制造，还是为了满足审美享受而进行的制陶纺织、木雕石雕的创造等，都承载着中国工匠艺人耐心细心、专注执着的精神。让学生从故宫博物院一座座气势恢宏的建筑、清明上河图一笔笔栩栩如生的描绘、中华老字号一个个百年经典的品牌中，感受中华传统文化的匠心气质，增强民族自信和自豪感。从技艺精湛的鲁班、“游刃有余”的庖丁、衣被天下的黄道婆、铸剑鼻祖欧冶子、微雕大师王叔远等中国古代杰出工匠身上学习远离浮躁、焦急的心态，心无旁骛、气定神闲的气度，精雕细琢、精益求精的创作，体悟耐得住寂寞、守得住节操、经得住诱惑，既敢于探索，也敢于失败，在炉火纯青中呈现出最美的精品，并赋予它们历史传承价值的中国工匠精神。

课程建设深化，就是在人才培养方案中具体落实工匠精神的课程标准与实施路径，并通过文化育人这一形式加以有益补充，使课堂教学渗透工匠精神。课堂是育人的主阵地，在课程建设中充分融合企业用人标准、职业资格认证标准和专业教学标准，引导师生严格遵守专业标准规则，精益求精地完成教学与学习任务，并注重适时开展行业人才需求调研与评价，实现教育教学与行业企业对接，在教学中培育工匠精神、锤炼技术技能。同时，根据高职教育注重实训教学的特点，让学生在实训中直接了解企业对从业人员职业素养的要求，感知工匠精神的价值和内涵，用丰富的教学实训磨炼意志。此外，发挥思政课育人功能，用生动的思政课堂启发思想，优化思政课堂内容，在课程教学中诠释、传播工匠精神。

校园活动优化，就是将工匠精神融入校园文化建设体系。将工匠精神融入社会主义核心价值观、中华优秀文化、社会主义先进文化的教育，作为党课、团课、主题班会的重要内容，使弘扬工匠精神成为师生的文化自觉；注重用工匠精神引领校风、学风，鼓励学生端正学风、严谨治学，在刻苦学习中确立科学精神、锤炼品德情操。结合学校人才培养社会需求导向，梳理工匠精神基本内涵，形成本校特定认知，充分应用校内各种载体，采取灵活多样方式，大力宣传与阐释工匠精神的历史与现实意义，形成人人崇尚、以此为标，事事践行、以此为准的良好氛围与文化自觉。

社会实践悟化，就是通过开展“大国工匠”和劳动模范进校园活动，广泛弘扬劳模精神和工匠精神。通过开展能够展示工匠精神的各种比赛活动，如技能文化月、职场修炼营等，引导学生在参与技能大赛中磨炼工匠精神，激励青年学生的工匠精神实践和养成。通过开展社会调查，寻访现代工匠等活动，搭建学生“自我教育、自我管理、自我服务”载体，引导学生在亲身参与中认识国情、了解社会，了解忠职敬业、极致求精、专注持恒的匠心和匠人在建设社会主义现代化强国中的重要作用。

专业渗透细化，就是将工匠精神渗透到专业教学教育中，真正使教学过程具有价值性、人文性和思想性，使学生在潜移默化中感受工匠精神。充分利用职业院校兼职教师多的优势，开展大家名师、企业专家、优秀校友进课堂活动，用校友们的亲身经历来说服学生、感染学生、启发学生、引领学生。

师资队伍强化，就是要培养造就大批具有熟练的专业知识与技能，同时具备良好职业素养，能够在指导学生的过程中起到潜移默化的作用，指导和培育学生养成“劳模精神和工匠精神”的教学名师。“师者，所以传道授业解惑也。”教师不仅传授知识和技能，更重要的是言传身教、师德的感染影响。教师的教学态度和行为规范将直接影响学生今后对工作和职业的认知与态度。国家出台《关于实施职业院校教师素质提高计划（2017—2020年）的意见》，提出打造一支高素质专业化的“双师型”教师；推行“文化素质+职业技能”评价方式，为学生接受高等职业教育提供多样化机会。工匠精神的培育离开了师生的共同成长，是不可能真正实现的。所以“工匠精神”的培育，对于职业院校的所有教师都是一次全新的教育改革、教育理念创新的挑战。工匠精神是一种追求精益求精的精神，对教师而言，其核心内涵就在于不仅把教书当作赚钱、养家糊口的工具，而是树立起对职业敬畏、对工作执着、对学生负责的态度，极度注重细节，不断追求完美和极致。在我国古代，师徒们在一起生活、学习、讨论、钻研技术，通过传道、授业、解惑的方式不仅培养了大批手工艺人和工匠技师，也养成了他们“尊师重道，谦虚好学”的美德，所谓“师徒如父子”“一日为师，终身为父”。此外，师徒相承，代代相传，不仅需要师傅具备一定的传授技艺能力，还需要师傅的博大胸襟与徒弟的聪慧勤奋。为人师者，应当性格豁达、心胸宽广，倾己所有传授给徒弟；为人徒者，不只是简单地继承师傅的技艺，更要自强不息、独立自主，在师傅的基础上能进一步创造出新的手艺与技法。这种对职业的尊重，对专业精神的信仰，对技艺传承的执着，对师徒情义的敬畏，仍然值得现代高职教育传承借鉴。

工匠精神是在专业技术上精益求精、在职业素养上脚踏实地的一种理想精神追求，是一种永不满足、不断超越的创新精神，唯有如此地匠心打造，经院的明天才会更加灿烂辉煌。

第四节　展望未来　走向和谐

新的时期，伴随着全国教育大会的召开及《国家职业教育改革实施方案》《加快推进教育现代化实施方案（2018—2022年）》的颁发，国家把职业教育摆在更加突出的位置。职业教育改革得到全面深化，职业教育发展“中国道路”“中国方案”的探索也将持续深入。面对全新的挑战与机遇，学校将进一步确定鲜明独特的建设目标，落实立德树人根本任务，坚持面向人人、面向社会，坚持以服务为宗旨、以就业为导向，坚持政府主导、行业指导、企业参与，不断满足人民群众接受职业教育的需求，不断满足经济社会对高素质劳动者和技能型人才的需要，实现人才培养崭新的腾飞。

新的时期，学校将以习近平新时代中国特色社会主义思想为指导，坚持党对学校事业的全面领导，实施“红色引擎”工程。实施“思政铸魂育人、政治核心强化、基层组织育强”三大行动计划，深入推进习近平新时代中国特色社会主义思想“三进”工作。强化意识形态责任制，办好思政课，促进专业教育与思政教育同向发力。积极跟进“一带一路”倡议，服务浙江八大万亿产业建设需求，依托物产中大集团强大的产业背景，聚焦供应链产业生态领域，创新嵌入式校企合作体制，构建供应链创新与应用研究中心，打造智慧供应链的产教融合生态，融合人才培养、技术研发、员工培训、国际合作和文化传播为一体的教育服务供应链，走专、精、高发展之路。

新的时期，学校将紧紧抓住供应链创新应用上升为国家战略的机遇，聚焦供应链产业生态，打造技术技能人才培养高地实施课程思政改革深化行动，构建思政课、通识课、专业课“三位一体”的大思政格局，实施现代“和谐职业人”培养优化行动。建立劳动教育实践基地，实施劳动周。实施开展卓越人才与创新创业示范引领行动，完善“文化素质+职业技能”的自主招生机制，培养具有工匠精神的专能精、通能强、素质高的复合型技术技能人才，做深学训结合的现代学徒制培养模式，争创国家级示范性创业学院。

新的时期，学校将瞄准供应链产业发展，实施高水平专业群“龙头”引领工程面向长三角经济发展、供应链集成服务产业需求，建立常态化专业诊改机制，促成专业设置随产业发展动态调整。通过深化综合实践人才培养模式改革，构建适应“1+X”证书改革的模块化专业群课程体系，建设开放共享的专业群课程教学资源，组建“名师工作室”“技能大师工作室”的结构化师资创新团队，实施分工协作的模块化教学模式。对接国际标准，建设产教融合的综合性校内外实训基地样板。

新的时期，学校将升级校企协同共生“双轨制”模式，打造命运共同体，不断优化以行业引领性企业大学为核心的嵌入式校企合作机制，形成高职教育与企业大学协同共生的育训结合新模式，建成特色鲜明、全国领先的校企命运共同体。实施高水平专业建设与产业发展协同提升工程，实现集团内资源共建共享。与领先企业共建产教融合实训基地、混合制汽车产业学院、大师工作室。开展联招联培，实施现代学徒制人才培养，构建寓人才培养、技术创新、社会服务、就业创业、文化传承等于一体的校企协同育人机制。

新的时期，学校将继续以中华优秀传统文化创新、传承工匠精神，提升职业教育文化自信，推动职业教育高质量发展，加快职业教育现代化。提升职业教育文化自信，是发展现代职业教育的根基。学校将在原有文化育人实践成就基础上，坚持将文化育人融入职业教育的各专业、各领域、各环节，持续优化人才培养方案，开足人文课、体育课、实践课，持续推进以文育人、以文化人、实践成人。充分挖掘职业教育的文化历史资源，科学阐释职业教育的文化对中国历史的贡献，运用职业教育文化育人功能，不断提高职业教育的文化审美能力。把职业教育置于创新理念下，践行新时代的产教融合，通过培养技术技能人才、通过技术技能人才的技术技能、创新工艺、变革技能，做最好的产品、最好的成套设备、最好的大国智能制造，实现学校高质量发展。

“长风破浪会有时，直挂云帆济沧海。”站在新起点、面对新形势，新时期的浙江经济职业技术学院将以崭新的面貌开拓进取，勇于挑战，锐意创新。学校将持续聚焦供应链产业生态，以科技创新推动校企合作发展，以产教融合孵化智慧供应链，在与行业产业齐心齐行的同时，努力将人才培养、技术研发、员工培训、国际合作和文化传播融为一体，并最终实现多方位的和谐共赢。

后 记

本书是“高职院校文化建设与文化育人”丛书之一，是2018年度教育部人文社会科学研究规划基金项目“中国高职院校文化育人研究”课题的一项阶段性成果，同时也是国家职业教育研究院深圳分院2016年度职业教育研究重大课题“高职院校文化育人研究与实践”的子课题，由时任浙江经济职业技术学院党委书记俞步松牵头、院长邵庆祥主持，学校各职能部门共同参与完成。

课题研究历时3年。3年来，学校党委高度重视，集全校之力开展研究，对学院的文化育人实践进行了一次全面的总结、提升与创新。课题组在全面回顾与梳理浙经院历史的同时，根据研究工作的进展，多次召开研讨会议，剖析难点，交流思想，达成共识。时任党委书记俞步松、院长邵庆祥多次亲自主持研讨会，推进书稿的编写工作。课题组成员还积极参加各种全国性的交流研讨，学习经验，深化认识，努力通过研究和写作，充分展现独具特色的经院“和谐育人”文化。

课题研究和书稿撰写工作得到了教育部职业院校文化素质教育指导委员会特邀专家王冀生、胡显章、王义遒等领导和专家的悉心指导；天津大学文化与校史研究所所长王杰教授和浙江机电职业技术学院左家奇教授在本书的成稿过程中，提出了很多细致入微的修改意见，令我们获益良多；高等教育出版社高等职业教育出版事业部的领导和编辑在本书的出版过程中付出了大量的心血，在此一并表示衷心感谢。

本书由邵庆祥院长确定基本框架。第一章关于校史的梳理，由院办陈培林撰写；第二章关于办学特色和办学理念，由宣传部陈专、肖紫嫣撰写；第三章关于课程建设深化，由郑芝玲、马小敏撰写；第四章专业渗透细化，由沈建国、廖忠梅、陈专、肖紫嫣共同撰写；第五章企业文化融化，由杨先花撰写；第六章传统文化内化，由潘军、李海洁撰写；第七章师资提升强化，由叶卫良、戴道珊撰写；第八章校园活动优化，由叶林良、黄鸣柳撰写；第九章社会实践悟化，由团委王芳芳撰写；第十章经院校园文化，由肖紫嫣、王芳芳、楼建列、胡振浩共同撰写；第十一章关于经院的发展，由朱利萍撰写。学校各分管领导十分关心书稿的编写进度，并提出了高屋建瓴的指导意见；各二级学院及职能部门为本书的顺利出版提供了诚恳的意见与建议。张妮佳、易际培、段彪、沈利斌等人在本书编写过程中做了大量有益的工作。宣传部、校史馆及文化素质教育中心为本书编写提供了大量珍贵史料及图片。全书由李海洁统稿，斯静亚审定。

职业院校文化育人研究是一个长期系统的工程，需要一个不断积累、丰富和完善的过程。由于编者水平有限，书中难免存在一些缺漏和不足，真诚地希望得到读者的批评指正！

课题组

2019年7月

图书在版编目（CIP）数据

立德致用　和谐育人：浙江经济职业技术学院文化育人研究与实践 / 俞步松主编. -- 北京：高等教育出版社，2019.11

ISBN 978-7-04-052871-8

Ⅰ. ①立… Ⅱ. ①俞… Ⅲ. ①高等职业教育－文化素质教育－研究－浙江 Ⅳ. ①G718.5

中国版本图书馆CIP数据核字(2019)第225253号

立德致用　和谐育人：
浙江经济职业技术学院文化育人研究与实践

Lide Zhiyong Hexie Yuren: Zhejiang Jingji Zhiye Jishu Xueyuan Wenhua Yuren Yanjiu yu Shijian

策划编辑	禹明秋	开　本	787mm × 960mm 1/16
责任编辑	蒙红莉	印　张	30.75
书籍设计	姜　磊	字　数	390千字
插图绘制	于　博	版　次	2019年11月第1版
责任校对	陈　杨	印　次	2019年11月第1次印刷
责任印制	赵义民	定　价	78.00元
出版发行	高等教育出版社		
社　址	北京市西城区德外大街4号		
邮政编码	100120		
购书热线	010-58581118		
咨询电话	400-810-0598		
网　址	http://www.hep.edu.cn		
	http://www.hep.com.cn		
网上订购	http://www.hepmall.com.cn		
	http://www.hepmall.com		
	http://www.hepmall.cn		
印　刷	北京盛通印刷股份有限公司		

本书如有缺页、倒页、脱页等质量问题，请到所购图书销售部门联系调换

物料号　52871-00